Informatik-Fachberichte 238

Herausgeber: W. Brauer
im Auftrag der Gesellschaft für Informatik (GI)

Subreihe Künstliche Intelligenz

Mitherausgeber: C. Freksa
in Zusammenarbeit mit dem Fachbereich 1
„Künstliche Intelligenz" der GI

D1723076

B. Endres-Niggemeyer   T. Herrmann
A. Kobsa   D. Rösner (Hrsg.)

Interaktion
und Kommunikation
mit dem Computer

Jahrestagung der Gesellschaft für
Linguistische Datenverarbeitung (GLDV)
Ulm, 8.-10. März 1989

Proceedings

Springer-Verlag
Berlin Heidelberg New York
London Paris Tokyo Hong Kong

Herausgeber

Brigitte Endres-Niggemeyer
Fachhochschule Hannover
Fachbereich Bibliothekswesen, Information und Dokumentation
Hanomagstraße 8, D-3000 Hannover 91

Thomas Herrmann
Universität Dortmund, Fachbereich Informatik
Postfach 50 05 00, D-4000 Dortmund 50

Alfred Kobsa
Universität des Saarlandes
Sonderforschungsbereich 314, Fachbereich Informatik
D-6600 Saarbrücken 11

Dietmar Rösner
Forschungsinstitut für Anwendungsorientierte
Wissensverarbeitung (FAW)
Postfach 20 60, D-7900 Ulm

CR Subject Classifications (1987): D.2.2, H.1.2, I.2, K.4

ISBN 3-540-52413-4 Springer-Verlag Berlin Heidelberg New York
ISBN 0-387-52413-4 Springer-Verlag New York Berlin Heidelberg

CIP-Titelaufnahme der Deutschen Bibliothek.
Interaktion und Kommunikation mit dem Computer: Ulm, 8. – 10. März 1989; proceedings / B.
Endres-Niggemeyer ... (Hrsg.). – Berlin; Heidelberg; New York; London; Paris; Tokyo:
Springer, 1990
   (Jahrestagung der Gesellschaft für Linguistische Datenverarbeitung (GLDV); 1989) (Informatik-
   Fachberichte; 238: Subreihe künstliche Intelligenz)
   ISBN 3-540-52413-4 (Berlin ...)
   ISBN 0-387-52413-4 (New York ...)
NE: Endres-Niggemeyer, Brigitte [Hrsg.]; Gesellschaft für Linguistische Datenverarbeitung:
   Beiträge der Jahrestagung der Gesellschaft für Linguistische Datenverarbeitung e.V.; 2. GT

Druck- u. Bindearbeiten: Weihert-Druck GmbH, Darmstadt
2145/3140-543210 – Gedruckt auf säurefreiem Papier

VORWORT

Der vorliegende Band in der Reihe Informatik-Fachberichte dokumentiert die wichtigsten Beiträge zur Jahrestagung 1989 der Gesellschaft für Linguistische Datenverarbeitung (GLDV), die unter dem Schwerpunktthema "Interaktion und Kommunikation mit dem Computer" vom 8. bis 10. März 1989 in den Räumen der Universität Ulm stattfand.

Zum Tagungsthema wurden aus einer großen Zahl eingereichter Beiträge 14 zur Präsentation auf der Tagung ausgewählt, und zwar in den Sektionen "Grundlagen und Modelle", "Interaktionsformen", "Benutzerunterstützung und Kontextaspekte" und einer Sektion für aktuelle Arbeiten zu anderen Themen der LDV. Ergänzt wurden, wo immer möglich, die Vorträge durch Vorführungen in speziellen Demonstrationssektionen.

Das ergänzende Programm der Tagung umfaßte neben Arbeitskreisen und Mitgliederversammlung auch eine Podiumsdiskussion zum Thema "Wie sag ich's dem Werkzeug? - Chancen und Grenzen natürlichsprachlicher und anderer Interaktionsformen". Einige Positionsbeiträge dieser Diskussion sind im LDV-Forum 6 (2/1989) erschienen.

Abgerundet wurde das Programm durch zwei Hauptvorträge, für die Vortragende aus "benachbarten" Disziplinen gewonnen werden konnten. Walter Perrig aus Basel referierte über "Systeme der Wissensrepräsentation in der Textforschung aus der Sicht der Kognitionspsychologie" und Christiane Floyd von der TU Berlin über "Leitbilder für die Gestaltung interaktiver Systeme - Computer sind keine Partner für Menschen".

Alle referierten und eingeladenen Beiträge der Tagung sind - zum Teil in überarbeiteter Form - nun in diesem Band enthalten. Vorangestellt wird eine von Thomas Herrmann verfaßte Einführung in die Thematik.

Als dem für die lokale Organisation verantwortlichen Mitglied des Programmkomitees verbleibt es mir noch, Dank abzustatten für vielfältige Unterstützung:

* den anderen Mitgliedern des Programmkomitees - Brigitte Endres-Niggemeyer, Thomas Herrmann und Alfred Kobsa - für die stets konstruktive Zusammenarbeit vor und während der Tagung und nun auch im Nachhinein bei der Herausgabe dieses Bandes;
* der Gesellschaft für Mathematik und Datenverarbeitung (GMD), Projektträger Fachinformation, für die großzügige Bereitstellung eines Großteils der für die Vorbereitung und Durchführung der Tagung erforderlichen Mittel;
* der Universität Ulm für die Überlassung der Räume und organisatorische Unterstützung;
* der Stadt Ulm für den für die Teilnehmer gegebenen Empfang;
* dem Forschungsinstitut für anwendungsorientierte Wissensverarbeitung (FAW) für ideelle und organisatorische Unterstützung;
* der Firma IBM Deutschland GmbH für eine Sachspende;
* dem Springer-Verlag und seinen Gutachtern für die Unterstützung und die konstruktiven Anregungen zur Verbesserung des Manuskripts.

Mein besonderer Dank gilt den Kollegen und Studenten, die durch engagierte und tatkräftige Hilfe vor allem während der Tagung für einen erfreulichen und verhältnismäßig reibungslosen Ablauf gesorgt haben: Helmut Empl, Wolfgang Gotterbarm, Detlef Küpper, Andrea Striegl-Scherer und - in ganz besonderer Weise - Harry Schoett.

Ulm, im Januar 1990   Dietmar Rösner

Inhaltsverzeichnis

Einführung

Thomas Herrmann

Interaktion und Kommunikation mit dem Computer 1

Hauptvorträge

Christiane Floyd

Leitbilder für die Gestaltung interaktiver Systeme: Computer sind keine Partner für Menschen . . . 12

Walter J. Perrig

Modelle der künstlichen Intelligenz in der Textforschung aus der Sicht der Kognitionspsychologie 22

Beiträge zum Leitthema der Tagung

Grundlagen und Modelle

Hans-Dieter Lutz

Bestimmungsgrößen der natürlichsprachlichen Mensch-Computer-Interaktion 39

Jaap Ph. Hoepelman, Antonius J. M. van Hoof

Dialogue Models for Knowledge Representation 46

Jürgen Kaster

Kognitive Modellierung der Mensch-Computer-Interaktion 58

Interaktionsformen

Hans Haugeneder

Wie sag' ich's dem Computer oder: How to Do Things? With Words! 68

Hansjürgen Paul

Exploratives Agieren in interaktiven EDV-Systemen 80

Dagmar Schmauks

Die Ambiguität von 'Multimedialität' oder: Was bedeutet 'multimediale Interaktion' 94

Benutzerunterstützung und Kontextaspekte

Ralf Kese, Frank Oemig

Goethe: Ein kontext-sensitives Beratungssystem für UNIX 104

Astrid Hirschmann

Evaluationsstudien zu dem graphisch orientierten Texteditor ComfoTex
als konzeptuelle Grundlage für ein intelligentes Hilfesystem 112

Thomas Fehrle

Eine menüorientierte Klärungskomponente für ein natürlichsprachliches Auskunftssystem 119

Renate Mayer

Benutzerschnittstelle für eine Terminologiedatenbank 128

Beiträge zu anderen Themen der LDV

Walter Kehl

GEOTEX-E: Generierung zweisprachiger Konstruktionstexte 138

Sabine Bergler, James D. Pustejovsky

Temporal Reasoning from Lexical Semantics 145

John Bateman, Robert Kasper, Jörg Schütz, Erich Steiner

Interfacing an English text generator with a German MT analysis 155

Frank Sarre, Gabriele Felsner, Ulrich Güntzer, Gerald Jüttner

Die Thesaurus-Relationen des lernfähigen Information Retrieval Systems TEGEN 164

Interaktion und Kommunikation mit dem Computer – eine Einleitung

Thomas Herrmann

Universität Dortmund

Das Thema "Interaktion und Kommunikation" kann mit den unterschiedlichsten Eindrücken zur Kenntnis genommen werden: Manche der Leser werden sich wundern, wieso man Bezeichnungen in den Titel nimmt, die in diesem Kontext synonym sind; andere werden fragen, warum hier so Verschiedenes nebeneinandersteht; ein Teil der Leser wird bereits entschieden haben und einen der Begriffe als den angemessenen erachten oder aber seine Auffassung in keinem dieser Ausdrücke repräsentiert sehen. Der vorliegende Tagungsband führt verschiedene Sichtweisen zusammen, die nicht nur durch voneinander abweichende Einstellungen zur Frage der richtigen Begriffswahl gekennzeichnet sind, sondern sich vor allem auf unterschiedliche Forschungs- und Wissensgebiete beziehen. Ausgehend von der linguistischen Datenverarbeitung soll Gelegenheit geboten werden, sich mit anderen Disziplinen auseinanderzusetzen, die sich mit den Interaktionsmöglichkeiten zwischen Mensch und Computer befassen. Hierzu gehören z.B. Informatik und Software-Engineering (insbesondere Software-Ergonomie), Künstliche Intelligenz, Psychologie, Arbeitswissenschaften u.a. In all diesen Disziplinen finden sich Ansätze, die sich sowohl unter praktischen wie theoretischen Gesichtspunkten damit befassen, wie menschliche Informationsverarbeitung erklärbar ist, wie die Wechselwirkung zwischen Mensch und Computer zu optimieren ist und wie sich geeignete Software entwerfen läßt. Hierbei wird immer wieder die Möglichkeit natürlich-sprachlicher Mensch-Computer-Dialoge im Vergleich zu anderen Interaktionsstilen diskutiert. Insofern beinhalten die genannten Disziplinen Ansätze, die zusammengenommen wichtige Anregungen für die LDV geben können.

Bereits 1985 nahmen die Informatik-Fachberichte mit DIRLICH u.a.: "Kognitive Aspekte der Mensch-Computer-Interaktion (IFB120)" einen ersten Band auf, der sich explizit mit der Interaktion zwischen Menschen und Computern auseinandersetzte. Damals war zu beobachten, wie sich um dieses Problemfeld eine lebhafte, mit allen Chancen und Schwierigkeiten der Interdisziplinarität behaftete Diskussion entspann, die bis heute andauert. Die Herausgeber gruppierten die Beiträge nach dem Blickwinkel, aus dem diese jeweils argumentierten. Dieser konnte insbesondere entweder benutzer-orientiert oder systemzentriert sein. Computer kamen auch als "Denkzeuge" vor, bestimmender war jedoch ihre Rolle als Kommunikationspartner, die mit Benutzermodellen ausgestattet sein konnten. Wo von kognitiven Modellen die Rede war, bezogen sie sich auf Benutzer/innen oder auf die in der Interaktion behandelten Gegenstände, nicht so sehr auf das Bild vom Computer, das die Benutzer/innen während der Interaktion bewegt.

Der hier vorgelegte Band konzentriert sich auf die Frage, mit welchen benutzerorientierten Metaphern und Modellen für die Mensch-Computer-Interaktion ein möglichst zweckdienliches Vorverständnis, auch mit Hinblick auf Gestaltungsstrategien, im Bereich der LDV zu gewinnen ist. Dieses Ziel wird verfolgt, indem zunächst der Vorstellung von einer Kommunikation zwischen Mensch und Computer, die in der LDV und in der sprachorientierten KI aus naheliegenden Gründen sehr gebräuchlich ist, eine andere Metapher gegenübergestellt wird, die Werkzeugmetapher. Sie stellt den Arbeitsprozeß in den Vordergrund, den Menschen mit Hilfe des Computers bewältigen. Die Diskussion um diese beiden Gestaltungsstrategien und ihre Implikationen liegt im Detail den Beiträgen diese Bandes zugrunde, sofern sie sich dem thematischen Schwerpunkt widmen. Christiane **FLOYD** faßt die Argumente auf der Ebene von Metaphern und Leitbildern zusammen und verfolgt das Anliegen, diese weiterzuentwickeln.

1) Interaktion und Kommunikation mit dem Computer im Rückblick

1.1) Die Auseinandersetzung um die geeignete Metapher

Während die Vorstellung vom Dialog und vom Kommunizieren mit dem Computer in der Künstlichen Intelligenz von Anfang an vorhanden war (mit TURINGs Gedankenexperiment und WEIZENBAUMs ELIZA sei auf die bekanntesten Beispiele verwiesen), kam die Bezeichnung "Interaktion mit dem Computer" erst durch die Möglichkeiten interaktiven Programmierens auf. In der Bundesrepublik sprachen KUPKA/WILSING (1975) davon, daß eine ablaufende Aktion (ein Programmlauf) durch eine andere (dazwischengeschobene) unterbrochen werden kann. In diesem Sinne des Dazwischen-(Inter-) Agierens (nicht zu verwechseln mit sozialer Interaktion) wurde der Rechner als Interaktionsinstanz gesehen. Demgegenüber sahen andere im Computer die Möglichkeit, menschliches Sprachverhalten und damit einen Kommunikationspartner zu simulieren (UNGEHEUER, 1971) oder faßten ihn wie PETRI (1968) als "Medium für streng organisierbaren Informationsfluß" auf (s. Abb.1 nach GENRICH, 1982).

Ende der siebziger Jahre befaßten sich Susanne MAAß u.a. in Hamburg (DEHNING, ESSIG, MAAß; 1978) mit der Frage, wie man Benutzern/innen den Umgang mit Datenbanken erleichtern kann, und stellten in diesem Zusammenhang eine Reihe von Unterschieden zwischen Mensch-Computer-Interaktion und zwischenmenschlicher Kommunikation heraus. Diese Arbeiten entstanden unter Betreuung von KUPKA und sicherlich auch unter dem Eindruck des Projektes "Hamburger Redepartnermodell" (später HAM-ANS), das die Simulation menschlichen Sprachverstehens zum Ziel hatte und in seinem weiteren Verlauf immer wieder eine Auseinandersetzung mit der "Kommunikationsmetapher" auslöste.

Trotz der Abgrenzung gegenüber dieser Metapher entstand 1981 aus der Diskussion zwischen KUPKA, MAAß und OBERQUELLE ein Bericht mit dem Titel "Kommunikation -

3

ein Grundbegriff für die Informatik", der festhielt, daß der Computer von Benut-
zern/innen als virtueller Kommunikationspartner wahrgenommen werde, da sie die
mediale Rolle des Rechners als Vermittler zwischen Systementwickler und Nutzern aufgrund der Komplexität des Designprozesses nicht nachvollziehen könnten. Von daher
kennzeichnete der Bericht die Erwartungen von Benutzern/innen so, daß sie von der
Kommunikationsmetapher geprägt seien.

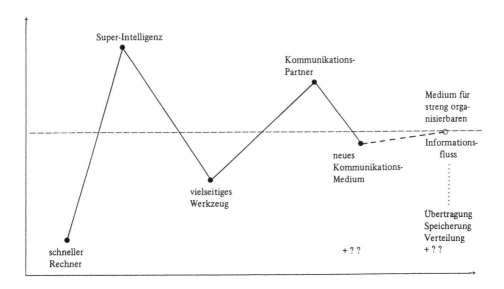

Abb.1): Die Rolle des Computers: "Konvergenz der Einschätzung seiner Bedeutung"
(PETRI, nach GENRICH, 1982, S.192)

Anfang der achtziger Jahre entwickelte sich die Diskussion in zwei Richtungen. Angesichts der Verbreitung von PCs und des Interaktionskonzeptes der Direkten Manipulation wurde einerseits der Computer verstärkt als Werkzeug aufgefaßt (s. z.B. DZIDA,
1982). Die Werkzeugmetapher wird bis heute favorisiert (s. z.B. COY u.a., 1988), wurde
aber auch häufiger einer Kritik unterzogen (s. z.B. WINGERT/RIEHM, 1985).
Andererseits blieb das Konzept des Computers als Kommunikationspartner weiter in
der Diskussion, wozu die Entwicklung von natürlich-sprachlichen Frage-Antwort-
Systemen und die Fortschritte auf dem Gebiet der Wissenrepräsentation beitrugen.
Unter dem Titel "Breaking the man-machine-communication barrier" forderten HAYES
u.a. 1981, daß Computer z.B. Mißverständnisse im Dialog aufdecken und klären können
müßten und Themenfokussierung leisten sollten. FISCHER (1982) griff in der Bundesrepublik diese Überlegungen auf mit der Forderung, daß Computer spezielle Wissensbasen benötigten, um ähnlich flexibel wie menschliche Kommunikationspartner im Dialog
reagieren zu können. Diese Zielsetzung wurde von der Stuttgarter Projektgruppe
INFORM verfolgt, die darüber hinaus eine reichhaltige Quelle für beeindruckende,

aber auch kurzlebige Leitmetaphern wie "symbiotische Informationsmanipulations-
systeme" oder "konviviale Werkzeuge" war.

Demgegenüber blieben die weniger globalen, sondern eher detaillierten Leitkriterien,
die DZIDA u.a. (1977) entwickelt haben, dauerhaft in der Diskussion und sind z.T. in
die DIN-Norm 66234, Teil 8 eingegangen (Aufgabenangemessenheit, Selbstbeschrei-
bungsfähigkeit, Erwartungskonformität, Steuerbarkeit, Fehlerrobustheit). Sie harren
z.Zt. einer weiteren Präzisierung.

1.2) Dialogformen und Interaktionsstile

Parallel zu der Auseinandersetzung um Leitmetaphern wurde auch das Problem
angegangen, welche Dialogform die geeignete sei. Beide Problembereiche überschneiden
sich zwar stellenweise (natürliche Sprache erscheint als zur Kommunikationsmetapher
korrespondierende Dialogform), es ist jedoch sinnvoll, sie gegeneinander abzugrenzen,
da z.B. der Einsatz natürlicher Sprache auch unter der Werkzeugmetapher sinnvoll
sein kann und ähnlich die Verwendung von Grafiken durch Kommunikationspartner.
Nur wenn man beide Diskussionsebenen trennt, eröffnet sich der Blick für die Misch-
barkeit und Integrierbarkeit verschiedener Dialogformen.

Einen frühen Überblick über verschiedene Dialogformen gab HEBDITCH (1979). Es
entwickelten sich unterschiedliche Diskussionsrichtungen:

- Der Vergleich zwischen Kommandosprachen und natürlicher Sprache (s. z.B.
  SHNEIDERMAN, 1980: "Natural vs. Precise Concise Languages..."). Es gibt mehrere
  Zusammenfassungen zu dieser Kontroverse (z.B. in KRAUSE, 1982).
- Die Gegenüberstellung von "prompting" (Benutzerreaktion nur gemäß Anfrage des
  Systems) vs. Kommandosprachen und Verwendbarkeit von Kommandoprozeduren
  (s. PALME, 1981).
- Die Kritik am menü-gesteuerten Dialog, dem eine zu hohe Simplifizierung unterstellt
  wird und zu dem der Vergleich mit "idiotproofing" gezogen wird (s. HEBDITCH,
  1979).
- Die Entwicklung von direct manipulation, die SHNEIDERMAN (1982) als theoretisches
  Konzept angesichts zunehmender Verbreitung grafischer Interaktionsformen entwickelte und die häufig als Gegenkonzept gegenüber der Verwendung von natürlicher Sprache eingestuft wird. **HAUGENEDER** vergleicht beide Dialogformen im vorliegenden Band.

Die künftige Diskussion und Verbreitung von Dialogformen wird stark von der Entwicklung verschiedener Ein/Ausgabetechniken abhängen. So wird z.B. die Verbreitung
von Data Gloves, die Steuerungsbewegungen von Hand und Fingern weiterleiten und
Rückmeldungen taktil wahrnehmbar machen, das Prinzip der Direkten Manipulation
fördern. Ähnlich würde eine entschiedene Fortentwicklung der maschinellen Erkenn-
barkeit gesprochener Sprache die Verwendung natürlicher Sprache vorantreiben,
wobei "data gloves" begleitende Zeigegesten registrieren könnten.

1.3) Funktionalität von Mensch-Computer-Schnittstellen

Von der Diskussion um die geeigneten Dialog- oder Interaktionsformen ist nochmals zu unterscheiden, welche Funktionen angeboten werden, um Benutzer/innen bei Benutzungsproblemen zu unterstützen (Benutzungsprobleme entstehen durch Schwierigkeiten mit spezifischen Eigenschaften einer Schnittstelle; Anwendungsprobleme beziehen sich dagegen auf den Inhalt einer Arbeitsaufgabe).

Die wohl bekannteste Funktion in diesem Zusammenhang ist die Hilfefunktion. An ihrem Beispiel wird klar, daß sie situationsabhängig mit verschiedenen Dialogformen realisierbar sein kann (z. B. natürlich-sprachlich, grafisch etc.) und auch im Rahmen verschiedener Metaphern sinnvoll ist. Das bedeutet, daß es konstruktiv ist, die Diskussion um die Funktionalität von den anderen Ebenen der Diskussion zu unterscheiden.

Bei Hilfefunktion wurde schon zu Beginn ihres Einsatzes kritisch angemerkt, daß sie von Benutzern/innen in den wenigsten Fällen in Problemsituationen benutzt würden. Daran anknüpfend wurden Konzepte für adaptive System entwickelt (EDMONDS, 1981; INNOCENT, 1982) und für aktive Hilfesysteme, die sich selbst "einschalten" (FININ, 1983). Ähnliche Impulse kamen aus der Diskussion um Selbsterklärungskomponenten bei Expertensystemen, für die WAHLSTER (1981) kommunikativ-adäquate Ausgaben anstrebte. Kommunikative Adäquatheit impliziert für die Funktionalität der Analyse- und Generierungskomponenten von natürlicher Sprache, daß Ellipsen erkannt, Referenzen hergestellt und in Abhängigkeit vom Kontext Ausgaben erzeugt werden müssen. Darüber hinaus wurde die Notwendigkeit postuliert, systemgestützt Benutzermodelle zu erzeugen und zu berücksichtigen.

Aus anderen Blickwinkeln wurden UNDO-Funktionen gefordert und HISTORY-Funktionen implementiert; letztere stellen den Benutzern/innen die stattgefundene Dialoggeschichte zur Verfügung. CARROLL (1982) forderte Funktionen, die die Explorierbarkeit von Systemen unterstützten, wie Browser etc. (s. hierzu den Beitrag von **PAUL** in diesem Band).

Die Hauptkontroverse auf der Ebene der Funktionalität spitzte sich in der Gegenüberstellung von adaptiven Systemen vs. adaptierbaren Systemen zu. Diese Diskussion wurde zum Beispiel auf der jährlichen Arbeitstagung Mensch-Maschine-Kommunikation über einen längeren Zeitraum (1983-1986) eindringlich geführt.

2) Ziele und Annäherungsmöglichkeiten der verschiedenen Positionen

2.1) Zielsetzungen

Will man die Auseinandersetzung auf den drei beschriebenen Ebenen vertieft nachvollziehen und die Standpunkte der Beiträge dieses Bandes einordnen, so empfiehlt es sich zwischen den verschiedenen Zielsetzungen zu differenzieren:

Theoriebildung für die Mensch-Computer-Interaktion

Eine entwickelte Theorie des Verhältnisses Mensch-Computer wäre wünschenswert, befindet sich z.Zt. jedoch eher im Stadium der Grundlegung. Zu diesem Thema versucht **LUTZ** in diesem Band beizutragen, indem er den Interaktionsbegriff hinterfragt.

Verständnis menschlicher Kognition und Informationsverarbeitung

Ausgangspunkt ist es zunächst, mit Hilfe des Computers Aufschlüsse über die Funktionsweise und die Prinzipien menschlicher Wissensverarbeitung zu gewinnen. Der Beitrag von **HOEPELMAN & VAN HOOF** zu "Dialogue Models..." sowie **PERRIGs** Ausführungen zu Textverstehen stellen hierzu Beispiele dar. Die Klärung solcher Fragen könnte es in einem zweiten Schritt ermöglichen, Computer zu bauen, die dem menschlichen Denken und Dialogverhalten adäquat bzw. angepaßt sind.

Modellierung zum Zweck der Evaluierung von Dialogschnittstellen

Evaluierungsergebnisse sind von den zugrundegelegten Positionen geprägt, da die verwendeten Modelle stets Abstraktionen und Reduktionen beinhalten. Dies wird am Beispiel des Beitrages von **KASTER** deutlich.

Analyse des Veständnisses der Benutzer/innen von Computern und Interaktions- möglichkeiten

Im Rahmen dieser Zielsetzung liegt kein Text im Tagungsband vor. Es ist jedoch hilfreich, jeweils zu differenzieren, ob Autoren darüber berichten, wie (sie als) Benutzer/innen die Interaktion mit dem Computer sehen, oder ob sie beschreiben, welche wissenschaftlich fundierte Sichtweise angemessen ist.

Gestaltung der Mensch-Computer-Interaktion

Die meisten Beiträge des vorliegenden Bandes lassen sich unter dieser Zielsetzung einordnen, wobei **HAUGENEDER, PAUL** und **SCHMAUKS** sich eher zu Dialogformen äußern, während **KESE/OEMIG, HIRSCHMANN, FEHRLE** und **MAYER** eher die Ebene der Funktionalität bearbeiten.
Christiane **FLOYDs** Analyse zum Thema Gestaltung liegt auf der Ebene der Leitbilder und Metaphern.

Verständnis von Software-Gestaltung als Arbeitsgestaltung

Die Diskussion zur Software-Ergonomie beinhaltet zunehmend Standpunkte, die eine Reduktion der Sichtweise auf die Dyade Mensch-Computer zu überwinden versuchen. Stattdessen wird die Einbettung in Arbeitszusammenhänge betont, da interaktive Software durch organisatorische Regelungen und Aufgabenzuschnitte geprägt ist und umgekehrt die eingesetzten Programme den Arbeitsablauf, die Qualifikationserfordernisse, Persönlichkeitsentfaltung etc. prägen. Diese Faktoren müßten berücksichtigt werden, sofern eine Optimierung der Mensch-Computer-

Interaktion angestrebt wird. Derartige Ansätze werden jedoch auf dem Gebiet der LDV und der KI bislang nur marginal rezipiert.

2.2) Konvergenztendenzen

Mittlerweile sind zwischen den Positionen, die am Anfang der achtziger Jahre recht gegensätzlich diskutiert wurden, Konvergenzen möglich. Dies ist auch für das Gebiet der LDV relevant, da dadurch der potentielle Austausch mit anderen Disziplinen erleichtert wird.

Auf der **Ebene der Metaphern** verdeutlicht **FLOYD**, daß nicht eine einzige Perspektive Geltungsanspruch behaupten kann, sondern mehrere Metaphern parallel sinnvoll sind, sofern sie für das jeweilige Forschungsgebiet als Leitbild geeignet sind.

Man kann auch den Standpunkt vertreten, daß der Rechner nur als Kombination verschiedener Metaphern adäquat beschreibbar ist, z.B. als Einheit von Maschine, Nachricht und Medium (s. HERRMANN, 1986). KAMMERSGAARD (1988) beschreibt unter dem Titel "Four different perspectives on human-computer-interaction", daß je nach Nutzungskontext (individuell vs. kollektiv) und Gestaltungsleitlinie Computer als System, Dialogpartner, Werkzeug oder Medium betrachtet werden können.

Auf der Ebene der Dialog- oder Interaktionsformen beschreibt SHNEIDERMAN (1988) in seinem "review of human-computer interaction styles" die Vor- und Nachteile fünf verschiedener Dialogformen. Er betont, daß die Trennung der verschiedenen Stile nur zu Veranschaulichungszwecken sinnvoll sei, während sie in realen Systemen i.d.R. vermischt vorlägen (s. auch **SCHMAUKS** in diesem Band).

Auf der Ebene der Funktionalität wird die Gegenüberstellung von Adaptivität und Adaptierbarkeit nicht mehr als Prinzipienfrage behandelt. Es erscheint vielmehr sinnvoll, die Frage graduell anzugehen, indem man nach dem jeweils geeigneten Umfang notwendiger und sicher vollziehbarer Kontextberücksichtigung sucht. **HIRSCHMANN** bearbeitet dieses Problem empirisch am Beispiel des Umfangs zu berücksichtigender Dialoggeschichten. Umfassender versucht man im Rahmen eines Projektes zur Humanisierung des Arbeitslebens in der Gesellschaft für Mathematik und Datenverarbeitung empirisch zu klären, in welchen Situationen und in welcher Kombination die genannten Strategien sinnvoll sind.

3) Verschiedene Gestaltungsebenen

Die meisten Beiträge dieses Tagungsbandes intendieren Gestaltungsvorschläge. Um die Diskussion solcher Vorschläge zu systematisieren, ist es sinnvoll, auf Modelle Bezug zu nehmen. So verfolgte zum Beispiel das IFIP-Modell (s. DZIDA, 1983) den Zweck, Begriffsverwirrungen bei der Beschreibung der Mensch-Computer-Schnittstelle zu vermeiden. Die Ebene der Dialog- bzw. Interaktionsformen und die Ebene der Funktionalität sollen im folgenden in ein erweitertes Modell der Mensch-Computer-Interaktion eingeordnet werden. Interdependenzen sollen aufgezeigt werden.

Sofern Gestaltungsentscheidungen begründet werden, ist es entscheidend, jeweils festzuhalten, auf welche Ebenen sich die Begründung bezieht bzw. welche sie miteinander vergleicht. Das erweiterte Modell beinhaltet in Anlehnung an das IFIP-Modell und an MORANs (1981) "Command Language Grammar" vier verschiedene Umgebungen bzw. Ebenen (Anwendungen, Funktionen, Dialog, Ein/Ausgabe) und nimmt explizit Bezug auf das Bild, das Benutzer/innen vom Umgang mit dem Computer haben (s. HERRMANN, 1986 und Abb. 2 bei **PAUL** in diesem Band).

Man kann sich jeweils getrennt zu den einzelnen Bereichen einer Mensch-Computer-Schnittstelle informieren. Um jedoch durch eine geeignete Ein- und Ausgabeabfolge eine gewünschte Anwendung zu realisieren, muß man sich über die Zusammenhänge und die Art der Verknüpfung zwischen den Ebenen im Klaren sein. Die Planung einer Dialogsequenz seitens der Benutzer/innen benötigt solches Verknüpfungswissen, ähnliches gilt für die Fehlerbehebung. Benutzungswissen hat konzeptuelle Anteile (Hintergrundwissen, mit dem man nicht beobachtbare Daten herleiten kann) und ereignisorientierte Anteile (Vorstellung über stattfindende Ein- und Ausgaben). Anwendungen müssen in Teilfunktionen (Kopieren, Löschen, Benennen etc.) zerlegt werden; Funktionen werden durch Dialogmöglichkeiten (Menü, Kommando etc.) realisiert, die durch geeignete Ein/Ausgabe-Folgen aktiviert werden.

3.1) Ein-Ausgabe-Umgebung und Dialogformen

Die Ein/Ausgabe-Umgebung ist geprägt durch die Art der Eingabetechnik (Tastatur, Zeigeinstrument, Softkeys, Auswahl durch Zifferneingabe, Eingabe von Namen, Parametern etc.) und durch die Darstellung von Ausgaben (Masken, Fenster, Ikone etc.). Demgegenüber legt die Dialogumgebung z.B. die Abfolge von Masken, die Aufteilung in Fenster, den Wechsel zwischen grafischer und textlicher Darstellung, die Dialogformen etc. fest.

Das unterschiedliche Gewicht dieser beiden Gestaltungsebenen bei der Diskussion um Vor- und Nachteile wird besonders am Beispiel der Direkten Manipulation deutlich. Das **Prinzip** dieses Verfahrens, den Benutzern/innen sozusagen "ikonische" Aktionen mit direkter Rückkoppelung zu ermöglichen, ist der Dialogumgebung zuzuordnen, die **Formen** der Realisierung dagegen (Maus als Zeigeinstrument, Ikone) liegen auf der Ein-Ausgabe-Ebene. Die Zuordnung solcher Ein-Ausgabe-Eigenschaften zu einem Prinzip der Dialoggestaltung ist jedoch nicht zwangsläufig. Die Kritik an dem Zeigeinstrument "Maus" ist daher keine unmittelbare Kritik am Prinzip der Direkten Manipulation. Die Kritik dieses Prinzips kann umgekehrt nur stichhaltig sein, wenn sie nicht stellvertretend an einer bestimmten Ein-Ausgabe-Eigenschaft (Grafik) geführt wird. Ähnlich kann sich eine Kritik der Dialogform "natürliche Sprache" nicht in der Feststellung erschöpfen, daß diese auf der Eingabe-Ebene zuviele Tastenanschläge erfordere. Vielmehr ist ein Vergleich mit den Vorteilen auf der Dialogebene zu ziehen. Erst auf dieser Ebene fällt die These ins Gewicht, Problemlösungen in natürlicher Sprache könnten eher den konzeptuellen Vorstellungen von Benutzern/innen entsprechen als das Durchlaufen verschiedener Menü-Masken. Hier wird deutlich, daß es von zentraler

Bedeutung ist, die Bilder und Vorstellungen, die Benutzer/innen vom Umgang mit dem Rechner haben, bei der Schnittstellen-Diskussion zu thematisieren.

So ist z.b. gegenüber dem vermuteten Vorteil natürlich-sprachlicher Dialoge auch zu bedenken, daß Bedingungen der Menüsteuerung mit Hinblick auf das ereignis-orientierte Wissen leichter memorierbar sein könnten als Restriktionen der maschinellen Bearbeitung natürlicher Sprache. Aus dieser Gegenüberstellung können sich dann Kombinationen beider Dialogformen als sinnvoll erweisen, wie sie TENNANT u.a. (1983) vorschlagen.

3.2) Dialogebene und Funktionen-Umgebung

Abstrakt betrachtet können zu bestimmten Funktionen eine Vielzahl verschiedener Dialogformen (Menü, Kommando etc.) ausgewählt werden. Die Wahl wird i.d.R. jedoch in Abhängigkeit von der Geübtheit der zu erwartenden Benutzer/innen, ihrem Wissen (und Computerbildern) und der Häufigkeit der Nutzung abhängen. In einigen Fällen restringiert die Art der gewünschten Funktion die Wahl der Dialog- und Ein-Ausgabe-Möglichkeiten. So ist z.B. Direkte Manipulation in Verbindung mit grafischer Interaktion nicht geeignet, wenn man eine Funktion "Verfügbarkeit der Dialoggeschichte" realisieren möchte. Wenn man die Vorteile bestimmter Funktionalität mit denen bestimmter Darstellungsformen kombinieren möchte, ist es u.U. angemessen, zwei verschiedene Ausgabeformen parallel anzubieten , wie es im Beitrag von **KEHL** zu GEOTEX-E (geometrische Zeichnungen und natürlichsprachliche Erläuterungen) in diesem Band thematisiert ist.

In Abhängigkeit von der Funktion kann es sich auch als sinnvoll erweisen, die Dialogform zu wechseln. So basiert z.B. der Beitrag von **FEHRLE** zu Erklärungskomponenten auf der Annahme, daß Hilfestellung zum Umgang mit der Dialogform "natürliche Sprache" besser menü-orientiert vermittelt werden, anstatt in der in Hilfesituationen problematisierten natürlich-sprachlichen Dialogform.

Damit Benutzer/innen die Funktionalität eines Systems voll nutzen können, muß ihnen das geeignete konzeptuelle Wissen ermöglicht und u.a. die geeignete Computermetapher angeboten werden. **PAUL** beschreibt z.B. in diesem Band, welche Funktionen explorierende Interaktion ermöglichen und welche Dialogformen hierzu geeignet sind, um vor diesem Hintergrund zu diskutieren, durch welche Computermetapher (z.B. Partnermodell vs. Werkzeug) Exploration gefördert wird.

3.3) Ebene der Anwendungsmöglichkeiten

Von der Qualität des konzeptuellen Wissens, der verwendeten Metaphern und der Vergleichbarkeit mit der Erfahrungswelt hängt es auch ab, inwieweit Benutzer/innen nachvollziehen können, wie das mit dem Rechner angestrebte Anwendungsziel (vierte Ebene des Modells) in verschiedene durch Funktionen zu realisierende Teilziele zu zerlegen ist.

Anwendungsziele werden häufig bei der Darstellung von Nutzungsmöglichkeiten verkürzt beschrieben, indem Bezug auf Metaphern genommen wird oder Vergleiche mit der Aufgabenbewältigung ohne EDV gezogen werden. Die Ebene der Anwendungen ist daher von besonderer Bedeutung, da alle Ansätze, die die Verwendung natürlicher Sprache langfristig als optimale Dialogssprache ansehen, davon ausgehen, daß dem Computer direkt gesagt werden könnte, was man wünscht. Das hieße, daß metaphorische und konzeptuelle Beschreibungen von Anwendungungszielen nachvollzogen werden könnten. Für die Zeit, in der dies nicht der Fall ist, werden Anwendungen durch eine explizit initiierte Abfolge von Funktionen realisiert werden müssen, wobei auch unterschiedliche Interaktionsformen und deren Kombination relevant sind.

So lange man dem Computer nicht unmittelbar sagen kann, was man will, wird die im vorliegenden Band diskutierte Integration verschiedener Leitbilder, Interaktionsformen und Unterstützungsformen die günstigsten Optimierungsansätze für die Mensch-Computer-Interaktion in Aussicht stellen.

Literatur

Arbeitskreis Rationalisierung Bonn (Hrsg.) (1982): Verdatet, Verdrahtet, Verkauft. Stuttgart: Alektor.

CARROLL,John (1982): The Adventure of Getting to Know a Computer. In: IEEE Computer, November 1982. S.49-58.

COY,Wolfgang u.a. (1988): Informatik und Verantwortung. In: VALK (Hrsg.) (1988): GI -18. Jahrestagung. S.691-702. Berlin u.a.: Springer.

DEHNING,W./ESSIG,H./MAAß,S. (1977): Zur Anpassung virtueller Mensch-Rechner-Schnittstellen an Benutzererfordernisse im Dialog - dargestellt am Beispiel von Datenbanksystemen. (Bericht 50). Hamburg: Universität.

DIRLICH,G./FREKSA,C./SCHWATLO,U./WIMMER,K. (Hrsg.) (1985): Kognitive Aspekte der Mensch-Computer-Interaktion. (Informatik Fachberichte Nr. 120). Berlin u.a. Springer.

DZIDA,W./HERDA,S./ITZFELD,W. (1977): Zur Benutzerfreundlichkeit von Dialogsystemen. Ergebnisse einer Umfrage. St. Augustin: GMD.

DZIDA,Wolfgang (1982): Dialogfähige Werkzeuge und arbeitsgerechte Dialogformen. In: SCHAUER,H./TAUBER,M. (Hrsg.) (1982): Informatik und Psychologie. S.54-86. München, Wien: Oldenbourg.

DZIDA,Wolfgang (1983): Das IFIP-Modell für Benutzerschnittstellen. In: OFFICE MANAGEMENT Sonderheft. S.3-9.

EDMONDS,E.A. (1981): Adaptive Man-Computer Interfaces. In: COOMBS,M.J. / ALTY,J.L. (Hrsg.): Computing Skills and User Interfaces. Academic Press. S. 389-426.

FININ,Thimothy (1983): Providing Help and Advice in Task Oriented Systems. In: CHI'83 CONFERENCE PROCEEDINGS: Human Factors in Computing Systems. S.176-178. Boston.

FISCHER,Gerhard (1982): Kognitionswissenschaft - ein Bindeglied zwischen Informatik und Psychologie. In: SCHAUER,H./TAUBER,M. (Hrsg.): Informatik und Psychologie. S.167-197. München, Wien: Oldenbourg.

GENRICH, Hartmann (1982): Die gesellschaftliche Bedeutung der theoretischen Informatik. In: Arbeitskreis Rationalisierung Bonn (Hrsg.) (1982): Verdatet, Verdrahtet, Verkauft. Stuttgart: Alektor. S.189-205.

HAYES,P./BALL,E./REDDY,R. (1981): Breaking the Man-Machine Communication Barrier. In: Computer, March 1981. S.19-30.

HERRMANN,Thomas (1986): Zur Gestaltung der Mensch-Computer-Interaktion: Systemerklärung als kommunikatives Problem. Tübingen: Niemeyer.

HEBDITCH (1979): Design of Dialogs to Interactive Commercial Applications. In: INFOTECH STATE OF THE ART REPORT(1979): Man/Computer Communication. Volume 2: Invited Papers. S.172-193. Maidenhead, Berkshire: Infotech International.

INNOCENT,P.R. (1982): Towards self-adaptive interface systems. In: International Journal of Man-Machine Studies. Nr. 16, 1982. S. 287-299.

KAMMERSGAARD,John (1988): Four different perspectives on human-computer interaction. In: International Journal of Man-Machine Studies. Nr.28 S.243-262.

KRAUSE, Jürgen (1982): Mensch-Maschine-Interaktion: Evaluierungsstudie zu praxisorientierten Frage-Antwort-Systemen und ihre Methodik. Tübingen: Niemeyer.

KUPKA,I./MAAß,S./OBERQUELLE,H. (1981): Kommunikation - ein Grundbegriff für die Informatik. Mitteilungen Nr.91. Hamburg: Universität.

KUPKA,I./WILSING,N. (1975): Dialogsprachen. Stuttgart: Teubner.

MORAN,Thomas (1981): The Command Language Grammar: a representation for the user interface of interactive computer systems. In: International Journal of Man-Machine Studies. No.15, 1981. S.3-50

PALME,Jacob (1981): A Human Computer Interface Encouraging User Growth. Swedish National Defense Institute. FOA Rapport.

PETRI,C.A. (1977): Kommunikationsdisziplinen. (Tonbandnachschrift eines Vortrages. ASA-Seminarbericht 76/02) Köln.

SHNEIDERMAN,Ben (1980): Natural versus Precise Concise Languages for Human Operations of Computers: Research Issues and Experimental Approaches. In: Proceedings of the 18th Annual Meeting of the ACL. S.139-141. Philadelphia.

SHNEIDERMAN,Ben (1982): The Future of Interactive Systems and the Emergence of Direct Manipulation. In: Behaviour and Information, Vol.1, No.3. S.237-256.

SHNEIDERMAN,Ben (1988): We can design better user interfaces: A review of human-computer interaction styles. In: Ergonomics. Vol. 31, No. 5, 1988. S. 699-710.

TENNANT,H.R./ROSS,K.M./THOMPSON,C.W. (154-160): Usable natural language interfaces through menu-based natural language understanding. Proceedings of CHI'83. Boston.

UNGEHEUER,Gerold (1971): Linguistische Datenverarbeitung - die Realität und eine Konzeption. In: IBM-Nachrichten, Nr.21, S.688-694.

WAHLSTER,Wolfgang (1981): Natürlichsprachliche Argumentation in Dialogsystemen. KI-Verfahren zur Rekonstruktion und Erklärung approximaler Inferenzprozesse. Berlin, Heidelberg, New York: Springer.

WINGERT,B./RIEHM,U. (1985): Computer als Werkzeug. Anmerkungen zu einem verbreiteten Mißverständnis. In: RAMMERT,W. / BECHMANN,G. / NOWOTNY,H.(Hrsg.): Technik und Gesellschaft. Jahrbuch 3. S.107-131. Frankfurt, New York: Campus.

Leitbilder für die Gestaltung interaktiver Systeme:

Computer sind keine Partner für Menschen

Christiane Floyd
Technische Universität Berlin
FB Informatik, Sekr. FR 5-6
Franklinstr. 28/29

D-1000 Berlin 10

Einleitung

Die Frage nach geeigneten Leitbildern für die Gestaltung interaktiver Systeme hängt sehr vom Blickwinkel ab, aus dem man das Thema sieht, also auch vom Standpunkt der jeweiligen Disziplin. Mein Gebiet ist die Softwaretechnik, Ihres die Linguistische Datenverarbeitung.

Aus meiner Sicht ist die Linguistische Datenverarbeitung ein Gesamtfeld aus mehreren Teilgebieten, deren Interaktion ich von außen schwer durchschauen kann. Zum einen erkenne ich einen starken Trend in Richtung Künstliche Intelligenz, bei der sogenannten natürlichen Sprachverarbeitung. Zum anderen sehe ich die Versuche computergestützter Sprachübersetzung, die davon befruchtet werden. Letztlich bildet die natürlichsprachliche Gestaltung von Schnittstellen den Bereich, der meinem Arbeitsgebiet am nächsten steht.

Ich beschäftige mich mit Softwareentwicklungsmethoden, und zwar mit solchen Methoden, die die Systemgestaltung als Ganzes betreffen. Darunter ist auch die Gestaltung von Mensch-Computer-Schnittstellen zu fassen, wobei von meiner Seite aus die Verwendung von natürlicher Sprache ein kleines Unterthema darstellt.

Was beide Disziplinen verbinden muß, ist das gemeinsame Anliegen, tragfähige Verständnismodelle über das Verhältnis von Menschen und Computern zu haben, um eine sinnvolle, technisch anspruchsvolle und gleichzeitig menschengerechte Systemgestaltung zu unterstützen. Dabei spielen Leitbilder (oder Metaphern) eine wichtige Rolle, weil sie eine Orientierung für die wissenschaftliche Arbeit, die Durchführung von Projekten und die Gestaltung von Systemen liefern.

Bei meinen nachfolgenden Überlegungen zu solchen Leitbildern werde ich, wenn ich auch in der Linguistischen Datenverarbeitung eine Laiin bin, das Thema Sprache in den Vordergrund stellen.

Ein weitverbreitetes Leitbild vom Verhältnis zwischen Mensch und Computer geht von der Möglichkeit aus, daß es einen tatsächlichen natürlichsprachlichen Dialog mit dem Computer als "Partner" geben kann. Ich werde dies im folgenden die **Partner-Metapher** nennen. Dieses Leitbild steht in jenen Wissenschaftsgebieten zur Diskussion, die sich an der Künstlichen Intelligenz orientieren. Meines Erachtens ist es irreführend und nicht realisierbar.

Ein tragfähiges Leitbild für die an der Künstlichen Intelligenz orientierte Linguistische Datenverarbeitung steht für mich dagegen nicht offenkundig im Raum. Die Metapher vom Computer als Partner ist in meinen Augen deshalb verfehlt, weil sie die jeweils verschiedene Einbettung von Sprache in ganzheitliche menschliche Kommunikationssituationen außer acht läßt.

Im folgenden werde ich zuerst die Partnermetapher aus meiner Sicht kritisch hinterfragen und mich dabei insbesondere auf Einsichten evolutionär ausgerichteter Erkenntnistheoretiker beziehen.

Dann werde ich Kriterien für die Brauchbarkeit von Metaphern aufstellen, die in verschiedenen Bereichen zur Geltung kommen. In der Softwareentwicklung beeinflussen Metaphern die Sicht des gesamten Prozesses, des Berufsbildes von Softwareentwicklern und des Verhältnisses zwischen Entwicklern und Benutzern. Für die Charakterisierung des Computers im Einsatz wird die Werkzeugmetapher verwendet, sie erscheint in der Linguistischen Datenverarbeitung künstlich. Dagegen führt die Medienmetapher zu fruchtbaren Analogien mit dem Buchdruck, die mir zukunftsweisend erscheinen.

Pragmatisch induzierte Begriffsverschiebungen und prinzipielle Grenzen der Partner-Metapher

Ist es nützlich, ist es brauchbar, *Kommunikation* zwischen Menschen und Computern zu postulieren?

Zunächst erscheint dies als eine Frage der Begriffswahl. Wie sehen wir den Begriff *Kommunikation*, wie verstehen wir ihn? Hierzu gibt es eine enorme Vielfalt unterschiedlicher Sichtweisen. Für mich betrifft der Begriff *Kommunikation* wesentlich Beziehungen zwischen Lebewesen. Von daher erscheint es mir nicht natürlich, den Begriff auf das Verhältnis von Menschen zu Computern anzuwenden. Die Begründung meiner Auffassung besteht darin, daß *Kommunikation*, so wie wir sie als Menschen kennen, aus der Ko-Evolution der Lebewesen entstanden ist.

Wir können uns nun auf eine neue Konvention einlassen, indem wir beschließen, *Kommunikation* künftig auf Menschen und Computer anzuwenden. Dabei müssen wir uns aber im klaren sein, welche Veränderungen sich ergeben, wenn wir diesen Begriff nicht mehr ausschließlich auf Lebewesen beziehen. Wir lassen uns dann auf eine systematische Verzerrung oder Verfremdung der Begriffe ein, die wir verwenden – Begriffe wie *Kommunikation*, aber auch wie *Sprache, Dialog, Beratung, Sprechakte* und so weiter, die bisher nur zwischen Menschen zur Anwendung kamen.

Von welcher Art sind die Verfremdungen, wenn solche Begriffe auf die Mensch-Computer-Interaktion übertragen werden? Sie bestehen im wesentlichen darin, Aspekte, die wir bei der Kommunikation zwischen Menschen erkennen oder ansatzweise beschreiben können, bei der Abbildung auf den Computer voneinander zu trennen, aus ihrem Kontext zu lösen, zu vergegenständlichen und in ihrer Wirkungsweise festzulegen.

Man kann dies zum Beispiel an der Arbeit von MAASS 84 zum Partnermodell nachvollziehen. In diesem sehr ernst zu nehmenden Beitrag zur Verbesserung der Mensch-Computer-Interaktion hat die Autorin ein Partnermodell der Mensch-Rechner-Kommunikation entwickelt, indem sie Begriffe aus der Psychologie geliehen hat – Begriffe wie *Intention, Partnerbild, Selbstbild* und dergleichen. Alle diese Begriffe sind sinnhaft, wenn wir sie auf Menschen anwenden. In gewisser Weise kann man sie auch auf Computer anwenden, und das geschieht laufend in Disziplinen, die sich mit Rechnern befassen.

Dabei tritt der Effekt ein, daß das *Partnerbild* oder das *Selbstbild* oder die *Intention* in gewisser Weise vergegenständlicht und als eigenständige Komponenten dargestellt werden. Es wird unvermittelt eine solche Komponente mit einer entsprechenden Bezeichnung (z.B. *Intention*) als gegenständlich darstellbare kreiert. Ein zweiter Effekt besteht darin, daß wir gezwungen sind, in irgendeiner Weise diese Komponenten, also Nachbildungen von Aspekten des menschlichen Bewußtseins, oder wie immer man es nennen will, zu beschreiben und zu programmieren. Letztlich werden diese Aspekte aus dem ganzheitlichen Sinnzusammenhang gelöst. Wenn wir uns diese Effekte nicht bewußt machen, so bringen sie einschneidende Veränderungen in unserer Auffassung vom Menschen mit sich.

Die Beschreibung und Programmierung solcher Komponenten ist sehr anspruchsvoll. Es kann im Rahmen meiner Argumentation nicht darum gehen, mir anzumaßen, diese z.T. bewundernswerten Leistungen einem Urteil zu unterziehen. Ich will vielmehr die Aufmerksamkeit auf die Veränderungen lenken, die selbst bei der anspruchsvollsten Programmierung auftreten, wenn menschliche Begriffe auf den Computer übertragen werden.

Während wir über Begriffe wie *Intention, Partnerbild, Selbstbild* beim Menschen sinnvoll sprechen können, ohne uns festzulegen, wie sie im einzelnen zusammenpassen, können sie bei der Übertragung auf den Computer nicht mehr so behandelt werden. Sie müssen festgeschrieben werden, und zwar durch eine Modellierung, die sie als getrennte Komponenten betrachtet und sie formal, etwa durch Regeln, beschreibt. Es ist ebenfalls erforderlich, die Interaktion zwischen diesen einzelnen Komponenten zu programmieren, d.h. Schnittstellen zwischen diesen einzelnen Komponenten herzustellen. Das sind Schnittstellen, die Ableitungsschemata darstellen, die Ergebnisse und Inferenzen ermöglichen und dergleichen. Während wir beim Menschen einem fließenden und für uns ganzheitlich beobachtbaren Geflecht von komplizierten Interaktionen einzelner psychischer Bereiche gegenüberstehen, birgt die Übertragung solcher Begriffe auf den Computer immer die Notwendigkeit zu systematischer Reduzierung und Isolation einzelner Komponenten. Wir benötigen eine diskrete Beschreibung durch Fakten und Regeln und eine statische Festlegung ihrer Zusammenhänge. Nach meiner Auffassung handelt es sich hier um eine prinzipielle Veränderung, die nicht durch den Fortschritt der Computertechnologie behoben werden kann. Aus diesem Grund halte ich die Partnermetapher auch *auf Dauer* für irreführend.

Argumente dieser Art hat zuerst DREYFUS 85 in überzeugender Weise zusammengestellt. Im Anschluß an Dreyfus gibt es derzeit international und an vielen verschiedenen Orten ernsthafte Bemühungen um erkenntnistheoretische Grundlagen der Informatik, die auch die Klärung der verwendeten Grundbegriffe einschließen.

Ein sehr bekannter Ansatz ist das Buch *Understanding Computers and Cognition* von WINOGRAD, FLORES 87. Mein eigener Beitrag besteht darin, Softwareentwicklung als *Realitätskonstruktion* (FLOYD 89) zu verstehen. Es gibt einen engen Zusammenhang zwischen diesen beiden Ansätzen. Insbesondere orientiere ich mich an vergleichbaren philosophischen Quellen, wie sie auch von Winograd und Flores benutzt werden.

Die erkenntnistheoretische Kritik der Informatik stellt die rationalistische Tradition als ausschließliche Fundierung der wissenschaftlichen Arbeit in Frage und bezieht sich auf reichhaltigere Ansätze. Zu ihnen gehören die Hermeneutik, die Sprechakttheorie und der biologisch fundierte radikale Konstruktivismus. Hier ist vor allem auf Maturana zu verweisen, der Sprache als spezifische kognitive Leistung in den Gesamtbereich biologisch fundierter menschlicher Kognition einordnet (z.B. MATURANA, VARELA 87).

Aus allen diesen Sichtweisen muß man auch die Metapher der Wesensverwandtschaft von Menschen und Computern, die der Künstlichen Intelligenz zugrunde liegt, und den damit verbundenen Anspruch, Computer könnten reale Partner für Menschen sein, in Frage stellen. Die Computer-Metapher für den Menschen ist in gewisser Weise an ihre Grenzen gestoßen. Die Grenzen liegen dort, wo man nicht mehr das Ein-/Ausgabeverhalten von Computerprogrammen als Vergleichsbasis wählt, sondern das *Zusammenwirken von Menschen und Computern* als entscheidenden Betrachtungsschwerpunkt ansieht.

Es geht also darum, den Gesamtkomplex des Zusammenspiels unseres Denkens mit dem Computer zu thematisieren. Das heißt, unser Denken und Arbeiten wieder deutlicher in den Kontext unserer menschlichen Aufgaben und Anliegen eingebunden zu sehen. Diese Auffassung harmoniert sehr stark mit linguistischen Sichtweisen, die begründen, daß menschliche Kognition prinzipiell in Kontexte eingebunden ist. Die Kontexte betreffen unsere biologische Einbindung in die Umwelt und das übergeordnete Anliegen der Autopoesis, immer wieder die eigene Identität herzustellen. Ebenso sind kognitive Vorgänge des Menschen in den Kontext der sozialen Gemeinschaft eingebunden. Vor dem Hintergrund dieser Grundannahmen scheitert die Partner-Metapher prinzipiell.

Während die Leistungsmöglichkeiten eines Computers programmiert werden, entstehen die kognitiven Fähigkeiten des Menschen im Kontext der anliegengebundenen Ko-Evolution und werden durch sie geprägt. Beim Menschen gibt es keine Analogie für das "Programmiert-Werden".

Diese grundsätzliche Grenze wird m.E. auch künftig so bleiben, selbst wenn man etwa von dem Ansatz der neuronalen Netze ausgeht. Bei allem Respekt, den man dieser Entwicklung entgegenbringen kann, halte ich es nicht für gerechtfertigt, im Konnektionismus eine Antwort auf alle kritischen Hinterfragungen zu sehen, mit denen die Künstliche Intelligenz bisher konfrontiert wurde.

Zur Wahl von geeigneten Metaphern

Angesichts dieser Einschätzung halte ich es für eine wichtige Aufgabe, für die Linguistische Datenverarbeitung tragfähige Metaphern oder Leitbilder zu entwickeln, an denen sich die Vertreter dieser Disziplin orientieren können und die nicht irreführend sind. Ich kann als Außenstehende keine konstruktiven Vorschläge für geeignete Leitbilder für die Linguistische Datenverarbeitung unterbreiten; ich kann jedoch versuchen, die eigene Suche dieser Disziplin zu unterstützen.

Zunächst stellt sich die Frage, ob der Diskussion um geeignete Metaphern oder Leitbilder überhaupt ein zentraler Stellenwert im Rahmen der Gesamtproblematik der Softwareentwicklung zukommt oder ob nicht ganz andere Faktoren, insbesondere der gesellschaftspolitische Kontext des Designs, ausschlaggebend sind. Nach meiner Auffassung ist die Diskussion um Metaphern nicht müßig, weil Gemeinschaften nicht nur durch gesellschaftliche Vorgaben, Situationen und Zwänge bedingt werden, sondern sich durch die Art, wie sie denken, selbst gestalten. Und dieses Denken spiegelt sich in den verwendeten Metaphern implizit wider. Das kann zweierlei bedeuten: einerseits prägen die von uns verwendeten Metaphern unsere Fragestellungen und Schlußfolgerungen; andererseits können wir Metaphern bewußt als Leitbilder für unser Vorgehen wählen. Erst in den letzten Jahren haben wir erkannt, wie wichtig es ist, den Einsatzbereich für Metaphern abzustecken und diese Implikationen explizit zu machen.

Es erscheint daher wichtig, Kriterien für geeignete Metaphern zu finden. Ich halte Metaphern für tragfähig bzw. nützlich, wenn sie in sinnfälliger Weise aus bereits bestehenden menschlichen Kontexten Bilder in das computergestützte Milieu übertragen, so daß sie dort hilfreiche Assoziationen mit sich bringen. Die Desktop-Metapher halte ich z.B. in diesem Sinne für nützlich. Sie ist jedoch eine für die Linguistische Datenverarbeitung weniger geeignete Metapher, sondern paßt eher in den Kontext des computergestützten Büros.

Entscheidend ist, daß die Metapher sich auf die Intuition eines Benutzers in einem gewohnten Kontext stützt, aus dem er oder sie Analogien ableiten kann. Natürlich kann die sinnfällige Analogie zwischen einem vertrauten Vorbild und den Eigenarten des Computers nicht nur dadurch hergestellt werden, daß man die Metapher besonders geschickt wählt, sondern auch und vor allem durch geeignete Gestaltung des computergestützten Systems. Man kann beispielsweise durch gezielte Gestaltungsmaßnahmen dafür sorgen, daß sich der Rechner den Benutzern als Medium, als Werkzeug oder als Schreibtischoberfläche darstellt. Weil sich aber Systemdesigner implizit oder explizit an Leitbildern orientieren, ist es wichtig, die dabei benutzten Metaphern sorgfältig zu prüfen.

In dem uns interessierenden Bereich können wir zwei Hauptrichtungen der Verwendung von Metaphern unterscheiden:

- sie können unser **Verständnis der Softwareentwicklung** betreffen, wobei ggf. auch das Verhältnis von Entwicklern und Benutzern mit einbezogen ist;

- sie können das **Zusammenwirken von Menschen mit Computern** erklären, und zwar sowohl die Mensch-Computer-Interaktion im engeren Sinne, als auch die Einbettung des Computers in menschliche Sinnzusammenhänge, z.B. in Arbeitsprozesse.

Die beiden Kategorien sind nicht scharf trennbar, und in beiden geht es insgesamt um das Verhältnis von Mensch zu Computer.

In der Diskussion um angemessene Metaphern höre ich oft das wichtige Argument, daß man selbstverständlich um die Unterschiede zwischen Mensch und Computer wisse, daß man aber z.T. partner-orientierte Bezeichnungen aus begrifflicher Verlegenheit auf den Rechner anwende, ähnlich wie man auch bei der Entgegennahme von Leistungen Menschen als Partner bezeichne, zu denen man im eigentlichen Sinne kein partnerschaftliches Verhältnis habe. Darüber hinaus müsse man die geschichtlich nachvollziehbare Wandlungsfähigkeit unseres Sprachgebrauchs bedenken, die dazu führen könne, daß es bei einer Weiterentwicklung der Technik einmal völlig natürlich sein könne, von Computern als Partnern zu sprechen.

Es geht mir hier nicht darum zu kritisieren, daß man Bezeichnungen von einem Erfahrungsbereich auf den anderen überträgt und hierbei einen Wandel der Sprache in Kauf nimmt. Entscheidend ist vielmehr, ob wir uns der Unterschiedlichkeit der beiden Erfahrungsbereiche bewußt bleiben. Das kann einmal der Fall sein, weil wir ohnehin in beiden Bereichen kompetent sind. Wir wissen etwa, daß ein Eisenbahnbeamter im Dienstleistungsbereich einen anderen Typus von Partner repräsentiert als etwa ein Lebenspartner. Zum anderen kann man das Bewußtsein von der Unterschiedlichkeit zweier Bereiche durch eine geeignete Wortwahl schärfen. Wenn es also nicht dasselbe ist, ob ich von einem Computer ein Ticket ausgestellt bekomme oder von einem Bahnbeamten (auch unter der Bedingung automatischer Verarbeitung natürlicher Sprache), dann können wir dies auch durch eine geeignete Wortwahl ausdrücken. Es geht aber weniger um die Wahl der Wörter als um unsere Sensibilisierung für die Unterschiede; das ist viel wichtiger.

Unsere neugeprägten Wörter ergeben sich immer aus dem bereits existierenden Sprachschatz. Wenn wir z.B. an ein Wort wie *Fernsehen* denken, so sehen wir, wie man angesichts eines neuen Gerätes im

Deutschen eine sehr prägnante, aus existierenden deutschen Wörtern zusammengesetzte Bezeichnung gefunden hat, eine Prägnanz, die übrigens durch die Wortschöpfung "Glotze" noch weit überboten wird. Ähnliche Wortschöpfungen für den Computer können sich vielleicht langsam herausbilden. Ich wünsche mir, daß sie nicht eine Gleichartigkeit zwischen Menschen und Rechnern postulieren, sondern sich an der Unterschiedlichkeit orientieren.

Nun erläutere ich zuerst an meinem eigenen Fachgebiet, wie fruchtbare Metaphern wirken, bevor ich mich Leitbildern für den Computereinsatz zuwende, die für die Linguistische Datenverarbeitung hilfreich sein könnten.

Metaphern für die Softwareentwicklung

Im Software-Engineering ist die **Produktions-Sicht** der Softwareentwicklung so etabliert, daß sie meist nicht als Metapher dargestellt wird. Wegen der tiefgreifenden Unterschiede zwischen Software und anderen Produkten halte ich diese Sicht für nicht mehr als eine Metapher und ihre Tragfähigkeit für begrenzt. In FLOYD 89 habe ich eine **Design-Sicht** der Softwareentwicklung ausgearbeitet, die das Zustandekommen von Einsichten in die Funktionaliät und Nutzungsmöglichkeiten von Programmen in den Vordergrund stellt und insbesondere die Kommunikation zwischen Entwicklern und Benutzern berücksichtigt. Sie ist eng verwandt mit der **Theoriebildungs-Sicht** von Naur (NAUR 85), auf die ich mich im folgenden beziehe, weil Naur auch Implikationen für das Berufsbild von Softwareentwicklern aus dieser Metapher ableitet.

Naur vergleicht Softwareentwicklung mit Theoriebildung im Sinne von RYLE 63. Theorie bedeutet hier ein prozessual wachsendes Verständnis, das uns in die Lage versetzt, kompetent mit einer interessierenden Problemstellung umzugehen oder Fragen darüber zu beantworten. Man kann Theorien auch über Probleme der Alltagswelt bilden, wie etwa über die Einrichtung von Wohnungen etc. Davon ausgehend erarbeitet Naur eine nach meiner Auffassung sehr nützliche und ganzheitliche Metapher für die Softwareentwicklung, indem er argumentiert, daß der einzelne Programmentwickler oder die Gemeinschaft von Entwicklern und Benutzern in der Gesamtheit ihrer Tätigkeiten bei der Softwareentwicklung ein wachsendes Verständnis über den interessierenden Teilbereich der Welt und insbesondere auch über das, was ein Programm tun soll, tun kann und wie es eingesetzt werden soll, bilden. Eine Theorie in diesem Sinne kann nicht vom Menschen losgelöst werden. Programme, Spezifikationen und Dokumentationen geben jeweils nur Anteile der Theorie wieder, während die Begründungszusammenhänge letztlich beim Menschen verbleiben.

Wenn man diese Sicht bis zu Ende denkt, dann kommt man zu einem anderen Berufsbild für Softwareingenieure. Gemeint ist ein Berufsbild, in dem Softwareingenieure nicht primär als Produzenten tätig sind, sondern eher als Konsulenten, ähnlich als wären sie Rechtsanwälte, die einen Klienten beraten. Wenn ich Klientin bei einem Rechtanwalt bin, erwarte ich nicht in erster Linie, daß er ein Produkt abliefert. Er kann zwar beliebig viele Produkte abliefern, Briefe, Stellungnahmen oder ähnliches, aber primär erwarte ich von ihm, daß er mich in meiner maßgeblichen Angelegenheit so berät, daß ich sie erfolgreich bewältigen kann. Das ist die entscheidende Erwartung. In diesem Sinne müßte man vielleicht dazu übergehen zu sagen, daß die Beratung bei der Auswahl, Konzeption und Benutzung des Programmsystems ein Teil des Aufgabengebietes von Softwareentwicklern ist.

Eine ganz andere Metapher für die Softwareentwicklung liefern ABELSON, SUSSMANN 85 in der Einleitung zu ihrem Grundstudiumslehrbuch für Informatik am M.I.T.. Da sie die Programmierung mit mittelalterlichen Versuchen, Geister zu beschwören, vergleichen, will ich hier von einer **Zauberer-**

Metapher sprechen. Bemerkenswert erscheint mir dabei vor allem, daß die Autoren sich auf diese Metapher überhaupt stützen und dann noch an einer Schlüsselstelle in einem für alle Studenten verbindlichen Text. Die Metapher selbst fasziniert mich. Zum einen weil sie die verschiedenen Dimensionen der Softwareentwicklung anschaulich verbindet; dabei entspricht der Programmtext der Beschwörungsformel, die Ausführung des Programms der Wirkung der Formel auf den "Geist", und der Einsatz des Programms der Tätigkeit des "Geistes" in seinem Umfeld. Zum anderen macht sie auch wichtige Aspekte des Verhältnisses zwischen Mensch und Computer deutlich: es gilt, den "Geist", dem viele überragende Fähigkeiten zuschreiben, zu beherrschen und für uns arbeiten zu lassen unter Einsatz von List und aller Kraft. Der Computer wird dabei als pseudogeistiges, aber nicht dem Menschen verwandtes Wesen charakterisiert.

Dennoch erscheint mir diese Zauberer-Metapher nicht für den uns interessierenden Bereich besonders treffend, sondern eher für den Bereich der Steuerung technischer Systeme.

Bei der Gestaltung interaktiver Systeme steht dagegen nicht der Computer als Akteur im Vordergrund, sondern die Menschen, die den Computer im Rahmen von Arbeits- und Kommunikationsprozessen verwenden. Dabei ist auch die Kommunikation von Benutzern und Entwicklern ein wichtiger Aspekt, der in einer treffenden Metapher berücksichtigt werden sollte.

Zu wünschen ist, daß sich eine Metapher finden läßt, die dieses Kommunikationsverhältnis zwischen Entwicklern und Benutzern aufgreift. Man könnte zunächst an das Telefon denken. Aber das Telefon ist natürlich ganz anders, weil wir am Telefon miteinander sprechen und weil derjenige, mit dem wir sprechen, zeitgleich verfügbar ist. Es muß eine Metapher sein, die sich auf indirekte Kommunikation bezieht, die über ein Medium gesteuert wird bzw. abläuft. Es muß ein kommunikativer Bezug zu demjenigen nachvollziehbar werden, der das Programm erstellt hat, ohne daß sich der Computer als Partner verselbständigt. Ein solches Bild erlaubt es auch, einen Bezug zur natürlichen Sprache herzustellen.

Ein einzelner wird die durch dieses Bild implizierten Aufgaben nicht bewältigen können. Man könnte aber versuchen, eine Beziehung herzustellen zwischen einem Softwareinstitut, das etwas entwickelt, und den Benutzern, indem man eine Art von Nottelefon einrichtet. Das könnte man sich überlegen, und es gibt auch schon Ansätze dazu. Man könnte das z.B. auch mit den technischen Möglichkeiten der digitalen Abspeicherung gesprochener Sprache unterstützen.

Nach der Auffassung, die die Softwareentwicklung als Theoriebildung charakterisiert und vom Softwareingenieur eine Problemlösung mit Hilfe des Computers erwartet, erscheint uns der Computer sowohl als Gegenstand als auch als Instrument der Theoriebildung. Im Zusammenhang mit der Kommunikation zwischen Entwicklern und Benutzern erscheint er als ein Medium, über das letztlich der Designer mit seinen Benutzern kommuniziert.

Es gibt den berechtigten Einwand, daß die **Medien-Metapher** für die Kommunikation zwischen Entwicklern und Benutzern unbefriedigend sei, weil man in Störfällen gar nicht daran denke, daß hier ein Entwickler etwas falsch gemacht haben könne. Das heißt, wenn ich am Computer sitze, ist für mich die Vorstellung, mit dem Entwickler zu kommunizieren, unnatürlich. Das betrifft sowohl den Normalfall als auch den Sonderfall, wenn mir das System nicht mehr *zuhanden* ist, wie man es in Anlehnung an Heidegger ausdrücken kann, was seit Winograd und Flores ein wenig in Mode ist. In dem Sonderfall also, in dem man im Sinne von Heidegger das System als *vorhandenes* überhaupt erst erfährt, ist diese Metapher besonders wenig befriedigend.

Die Frage ist, ob es nicht Maßnahmen geben kann, anhand derer deutlich wird, daß und wie unerwünschte Situationen bei der Benutzung mit den Gestaltungsentscheidungen der Systementwickler zusammenhängen. Dabei müßte man diesen Sachverhalt durch das Angebot einer von Menschen getragenen Infrastruktur, wie etwa von Beratungsdiensten, offenlegen. Bevor wir dies jedoch als den einzigen Weg ansehen, ist zu prüfen, in welchem Ausmaß wir die Argumente für ein solches Beratungsangebot in Designkriterien ummünzen können. Um dies zu leisten, müssen Entwickler die Benutzungsvorgänge antizipieren und an den Problemen der Benutzer partizipieren, wobei die Antizipation unabdingbar ist.

Man könnte nun so vorgehen, daß Entwickler mündlich ihre Intentionen, die sie bei bestimmten Entwurfsentscheidungen haben, erläutern, und daß diese Erläuterungen für Benutzer abfragbar in digitalisierter Form abgespeichert werden.

Natürlich gibt es einen Unterschied zwischen dem zeitgleich präsenten Entwickler einerseits, der unmittelbar oder technisch vermittelt auf meine Fragen antwortet, und der Sprachkonserve andererseits, die auf mögliche, antizipierte Fragen antwortet. Im zweiten Fall entsteht das Problem, daß man Situationen prädefinieren muß. Es ist wichtig, aufzuzeigen, welche technischen Möglichkeiten es gibt, um Modelle dieser Art durchzuspielen. Damit ist aber noch nicht das wesentliche Problem gelöst, welche Anfrage-möglichkeiten für Benutzer gegenüber solchen Sprachkonserven vorhanden sein müssen und welche Rückfragen möglich sein sollten.

Auf der Suche nach sprachorientierten Metaphern für den Computer

Schon der Titel der Podiumsdiskussion der diesjährigen Jahrestagung – "Wie sag ich's dem Werkzeug?" – macht deutlich, daß die **Werkzeug-Metapher** für die Linguistische Datenverarbeitung unbefriedigend ist. Hier liegt etwas schief. Offenkundig ist es absurd, daß ich einem Hammer etwas sagen will. Es ist zu bezweifeln, ob das Wort "Werkzeug" noch eine sinnfällige Bezeichnung für etwas darstellen kann, mit dem wir sprachlich interagieren können; die Möglichkeit einer echten Natürlichsprachlichkeit bleibt hierbei noch dahingestellt.

Nutzen und Grenzen der Werkzeug-Metapher werden im Bereich Mensch-Computer-Interaktion ausführlich diskutiert. Speziell im Deutschen ergibt sich das zusätzliche Problem der vom englischen Sprachgebrauch abweichenden Bedeutung, nach der "Tool" bekanntlich etwas anderes heißt als "Werkzeug". Die Diskussion der Werkzeug-Metapher ist für die Linguistische Datenverarbeitung jedoch wenig aufschlußreich, da sie hier schon daran scheitert, daß sie so entsetzlich unnatürlich klingt, d.h. jeder Sinnfälligkeit entbehrt.

Im Gegensatz dazu liefert die **Medien-Metapher** fruchtbare Assoziationen.

Es ist zunächst überlegenswert, inwieweit für die Linguistische Datenverarbeitung eine **Buch-Metapher** sinnfällig sein kann, bei der der Computer als Lexikon, Handbuch, Nachschlagewerk oder ähnliches charakterisiert wird. Entscheidend ist, daß uns die Metapher aus unserem Alltagskontext heraus als natürlich nahelegt, daß beim Umgang mit Computern Sprache zur Verwendung kommt; und daß sie gleichzeitig nicht suggeriert, daß sich beim Computer Sprache im menschlichen Sinne frei entfalten kann.

Letztere Einschränkung beinhaltet die schon erwähnte Kritik an dem Anspruch, daß natürliche Sprache durch den Computer verarbeitbar sei. Dieser Anspruch ist nicht einlösbar, weil man die Sprache des Menschen nicht vom Menschen lösen und über semantische Bedeutungsaxiome ausspezifizieren kann.

Vielmehr ist menschliche Sprache in menschliche Situationen eingebunden. Wann immer man die Verarbeitung natürlicher Sprache im Computer vorsieht, ist die Entfaltung dieser Situationsgebundenheit eingeschränkt.

Es gibt durchaus Gemeinsamkeiten zwischen dem Computer und Medien, die Sprache nicht nur übermitteln, sondern auch fixieren. Aus der Sicht der Sprachverarbeitung ist es instruktiv, einen Computer als Medium zu sehen und ihn zunächst mit einem Buch zu vergleichen. Allerdings kann es kein konventionelles Buch sein, und der Vergleich mit dem Lexikon ist wohl nicht ausreichend.

Die Buch-Metapher stellt uns auch Verhaltensmaximen zur Verfügung, die sich Menschen im Umgang mit gedruckten Medien über Jahrhunderte erarbeitet haben. Dazu gehört es zum Beispiel, die Verantwortlichkeit des Autors für den Inhalt explizit darzustellen und gerade auch in schwierigen Fällen – wie in der wissenschaftlichen Literatur – die Genese der Ideen im Text nachvollziehbar zu machen. Bei Büchern gibt es da auch sehr phantasievolle Beispiele. Man denke z.B. an das schon zitierte Buch MATURANA, VARELA 87. Die Autoren treten dort, insbesondere mit ihren unterschiedlichen Auffassungen, als Buchgestalten auf, die immer wieder die Ausführungen des Haupttextes kommentierend begleiten. Wenn man diese Idee auf Softwaresysteme überträgt, müßten Softwareentwickler sich selbst als Autoren in das System einbringen und ihre Rolle gegenüber den Systembenutzern explizit vertreten. Entwicklerteams könnten sich verhalten wie Autorenkollektive.

Gewonnen ist damit ein konkreter Vorschlag zu der Frage, in welcher Art und Weise man sich als Entwickler in einem System vergegenwärtigen kann. Der Entwickler, der sich an der Rolle des Autors orientiert, könnte auch die Autonomie für sich in Anspruch nehmen, die einem Autor selbstverständlich zugebilligt wird.

Weiterhin lenkt die vorläufige Gleichsetzung von Druckmedien und Computern den Blick auf den historischen Prozeß, in dem Menschen seinerzeit mühsam gelernt haben, die rasant um sich greifende neue Technik des Buchdrucks sinnvoll zu interpretieren und sozial wie sprachlich zu integrieren. Es wird dann verständlich, daß auch die Auseinandersetzung mit dem neuen Medium Computer Zeit braucht und nicht auf Anhieb zu Vorstellungen führt, die sich auf Dauer bewähren.

Nun legen uns Autoren, die über die medialen Eigenschaften von Computern und Druckmedien nachgedacht haben (KAY, GOLDBERG 77; YANKELOVICH et al. 85) eher nahe, Computer im Vergleich zu Büchern als erweiterte, allgemeinere Medien aufzufassen, die interaktiv, dynamisch und fähig sind, die Funktionen von Büchern, Telefonen und audiovisuellen Medien miteinander zu verbinden, und zusätzlich noch programmiert werden können. Die Konsequenz daraus ist einfach: Wer aus begreiflichen Gründen die genannte Lexikon-Metapher unbefriedigend findet als Charakterisierung dessen, was natürlichsprachliche Systeme leisten sollten, ist aufgefordert, nicht nur die sehr diffenzierte Buchkultur auf geeignete Leitbilder zu befragen – ihm oder ihr wird zusätzlich nahegelegt, die Kultur der interaktiven und audiovisuellen Medien auf übertragbare Gestaltungsvorbilder durchzugehen.

Danksagung

Ich danke Thomas Herrmann und Brigitte Endres-Niggemeyer für ihre weitreichende Hilfestellung bei der Ausarbeitung dieses Manuskriptes ausgehend von einer Tonbandaufzeichnung des Vortrags. Sie haben es insbesondere zuwege gebracht, die Diskussionsbeiträge in den Vortrag zu integrieren und damit das Papier wesentlich zu bereichern.

Literatur

Abelson, H.; Sussmann, G.J.; Sussmann, J.: Structure and Interpretation of Computer Programs. 2nd Ed., Cambridge, Mass.: MIT Press 1985.

Dreyfus, H.L.: Die Grenzen künstlicher Intelligenz – Was Computer <u>nicht</u> können. Königstein/Ts.: Athenäum 1985.

Floyd, Ch.: Softwareentwicklung als Realitätskonstruktion. Erscheint im Tagungsband der Fachtagung "Software-Entwicklung – Konzepte, Erfahrungen, Perspektiven" der Gesellschaft für Informatik in Marburg, 21.-23.06.1989.

Kay, A.; Goldberg, A.: Personal Dynamic Media. Computer 10 (1977) 3, 31-41.

Maaß, S.: Mensch-Rechner-Kommunikation. Herkunft und Chancen eines neuen Paradigmas. Univ. Hamburg, FB Informatik, Ber. 104, 1984.

Maturana, H.; Varela, F.: Der Baum der Erkenntnis. Bern: Scherz 1987.

Naur, P.: Programming as Theory Building. Microprocessing and Microprogramming 15 (1985) 253-261.

Ryle, G.: The Concept of Mind. Harmondsworth, England: Penguin 1963.

Winograd, T.; Flores, F.: Understanding Computers and Cognition. 2nd Ed. Reading, Mass.: Addison-Wesley 1987.

Yankelovich, N.; Meyrowitz, N.; van Dam, D.: Reading and Writing the Electronic Book. Computer 18 (1985) 10, 15-29.

MODELLE DER KÜNSTLICHEN INTELLIGENZ IN DER TEXTFORSCHUNG AUS DER SICHT DER KOGNITIONSPSYCHOLOGIE

Walter J. Perrig

Institut für Psychologie, Universität Basel

1 Einleitung

Wenn ich hier von Textforschung rede, meine ich immer die psychologische Analyse menschlicher Textverarbeitungsprozesse. Das Untersuchungsmaterial besteht mindestens aus kurzen Paragraphen, kann aber auch längere Texte oder Geschichten umfassen. Das Forschungsvorgehen besteht in der Regel in der empirischen Analyse von Verstehens- und Lernprozessen, die es gilt in eine psychologisch valide Theorie menschlicher Kognition oder eben menschlicher Textverarbeitung zu kleiden. Im speziellen will ich hier untersuchen, welche Rolle die Repräsentation von Wissen in diesem Bemühen spielt und welchen Nutzen die Psychologie aus formalen Modellen der Künstlichen Intelligenz (KI) gezogen hat oder immer noch zieht. Das umfassende Wissen über Texte, Geschichten und die reale Welt ist eine der wichtigsten kognitiven Voraussetzungen, die ein Leser verfügbar hat, wenn er komplexe verbale Information aufnehmen, verstehen oder daraus lernen will. Es ist sozusagen die wichtigste Datenbasis, die einem Leser zu jedem Zeitpunkt im Verlaufe des Verstehensvorganges zur Verfügung steht. Weitere Informationsquellen stellen natürlich der Text selbst, aber auch die Situation, in der die Lektüre stattfindet und der Kontext, in die ein Text eingebettet ist, dar. Um die Bedeutung dieser verschiedenen Informationsquellen für das Verständnis des Lesers oder Lerners zu demonstrieren, will ich hier ein altes Beispiel von Bransford und Johnson (1972) übersetzen und zitieren.

"Wenn die Ballone platzen würden, könnte der Ton nicht mehr getragen werden, alles wäre zu weit weg vom richtigen Stockwerk. Ein geschlossenes Fenster würde auch verhindern, dass der Ton weitergetragen wird, weil die meisten Gebäude gut isoliert sind. Weil zudem die ganze Operation vom stetigen Elektrizitätsfluss abhängt, würde auch ein Bruch in der Mitte des Kabels Probleme verursachen. Natürlich, der Junge könnte schreien, aber die menschliche Stimme ist nicht laut genug. Der Problemkatalog kann weitergeführt werden: Es könnte eine Saite des Instrumentes springen. Dann gäbe es keine Begleitung zur Nachricht. Es ist klar, dass die beste Situation geringere Entfernung verlangen würde. Mit Gesicht-zu-

Gesicht- Kontakt könnten die wenigsten Dinge schief gehen"

Wie Bransford und Johnson (1972) experimentell zeigten, haben die meisten Leser grosse Mühe, diesen Text zu verstehen und anschliessend wiederzugeben. Der Text ist jedoch ganz leicht zu verstehen und zu lernen, wenn man vor dem Lesen die Abbildung im Anhang dieses Textes betrachtet. Die Schwierigkeit, die wir haben, den Text allein zu verstehen und die Leichtigkeit mit der uns dies bei Verfügbarkeit des relevanten Weltwissens gelingt, zeigt immer wieder eindrücklich, warum Psychologen, die sich mit der menschlichen Textverarbeitung befassen, jeden plausiblen Zugang oder jede Lösung in der Modellierung von Weltwissen auf deren Verwendbarkeit im psychologischen Forschungsprozess prüfen. Ich will hier nun versuchen, den Einfluss, den "Wissensrepräsentationssysteme" auf die psychologische Textforschung ausübten und noch ausüben, zu beschreiben und zu analysieren. Dabei muss zuerst diskutiert werden, was unter Wissensrepräsentationssystemen zu verstehen ist.

2 Was sind Wissensrepräsentationssysteme?

Begriffe wie "Wissensrepräsentation", "System" oder "Modell" können auf verschiedenste Sachverhalte verweisen und ein breites Spektrum von Annahmen umfassen. Gängige Annahmen oder Aussagen über die Repräsentation von Wissen unterscheiden sich nach Ort, Inhalt, Strukturen und Prozessen. In einem psychologischen theoretischen Konstrukt kann es also um den Ort oder den Inhalt einer Speicherung gehen; es kann die Organisation oder Struktur der Daten thematisieren oder die Prozesse beschreiben, die auf diesen Daten operieren. Die Darstellung kann eine dieser Komponenten besonders betonen, sie kann aber auch alle vier Aspekte umfassen. Wenn in der Umgangssprache von "Wissensrepräsentation" die Rede ist, könnte erwartet werden, dass etwas über die Speicherung von Information in bestimmten Datenstrukturen, Datenträgern oder Orten gesagt wird. Dabei scheint das Medium und/oder Format der Abbildung zum zentralen Gegenstand der Diskussion zu werden. Hier muss nun explizit gesagt werden, dass ein psychologisch valides Modell der menschlichen Wissensrepräsentation auch die Prozesse zu spezifizieren hat, die diese Datenstrukturen aufbauen, modifizieren und wiederverwenden. Ein Wissensrepräsentations-System muss auch die Mechanismen von Erwerb, Abruf und Inferenz beschreiben. Es gilt zu bemerken, dass über die Definition unterschiedlicher Prozesse höchst divergente Theorien entstehen können, obwohl identische Informationsträger-Einheiten - wie etwa Propositionen - verwendet werden. Wenn wir also ein Wissensrepräsentationssystem evaluieren, kann nicht eine isolierte Repräsentation getestet werden, sondern es müssen immer Prozess-Repräsentationspaare untersucht werden.

Als Unterscheidungskriterium für Repräsentationssysteme lässt sich auch der Grad der Operationalisierung bei theoretischen Begriffen verwenden. Es können hier nach einer Formulierung von Kolers und Smythe (1984) in den Extremformen nominale Modelle von systematisch-relationalen implementierten Computermodellen unterschieden werden. Ein nominales Modell kann aus Kästchen bestehen, die durch Verbindungen oder Pfeile miteinander verknüpft sind. Verbale Bezeichnungen können das ganze Bild dekorieren. Man kann sich dies verdeutlichen, wenn man sich vorstellt, wie etwa Prozesse der Informationsverarbeitung in Flussdiagramme gepackt und abgebildet werden, die über Strukturkomponenten wie sensorische Inputsysteme, Kurzzeitgedächtnis und verschiedene Formen des Langzeitgedächtnisses, zentrale Prozessoren usw. "laufen". Das charakteristischste Merkmal bei dieser Art von Modellen ist aber, dass in ihnen nichts arbeitet. Die theoretisch angenommene Dynamik ist bloss in Namen gefasst. In einem systematisch-relationalen Modell hingegen finden wir eine detaillierte Beschreibung von Strukturen, Prozessen und der Beziehung zwischen den beiden. Diese Modelle erfüllen die formalen Voraussetzungen, um auf dem Computer implementiert und zum Laufen gebracht zu werden. Es handelt sich hier also um Computermodelle (computational models). Im folgenden will ich den Einfluss skizzieren, den solche formalen Modelle der Wissensrepräsentation auf die psychologische Textforschung ausüben. Man darf dabei eigentlich auch erwarten zu erfahren, ob und was die Kognitionspsychologie von den Fortschritten der sprachorientierten KI-Forschung im Bereich der natürlichen Sprachverarbeitung profitiert. Die Wahl dieses Themas wird nicht alleine durch diese Tagung der Gesellschaft für Linguistische Datenverarbeitung gerechtfertigt. Wie die folgenden Ausführungen noch zeigen werden, bildet das Thema einen bedeutenden Reflektionsbereich innerhalb der Kognitionspsychologie selbst.

3 Der historische Einfluss von KI-Formalismen auf die psychologische Textforschung

Auf der Operationalisierungsebene müssen formale Modelle, die in der KI- Tradition entwickelt werden, bis ins Detail ausformuliert sein, um eine erfolgreiche Implementierung zu ermöglichen. Auf der inhaltlichen Ebene bilden "Wissen" und "Inferenz" die Basis für die Entwicklung intelligenter Systeme oder die Simulation intelligenten menschlichen Verhaltens. Schon allein diese beiden Sachverhalte sind ausreichend für den Kognitionspsychologen, um die Entwicklungen und Fortschritte in der KI möglichst gut im Auge zu behalten. Für den Bereich der Textforschung ist dies inhaltlich leicht nachzuvollziehen, wenn wir bedenken, wie entscheidend der Faktor "Wissen" die Rezeption von Text determiniert. Auf der methodischen Ebene übt der hohe Operationalisierungsgrad eine starke Attraktivität aus. Damit wird die Erwartung stimuliert, die KI- Methodologie könnte neue Formen der Theoriebildung, aber auch der experimentellen Operationalisierung eröffnen. Aus einer anderen Perspektive betrachtet, ist das Textverstehen oder Textlernen komplex genug, um als ökologisch valides Kriterium für alle Theorien oder Systeme zu gelten, die den Anspruch erheben, menschliche Kognition angemessen abzubilden oder zu simulieren.

Hier ist eine Zwischenbemerkung notwendig: Wenn ich hier versuche, einen Ueberblick über den Einfluss von Computermodellen in der psychologischen Textforschung zu vermitteln, geht es nicht darum, einzelne Ansätze auf der Basis des methodischen Werkzeugs der KI selbst zu bewerten. So werden die formalen Voraussetzungen und Restriktionen, die mit der Sprache der Logik, den Programmiersprachen, "expert shells" usw. verbunden sind, nicht weiter analysiert. Einem Nicht-Computerwissenschaftler fällt diese Entscheidung leicht, wenn man bedenkt, wie komplex und ungelöst solche Fragen in der KI selbst noch sind: z.B. ob "frames" einfach in die Sprache der Logik übersetzt werden können oder nicht, ob die "fuzzy logic" in der Wissensrepräsentation benützt werden soll oder nicht, oder was die noch unerforschten Möglichkeiten der Prädikatenlogik sind, usw.

Seit bald 20 Jahren beobachten wir in der Psychologie, wie die Entwicklungen in der KI eine starke Attraktion auf die Kognitionspsychologen ausüben. Die neuen Zugänge, vor allem auch im Bereich der Verarbeitung natürlicher Sprache, schienen tatsächlich neue Dimensionen zu eröffnen. Diese Ueberzeugung teilten und bestärkten vor allem Psychologen, die mit der alten Tradition des Behaviorismus und des verbalen Lernens brechen wollten. Nach jahrelangem Experimentieren mit sinnlosen Silben, Wortlisten und Wortpaaren schien nun plötzlich die Möglichkeit in Sicht, ganze Sätze, Paragraphen, ja sogar umfassende Texte präzis zu analysieren und auf ebenso formalisierbare mentalistische Konzepte wie Bedeutung und Wissensstrukturen zu beziehen. Arbeiten wie jene von Schank (1972) oder Schank & Abelson (1977) überschwemmten geradezu - wenigstens in Form von Zitaten und verbalen Beschreibungen - die kognitionspsychologische Literatur. Und dies obwohl die Zielsetzung dieser Arbeitsgruppe im Anfangsstadium aus psychologischer Sicht eher eine technologische oder handlungspragmatische als eine erkenntnistheoretische war. So ging es nicht so sehr darum, eine psychologisch valide Simulation menschlicher Kognition anzustreben, sondern Programme zu schreiben - oder die Voraussetzungen hierfür zu schaffen - die mit natürlicher Sprache umgehen können (z.B. in der automatischen Sprachübersetzung). Trotzdem schien die Art und Weise, wie diese Leute Programme schrieben, die Fragen beantworteten, Geschichten zusammenfassten und Inferenzen bildeten, ein intuitiv plausibler und vielversprechender Zugang für die Simulation menschlicher Kognitionsprozesse zu sein. Rückblickend scheint es fast so, als ob diese Computer-Leute den Psychologen - neben vielem anderen - auch wieder die Macht und die Verwendung der Introspektion vor Augen führten, die diesen durch das Credo der behavioristischen Tradition so lange verboten war. Die Hoffnungen, die die Psychologen mit der damaligen Verarbeitung natürlicher Sprache in der KI verbanden, will ich hier in drei Punkten zusammenfassen:

1. Es machte den Anschein, als hätte die KI sowohl für die Frage der Wissensrepräsentation als auch für die Simulation komplexer kognitiver Aufgaben das Werkzeug und die Lösungen greifbar.

2. Für die Textforscher ging die Entwicklung in der KI irgendwie parallel zu ihrer Wiederentdeckung der Gestalttradition in der Textverarbeitung. So fanden sie Ideen und Charakteristiken, die mit dem Schemabegriff von Bartlett (1932) verbunden waren, in den "script-" oder "frame-" Konzepten (Minsky, 1975) in ganz neuen Formalismen im computersimulierten Verstehen wieder. Und hier fanden sich die bedeutendsten inhaltlichen Berührungspunkte. Es ging hier nämlich um die Organisation und Nutzung, sprich Modellierung von Weltwissen, das für das Verstehen von Geschichten oder verbalen Beschreibungen unabdingbar war. Und damit schienen die Computerleute an den gleichen Problemen zu arbeiten wie die Psychologen, die die menschliche Textverarbeitung untersuchten und deren grundlegende Mechanismen beschreiben wollten.

3. Ein dritter Grund, warum die Entwicklungen in der KI aus der Sicht der Kognitionspsychologie als vielversprechend eingeschätzt wurden, lag im angewandten Formalismus selbst. Eine neue und weit präzisere Sprache schien nun verfügbar, um theoretische Ideen zu formulieren und diese auch zu kommunizieren. Dieser Hoffnung wurde dadurch Vorschub geleistet, dass Mechanismen und Vorgänge, die einen breiten Geltungsanspruch im Bereich des intelligenten Verhaltens suggerierten, technisch einfach und informell mit simplen Formalismen präsentiert wurden.

Die Psychologen begannen nun, animiert durch diese einfachen Formalisierungen, Netzwerke zu malen, Konzepte, Verbindungen, Propositionen und Konzeptualisierungen zu zählen, Inferenzen vorwärts und rückwarts zu beschreiben, Scripts zu elaborieren, usw. Dieses geradezu hektische Tun wurde systematisch an empirischen Daten validiert, Theorien verändert, neue Prozesse definiert, alles im Bemühen, ein psychologisch valides Kognitionsmodell zu entwerfen. Längere Texte gehörten nun zu den routinemässig analysierten Untersuchungsgegenständen der experimentellen Psychologie. Die Anzahl von Computermodellen, die sich mit der Verarbeitung von ganzen Texten befassten, war gering. Aber es schien nur eine Frage der Zeit zu sein, bis die abstrakte Spezifikation von Aufgaben und deren Lösung auch routinemässig eine Implementierung erfahren würde. Dies waren nun die Hoffnungen und Aussichten vor 10 bis 15 Jahren. Wie sieht nun die Situation heute aus?

4 Die aktuelle Bedeutung von Computermodellen in der psychologischen Textforschung

Die Anzahl der Simulationsmodelle menschlichen Textverstehens, die in der Psychologie bekannt geworden sind, ist bescheiden geblieben. Mit Dyer, 1983; Lehnert, 1982; Schank & Abelson, 1977; Waltz, 1982; Winograd, 1972 können ein paar Beispiele genannt werden, die grössere Beachtung gefunden haben. Heute stellen wir fest, dass noch kein Computermodell verfügbar ist, das menschliche Textverarbeitung und damit zusammenhängend wissensbasiertes Verarbeiten natürlicher Sprache auch nur annähernd zufriedenstellend löst. Dabei bleibt natürlich noch offen, ob und in welchem Ausmass Computermodelle die experimentelle Arbeit im Bereich der Textforschung, vielleicht in kleineren Welten oder eingeschränkten Bereichen beeinflussen. Um hierüber einen Ueberblick zu erhalten, habe ich eine ausgewählte Literaturstichprobe im Bereich der Textverarbeitung seit 1985 analysiert. Die Auswahl fiel auf das zweimonatlich erscheinende "Journal of Memory and Language". Es handelt sich dabei um eine renommierte psychologische Fachzeitschrift, die vor allem experimentelle Beiträge im Bereich von Sprache und Kognition publiziert. Ich habe alle Untersuchungen des Zeitraums 1985 bis 1988, deren Untersuchungsmaterial aus Texten, oder mindestens aus Paragraphen, bestand, ausgewählt. Eine erste Analyse sollte zeigen, wieviele dieser Studien auf Computermodellen oder KI-Formalismen basierten, oder hierzu Beiträge lieferten, und in welchem Ausmass sie dies taten. Um sagen zu können, dass eine Studie von einem Computer- Wissensrepräsentationsmodell beeinflusst ist, musste sie explizit eine Beziehung zu einem Modell herstellen, das auf einem Computer implementiert ist und einen Input nach definierten Prinzipien verarbeitet und einen Output liefert. Es gibt für eine Studie verschiedene Möglichkeiten, dieses Kriterium zu erreichen: Sie kann das experimentelle Vorgehen auf ein Modell beziehen um z.B. dessen Annahmen einer empirischen Prüfung zu unterstellen. Die Studie selbst könnte ein solches Modell vorstellen, oder sie könnte das beobachtete Verhalten einer Modellierung zuführen. Die Ergebnisse dieser Analyse sind ernüchternd. Von insgesamt 45 Studien über psychologische Textverarbeitung machte bloss eine von einem Computermodell Gebrauch. In der Studie von Kieras und Bovair (1986) lieferten Produktionsregeln eine präzise Charakterisierung für die relative Schwierigkeit beim Lesen einer Beschreibung einer Anzahl von Handlungsschritten. Die Autoren übersetzten verbale Anweisungen in Produktionsregeln. Die Ausführung dieser Produktionsregeln führte zu einer Simulation des Verhaltens eines Menschen, der an einem Schaltpult bestimmte Handlungsfolgen zu lernen hatte. Diese Simulation generierte die regelgesteuerte, korrekte Sequenz von Handlungsabfolgen für verschiedene Aufgabenanforderungen und Situationen.

In allen anderen Studien wurden Aussagen und Annahmen über repräsentiertes Wissen, das die nötige Information für verschiedene semantische Operationen lieferte, in natürlicher Sprache formuliert. Die Beschreibungen des spezifizierten Wissens, dessen Organisation und die Prozesse, die darauf arbeiten, sind in der Regel ziemlich ad hoc und intuitiv zustande gekommen. Die strukturellen Eigenschaften des Textes werden in linguistischen oder gedächtnistheoretischen Begriffen beschrieben. Lokale und globale Strukturen werden in Form syntaktischer, semantischer und prosodischer Eigenschaften definiert. Propositionen, Aussagen oder Episoden werden als die grundlegenden Organisationseinheiten betrachtet. Diese Organisation wird zusätzlich spezifiziert durch hierarchische Strukturen, Aussagenverknüpfungen, Konnektivität und Aussagenkategorien. Auch wenn Abbildungen von Propositions- oder Konzeptnetzwerken und Flussdiagrammen Anwendung finden, sind deren Funktion und Mechanismen nie hinreichend spezifiziert, um Implementierungskriterien zu erfüllen. Die Voraussetzungen auf der Leserseite, die Gedächtnisstrukturen und -prozesse werden auf ähnlich informelle Art und Weise beschrieben.

Wir finden zwar immer wieder Referenzen auf eine Kategorie von Modellen wie jene von Anderson und Bower (1973), Norman und Rumelhart (1975), van Dijk und Kintsch (1983) oder Johnson-Laird (1983). Diese Modelle könnten im Prinzip die Funktion erfüllen, den Graben zwischen Kognitiver Psychologie und Künstlicher Intelligenz zu überbrücken, in dem diese Modelle oder Teile davon als Simulationsmodelle programmierbar sind, die bestimmte komplexe Aufgaben lösen. Die Frage muss sich nun stellen, warum dies in einem so bescheidenen Masse geschieht. Aus dem aktuellen Sachverhalt muss man schlussfolgern, dass der Zugang der KI mit seinem methodischen Inventar und die psychologische Textforschung irgendwie nicht gut zusammenpassen. Was sind aber die Gründe hierfür?

5 Passen das KI-Instrumentarium und die psychologische Textforschung nicht zusammen?

Betrachtet man die aktuelle Situation in der psychologischen Textforschung, scheinen mathematische oder logische Formalismen keine wesentlichen konzeptuellen Vorzüge gegenüber Ideen zu geniessen, die in natürlicher Sprache gefasst sind. Und damit scheinen auch viele hoffnungsvollen Erwartungen der 70er Jahre in bezug auf die befruchtende Interaktion von KI und Psychologie im Bereich der Textverarbeitung nicht erfüllt zu werden. Trotzdem werden der Stimmen nicht weniger, die in der Kognitionspsychologie die systematische Nutzung der Computermodellbildung als Forschungsinstrument für die Untersuchung menschlicher Kognition fordern. Es wird eigentlich immer zunehmend der Ueberzeugung gehuldigt, dass durch Computermodelle nicht nur der Gewinn an Beschreibungspräzision möglich ist, sondern dass durch neue Formen der Fragestellung, der Beantwortung dieser Fragen und der Anwendung neuer Erkenntnisse der kognitiven Psychologie neue und mächtige Dimensionen eröffnet würden. Aber wenn wir noch einmal die Entwicklung im Forschungsbereich der Textverarbeitung anschauen, müssen wir zur Schlussfolgerung kommen, dass hier etwas nicht stimmt:

Entweder ist der Ruf nach Computermodellierung - in anbetracht der jetzigen (noch) geringen Nutzung - auch in der psychologischen Textforschung nicht nur gerechtfertigt, sondern notwendig, oder er folgt - nach den bisher gemachten Erfahrungen - blinden Pfaden. Wie die jüngsten Fortschritte in der psychologischen Theoriebildung zur menschlichen Textverarbeitung zu zeigen scheinen, kommen die wesentlichen, neuen Impulse nicht aus dem Bereich formalisierter Computermodelle sondern aus der klassischen, theoriegeleiteten experimentellen Phänomenanalyse. Ich werde im folgenden ein paar Gründe diskutieren, die vielleicht erklären könnten, warum formalisierte und implementierbare Wissensrepräsentationssysteme in der gegenwärtigen psychologischen Textforschung eine untergeordnete Rolle spielen. Diese Analyse beansprucht nicht Vollständigkeit. Vielmehr will sie ein paar zentrale Probleme oder Thesen formulieren, die einer vertieften Diskussion bedürften.

1) Eine erste These: Es gibt zuwenig Forscher, die in beiden Disziplinen, der KI und der Psychologie, eine genügende Ausbildung mitbekommen haben.

Die mangelnde Dichte entsprechend ausgebildeter Leute könnte tatsächlich ein Grund sein für die geringe Ausschöpfung der formalen und technischen Möglichkeiten in der psychologischen Theorienbildung der Textforschung. Ich bezweifle jedoch, dass dies wirklich ein valides Argument darstellt. Wenn die Erwartungen über die befruchtende Interaktion von KI und Psychologie bei der Erforschung menschlicher Textverarbeitung eine wirklich tragfähige Basis hätten, müssten sich wenigstens ein paar wenige Individuen finden, die es zu der doppelspurigen Professionalität gebracht haben. Die Arbeiten dieser Leute müssten sich dann wenigstens als sehr einflussreich erweisen. Dies ist aber offensichtlich im Moment nicht der Fall.

2) Eine zweite These: Die Komplexität der von experimentellen Studien untersuchten Phänomene übersteigt die Möglichkeiten der KI- Methodologie.

Die Formalismen von Computermodellen erreichen in der Formulierung theoretischer Annahmen ohne Zweifel einen hohen Grad an Präzision. Allerdings wird für diese Präzision oft teuer bezahlt. Dies vor allem dann, wenn ein Satz von reduzierenden und gut definierten Bedingungen die Generalisierung von Aussagen verunmöglicht. Die kognitive Psychologie hat in den letzten Jahren im Bereich der Textverarbeitung sehr komplexe höhere Formen menschlicher Kognition wie Verstehen, Lernen oder Lesen in simulierten natürlichen Situationen untersucht. Dies mag zu eher groben Annäherungen an umfassende Probleme geführt haben als zu präzisen Tests von Detailvorhersagen. Diese Orientierung mag die aktuellen Leistungsgrenzen der KI-Maschinerie überstiegen haben. Das Faktum, dass wir in der Psychologie kein wirklich einflussreiches Computermodell für das Verstehen natürlicher Sprache kennen, könnte bedeuten, dass die KI in der natürlichen Sprachverarbeitung nicht eine derart rasche Entwicklung macht, wie dies noch vor zehn Jahren vielleicht hin und wieder vorhergesagt wurde. Die Macht der KI-Formalismen ist auch an die Frage der Ueberprüfbarkeit gebunden. Und es scheint so, dass die Fassbarkeit und das Bestehen von Prüfungskriterien auf tieferen Ebenen der Sprachverarbeitung wie Sprachwahrnehmung und -produktion einfacher fällt. Annäherungsschwierigkeiten zwischen KI und Kognitiver Psychologie können durchaus auch daher stammen, dass auf unterschiedlichen "Detaillierungsebenen" gearbeitet wird, Psychologie auf einer eher groben, KI auf einer sehr detaillierten.

3) Eine dritte These: Die in psychologischen Studien beobachteten Phänomene passen nicht in die Gegebenheiten und Voraussetzung der gegenwärtig verfügbaren KI-Methodologie.

Diese These hängt mit These 2 zusammen, impliziert aber auch eine Kritik, die über den Bereich der Textverarbeitung hinausgeht. Diese Kritik stellt die Brauchbarkeit von KI-Formalismen und -Zugängen für die theoretische Entwicklung der Kognitiven Psychologie grundsätzlich in Frage. In den sechziger und frühen siebziger Jahren war psychologische Textverarbeitung im wesentlichen identisch mit Bedeutungsverarbeitung. Das heisst, es herrschte die Ansicht vor, dass wir Menschen einem Text Bedeutung oder Propositionen entnehmen, diese speichern und für spätere Inferenz-, Abruf- und Rekonstruktionsprozesse verfügbar halten. Diese Sichtweise passte gut zu den Beweisführungserfolgen mathematischer oder symbolischer Logik im Bereich des Propositions- oder Prädikatkalkulus.

In neuester Zeit beobachten wir nun immer mehr Phänomene, speziell auch im Bereich der Textverarbeitung, die schwieriger in die Form traditioneller Symbolmanipulationen zu passen sind. Darunter fällt etwa die Erkenntnis, dass Menschen nicht nur Propositionen speichern, sondern in späteren Entscheidungs- und Verhaltensweisen auch von gespeicherten Oberflächenstrukturen (Satzformen) beeinflusst werden (Masson, 1984; Perrig und Kintsch, 1985). Ebenso deutlich ist die Erkenntnis, dass Verstehens- und Urteilsprozesse beim Menschen nicht so sehr auf der Basis von gespeicherten Bedeutungsregeln operieren, sondern vielmehr auf mentalen Modellen, die die reale Welt in strukturerhaltenden Relationen abbilden. Auf jeden Fall mehrten sich in den achtziger Jahren die Stimmen, die sich gegen eine Simulation von menschlichem Verhalten oder mentalen Prozessen stellen, die bloss auf der Basis von Symbolmanipulationen funktionieren. So präsentierten etwa Kolers und Smythe (1984) und Kolers und Roediger (1984) Argumente gegen eine statische Sicht der Wissensrepräsentation und -nutzung, in der Wissen bloss symbolisch repräsentiert wird, ohne die Prozeduren und Fertigkeiten, die das Wissen aufgebaut haben oder auf denen es basiert, zu berücksichtigen. Diese Autoren nennen eine Vielfalt von Befunden, die die Notwendigkeit dokumentieren sollen, bei der Simulation mentaler Repräsentationen sensorischen Prozessen oder unterschiedlichen Typen von Wissen mehr Gewicht und Aufmerksamkeit zu schenken. Als Beispielbefund sei hier erwähnt, dass Menschen alte unveränderte Sätze beim Wiederlesen nach Stunden, Wochen oder sogar Monaten schneller lesen, als paraphrasierte oder neue Sätze und zwar auch dann, wenn sie sich nicht mehr erinnern, selbige Sätze schon mal gelesen zu haben (Kolers, 1973; Masson, 1984). Vor kurzem hat Shanon (1988) weitere Argumente gegen die traditionelle semantische

Repräsentation von Bedeutung vorgebracht. Er bestreitet die Möglichkeit, der kontextbedingten Ungebundenheit und Vielfalt von Bedeutung in einer bestimmten Anzahl von determinierten semantischen Repräsentationen Rechnung zu tragen.

Solch kritische Stimmen stossen leicht auf Verständnis, wenn man berücksichtigt, dass die Psychologie in jüngster Zeit zunehmend von Verhaltensphänomenen berichtet, deren Kontrolle nicht einem, im traditionellen Sinne verstandenen, Wissen attribuiert werden kann. Wir haben in unserem Labor begonnen, systematisch solche Befunde und Beobachtungen zu sammeln, die die Schlussfolgerung nahe legen, dass einer bestimmten Form menschlicher Entscheidungsprozesse und menschlichen Verhaltens eine Erfahrungsspeicherung zugrunde liegt, um die das Individuum nicht weiss und die ihm auch nicht bewusst ist. Es wird sogar vermutet, dass es sich bei dieser Repräsentation um die Speicherung sensorisch-perzeptueller Merkmale handelt, die mit der Charakteristik einer konzeptuellen, symbolischen Repräsentation wenig oder nichts gemeinsam hat (Jacoby und Dallas, 1981; Perrig und Hofer, 1988). Berichte, die solche Annahmen stützen, kommen aus verschiedenen Forschungsbereichen wie 1) der subliminalen Wahrnehmung: Versuchspersonen beteuern nach einer Wortrepräsentation, nichts gesehen zu haben, trotzdem wählen sie in einer Zwangsentscheidung überzufällig strukturell und semantisch ähnlich Wörter aus (Marcel, 1983), 2) klinischen Studien: Amnestische Patienten können sich nicht mehr an vorhergehende Aufgaben erinnern, zeigen aber trotzdem verbesserte Leistungen, wenn sie die Aufgaben wieder lösen (Weisskrantz, Warrington, Sanders, & Marshall, 1974; Graf, Squire, & Mandler, 1984), 3) Studien mit perzeptuellen Identifikationsaufgaben: Vorgehend gezeigte Buchstabenketten werden in einer perzeptuellen Identifikationsaufgabe schneller verifiziert als neue Items, obwohl die Leute sich nicht erinnern, die Items gesehen zu haben (Probst und Perrig, 1988) und 4) dem prozeduralen Lernen: So wird etwa berichtet, wie Versuchspersonen komplizierte Regelhaftigkeiten nutzen und ihr Reaktionsverhalten zum Teil massiv verbessern, ohne dass sie diese Regelhaftigkeit überhaupt erkennen (Lewicki, Hill und Bizot, 1988).

Die Begründung dieser Phänomene wird oft einem impliziten Lernen oder Wissen, einem Arbeitswissen oder einem unbewussten Gedächtnis (anoetic memory, remembering without awareness) attribuiert. Es handelt sich hierbei um deskriptive Begriffe von Vorgängen, die in der psychologischen Literatur zunehmend an Aufmerksamkeit und Interesse gewinnen. Auch wenn wir vielleicht erst beginnen zu verstehen, was implizites Wissen ist, scheint es für ein Modell, das den Anspruch erhebt, menschliches Verhalten zu simulieren, unumgänglich, dieser - wahrscheinlich sogar grundlegenden - Art menschlicher Verhaltenskontrolle Rechnung zu tragen.

Ebenso offensichtlich scheint es, dass ein traditionelles Symbolverarbeitungssystem diesem Anspruch nur schwer gerecht werden kann.

Auf diesem Hintergrund ist es besonders interessant festzustellen, dass nicht nur Psychologen sondern auch Computerwissenschaftler verwandte Argumente in die Diskussion bringen. In einem ähnlichen Sinne kritisierte auch schon Dreyfus (1979) die Symbolrepräsentation. Für ihn stellt Intelligenz eine Ansammlung von Fertigkeiten dar, die sich über Uebung und Erfahrung entwickelt und die nicht auf eine symbolische Repräsentation reduziert werden darf. Winograd und Flores (1986) sind weitere Autoren, die sich sogar einer anti-formalistischen oder anti-mechanistischen Position zubewegen. Sie attribuieren die Schwierigkeiten, mit denen KI- Forscher konfrontiert werden, dem Versuch, die gesamte Welt als ein explizit repräsentierbares Objekt behandeln zu wollen.

6 Zusammenfassung und Schlussfolgerungen

Wenn wir wieder zurück auf die Textforschung kommen, scheint es nach dem bisher Gesagten so zu sein, das Experimentalpsychologen - vielleicht oft auf eine intuitive Art und Weise - realisieren, dass implementierte Wissensrepräsentationssysteme nicht auf ihre Beobachtungen passen und deshalb ihr Engagement in diesem Arbeitsbereich eher vorsichtig verteilen. Der aktuelle theoretische Erkenntnisstand der Kognitionspsychologie stellt die Forderung, dass die Formalisierung der Wissensrepräsentation neue Wege gehen muss. Innerhalb der Psychologie hat vor kurzem Kintsch (1988) einen Zugang vorgestellt, der eine neue Richtung skizziert. Er beschreibt ein Bedeutungsaktivierungsmodell, das in der ersten Phase streng datengetrieben (bottom-up) arbeitet. Bedeutung ist dabei nicht vollständig organisiert und vorgespeichert, sondern wird im Kontext der jeweiligen Aufgabe generiert. Ein wesentliches Merkmal bei diesem Zugang ist das Aufgeben festgelegter Wissensstrukturen wie semantische Netzwerke oder Frames, die zu unflexibel sind, um neuen Anforderungen einer sich schnell verändernden Umwelt gerecht zu werden. Natürlich wird auch dieses Modell nicht allen vorher erwähnten Einwänden gerecht. Es zeigt aber immerhin neue Ansätze auf. Eine Prognose wagend, würde ich vorhersagen, dass ein Modell, das eine angemessene Beschreibung menschlichen Verhaltens im Bereich der Textverarbeitung beansprucht, in Zukunft mindestens folgende zwei Bedingungen erfüllen muss: Erstens, Symbolmanipulationsmechanismen im Sinne von konzeptuellen top- down Prozessen, wie sie traditionellerweise im deduktiven Problemlösen, hypothetischen Denken und Planen verwendet werden, müssen auf Datenstrukturen operieren, die gegebene Situationen strukturanalog zur Realität abbilden. Dieser Forderung könnte etwa durch Konzeptionen in der Form von Johnson-Laird's (1983) mentalen Modellen entsprochen werden. Ueber mentale Modelle wird Bedeutung auf eine kontextsensitive Art und Weise durch grundlegende einfache Prozeduren generiert.

Zweitens muss eine sinnesgebundene Repräsentation integriert werden, die die datengetriebene Verarbeitung und Verhaltenssteuerung beim Menschen simuliert. Wie schon ausgeführt, hat diese Repräsentation oder dieses "Wissen" mit Merkmalen semantischer Modelle wenig zu tun. Ich glaube, dass die neugeborenen konnektionistischen Modelle die konzeptuellen Vorzüge haben könnten, um sinnesbezogene Merkmale oder grundlegende prozedurale Mechanismen des Lernens oder Kognizierens abzubilden. Vielleicht werden Computermodelle unter Ausschöpfung solcher Neuorientierungen wirklich zu angemessenen Simulationsmodellen menschlichen Verhaltens, auch in so komplexen Bereichen wie der Textverarbeitung.

Meine hier präsentierte Analyse stellt einen eher gedämpften Optimismus in bezug auf das Erkenntnispotential dar, das KI-Simulationen für die Beschreibung und Erklärung menschlicher Kognition und menschlichen Verhaltens zu liefern imstande sind. Soll man nun daraus schliessen, dass z.B. die interdisziplinäre Zusammenarbeit zwischen Kognitionspsychologie und KI oder Computerwissenschaft eben doch nicht so fruchtbar ist wie erwartet und dass man sie deshalb aufgeben sollte? Meine Antwort auf diese Frage ist ein klares: "Natürlich nicht!", verbunden mit der Ueberzeugung, dass die neuesten Entwicklungen in der Nutzung und dem Umgang mit dem Medium Computer eine solche Kooperation eigentlich zur Selbstverständlichkeit machen sollte. Um den Eindruck zu vermeiden, ich würde hier dem bisher Gesagten widersprechen, seien noch ein paar klärende Bemerkungen eingefügt. Meine hier vorgetragene kritische Analyse hat sich auf das Kriterium erkenntnistheoretischen Gewinns durch die Nutzung von Computersimulation im Bereich der psychologischen Theoriebildung menschlichen Textverstehens bezogen. Und hier mussten wir erkennen, dass Erwartungen nicht erfüllt wurden. Gründe hierfür habe ich versucht darzustellen, die eigentlich auch aufzeigen, dass die ursprünglichen Erwartungen übersteigert waren, was sicherlich nicht nur den KI-Leuten, sondern in erster Linie uns selbst, den Psychologen also, zu attribuieren ist. Es lässt sich nämlich zeigen, dass unter bescheideneren Voraussetzungen eine präzise Hypothesentestung möglich ist. Solches wird neuerdings in der Psychologie vermehrt in der Sprachwahrnehmung und -produktion demonstriert. Man könnte auch sagen, es muss ja nicht schon unbedingt die Lösung des menschlichen Sprachverstehens in Aussicht gestellt werden. Soweit die Beurteilung aus der erkenntnistheoretischen Perspektive.

Nun haben wir aber die Entwicklung in der Computerwissenschaft auch aus einer handlungspragmatischen Perspektive zu betrachten. Die Gesellschaft kann nämlich das, was die Computerwissenschaft inklusive KI an Grundlagen erarbeitet als Technologie nutzen. Das gleiche gilt natürlich für alle anderen Wissenschaften. Wenn wir die hektische Entwicklung etwa im Bereich der Entwicklung tutorieller Systeme, der Nutzung von Experten- und Auskunftssystemen, den vielen Applikationen in den verschiedensten Fach- und Wirtschaftsgebieten betrachten, braucht es nicht sehr viel Phantasie und Fachverstand um festzustellen, dass man hier in der Optimierung der Computernutzung angewandte Kommunikations-, Organisations- und/oder Lernpsychologie betreibt. Aus dieser handlungspragmatischen Perspektive der Computernutzung möchte ich nun einen ungedämpften Optimismus und die Ueberzeugung aussprechen, dass die Psychologie in der Mithilfe bei der Entwicklung, Verbesserung und Evaluation neuer Mensch-Maschinen-Interaktionsmöglichkeiten wertvolle Beiträge zum Wohle der Gesellschaft liefern kann und muss.

Literaturverzeichnis

ANDERSON, J.R. & BOWER, G.H. (1973). *Human Associative Memory.* Washington, D.C.: Winston.

BARTLETT, F.C. (1932) *Remembering.* Cambridge: Cambridge University Press.

BRANSFORD, J.D. & JOHNSON, M.K. (1972) Contextual prerequisites for understanding: Some investigations of comprehension and recall. *Journal of Verbal Learning and Verbal Behavior,* 11, 717-726.

DYER, M.G. (1983). *In-depth understanding: A computer model of integrated processing for narrative comprehension.* Cambridge, MA: MIT Press.

van DIJK, T.A. & KINTSCH W. (1983) *Strategies of Discourse Comprehension.* New York: Academic Press.

DREYFUS, H.L. (1979) *What computers can't do* (rev. ed.). New York: Harper.

JOHNSON-LAIRD, P.N. (1983). *Mental models.* Cambridge, Ma.: Harvard University Press.

GRAF, P., SQUIRE, L.R. & MANDLER, G. (1984) The information that amnesic patients do not forget. *Journal of Experimental Psychology: Learning, Memory, and Cognition,* 10, 164-178.

KIERAS, D.E. & BOVAIR, S. (1988) The acquisition of Procedures from Text: A production-system analysis of transfer of training. *Journal of Memory and Language,* 25, 507-524.

KINTSCH, W. (1988) The role of knowledge in discourse comprehension: A construction-integration model. *Psychological Review,* 95, 163-182.

KOLERS, P.A. (1973) Remembering operations. *Memory and Cognition,* 1, 347-355.

KOLERS, P.A. & ROEDIGER III, H.L. (1984) Procedures of Mind. *J. Verbal Learning and Verbal Behavior,* 23, 425-449.

KOLERS, P.A. & SMYTHE, W.E. (1984) Symbol Manipulation: Alternatives to the Computational View of Mind. *Journal of Verbal Learning and Verbal Behavior,* 23, 289-314.

LEHNERT, W.G. (1982) Plot units: A narrative summarization strategy. In W.G. Lehnert and M.H. Ringle (Eds.), *Strategies for natural language processing.* Hillsdale, NJ: Lawrence Erlbaum.

LEWICKI, P., HILL, Th. & BIZOT, E. (1988) Aquisition of Procedural Knowledge about Pattern of Stimuli that Cannot be Articulated. *Cognitive Psychology*, 20, 24-37.

MARCEL, A.J. (1983) Conscious and Unconscious Perception: Experiments on Visual Masking and Word Recognition. *Cognitive Psychology*, 15, 197-237.

MASSON, M.E.J. (1984) Memory for the surface structure of sentences: Remembering with and without awareness. *Journal of Verbal Learning and Verbal Behavior*, 23, 579-592.

MINSKY, M. (1975) A framework for representing knowledge. In P.H. WINSTON (ed.) *The psychology of computer vision.* New York: Mc Graw-Hill.

NORMAN, D.A. & RUMELHART, D.E. (Eds). *Explorations in cognition.* San Francisco: Freeman.

PERRIG, W.J. & KINTSCH, W. Propositional and situational representation of text. *Journal of Memory and Language*, 24, 503-519.

PERRIG, W. & HOFER, D. (in press) Sensory-motor and conceptual representations in memory. Motor-images which can not be imaged. *Psychological Research.*

PROBST, R. & PERRIG, W.J. (1988) Perzeptuelle und konzeptuelle Anteile gespeicherter Erfahrungen. *Zeitschrift fuer experimentelle und angewandte Psychologie*, 35, 259-281.

SCHANK, R.C. & ABELSON, R.P. (1977). *Scripts, plans, goals and understanding.* New York: Erlbaum.

SHANON, B. (1988) Semantic representation of meaning: A critic. *Psychological Bulletin*, 104, 70-83.

WALTZ, D.L. (1982) The state of the art in natural language processing. In W.G. Lehnert and M.H. Ringle (Eds.), *Strategies for natural language processing.* Hillsdale, NJ: Lawrence Erlbaum.

WEISKRANTZ, L., WARRINGTON, E.K., SANDERS, M.D. & MARSHALL, J. (1974) Visual capacity in the hemianoptic field following a restricted occipital ablation. *Brain*, 97, 709-28.

WINOGRAD, T. (1972). *Uderstanding natural language.* New York: Academic Press.

WINOGRAD, T. & FLORES, C.F. (1986) *Understanding computers and cognition.* Norwood, Ma: Ablex.

Anhang

Abbildung: Die bildliche Darstellung eines "mentalen Modelles" zum Beispieltext von Bransford und Johnson (1972).

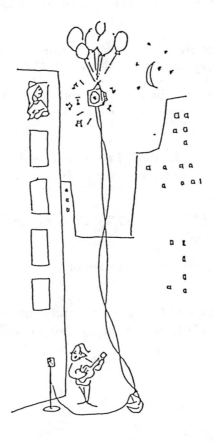

Bestimmungsgrössen
der natürlichsprachlichen Mensch-Computer-Interaktion

Hans-Dieter Lutz
Erziehungswissenschaftliche Hochschule Rheinland-Pfalz
Abteilung Koblenz, Studiengang Informatik, Schwerpunkt Linguistik

Rheinau 3-4

D-5400 Koblenz-Oberwerth

Zusammenfassung

Ein handlungswissenschaftlich fundierter Begriff der Interaktion erweist sich als nicht angemessen für die Explikation der natürlichsprachlichen Mensch-Comupter-Interaktion (NL-MCI). Die an dieser Art von Interaktion Beteiligten, M und C, sind nämlich nicht gleichartig. M nun auf das "Niveau" von C bzw. C auf das "Niveau" von M zu bringen, beide sind aus unterschiedlichen Gründen Scheinlösungen. Als möglicher Weg zur Formulierung einer Theorie der NL-MCI wird ein objekt-orientierter Ansatz vorgeschlagen, mit dem es möglich sein sollte, die Nicht-Gleichartigkeit von M und C zu formulieren und damit auch die Funktion der natürlichen Sprache für M und C im Rahmen einer NL-MCI genauer zu charakterisieren.

1. Einleitung

In den letzten Jahren hat sich eine zumindest terminologische Veränderung abgespielt: "Mensch-Maschine-Kommunikation" (etwa KUPKA et al.1981) wurde abgelöst von "Mensch-Computer-Interaktion". So weit mir bekannt, gibt es keine einheitliche Begründung für diesen Umstieg.

Ich will nun im folgenden keine Begriffsgeschichte abliefern. Vielmehr möchte ich darauf eingehen, welche Bestimmungsgrößen sich mit "Interaktion" verbinden (lassen) und welche Konsequenzen dies für eine nähere Charakterisierung von natürlichsprachlicher Mensch-Computer-Interaktion (im folgenden: NL-MCI) hat. Diese Charakterisierung erfolgt zu dem Zweck, die Basis zu legen für eine Theorie der NL-MCI.

Niemand weiß bislang, wie eine Theorie der NL-MCI aussieht und welchen Status sie im Vergleich zu anderen Theorien beanspruchen könnte. Ein gängiger Ausweg ist es zu postulieren (explizit oder unausgesprochen), NL-MCI müsse die natürliche Mensch-Mensch-Kommunikation simulieren bzw. approximieren. Die dabei auftauchenden Fragen ("Was heißt in diesem Zusammenhang 'Simulation'?" oder "Wann ist eine NL-MCI so nahe an der natürlichen

Mensch-Mensch-Kommunikation, daß sie das Prädikat 'approximiert' verdient?") werden in der Regel nicht gestellt. Ein anderer Ausweg ist, nicht nach den Begriffen hinter den Wörtern "Kommunikation" und "Interaktion" zu fragen und sie im alltagsweltlichen Sprachspiel des "Du verstehst mich schon" (oder "Du weißt schon, was ich meine") zu belassen.

Beide Ausweg können nicht als Basis für eine Theoriebildung für NL-MCI dienen.

Demgegenüber möchte ich versuchen, die grundlegenden Schwierigkeiten für die Theoriebildung herauszuarbeiten, um dadurch - so hoffe ich - einen Ansatz für eben diese Theoriebildung zu schaffen.

2. "Interaktion" als Ausgangspunkt

Es scheint gerechtfertigt, auf dem Hintergrund von gängigen Kommunikationskonzepten (vgl. NÖTH 1985) bei dem Verkehr zwischen M(ensch) und C(omputer(system)) von MC-Interaktion zu sprechen gerade auch dann, wenn dabei natürliche Sprache als Instrument benutzt wird.

Dabei gehe ich von den folgenden Voraussetzungen aus:

- Handeln ist bewußtes Tun (AEBLI 1980/81), wobei Tun als jedes Agieren und Reagieren verstanden wird und die Gesamtheit des Tuns eines Individuums als sein Verhalten begriffen wird.

- Handlungen können autonom ausgeführt werden oder zusammen mit anderen, die dann ebenfalls handeln (und nicht nur bloß "tun").

- Interaktion ist koorientiertes, wechselseitig kontingentes, zielgerichtetes Handeln mehrerer Akteure. Dabei meint

  ° "Ko-orientierung" gegenseitige Aufmerksamkeit, die wiederum Aufnahmebereitschaft voraussetzt, und den Austausch von Rückmeldungs- und/oder Übergabesignalen,

  ° "wechselseitige Kontingenz" die Abhängigkeit der Reaktion eines Akteurs von der vorausgegangenen (Re-)Aktion des Interaktionspartners und dem eigenen Verhaltsnplan und

  ° "zielgerichtetes Handeln" das zeitliche Ineinandergreifen der Verhaltenspläne der Akteure zu Zeitpunkten, zu denen die Verfolgung oder das Erreichen eines Handlungsziels eine Interaktion mit anderen nötig macht (vgl. SCHERER 1977, 228ff.).

3. Probleme mit einem soziopsychologisch fundierten Interaktionsbegriff

Bei näherer Betrachtung dieses Zugangs über einen eigentlich soziopsychologisch fundierten Interaktionsbegriff ergeben sich mindestens zwei Probleme, die es fragwürdig erscheinen lassen, diesen Begriff für die NL-MCI zugrundezulegen.

(a) Das ontologische Problem

Wenn wir eine Theorie der NL-MCI formulieren wollen, haben wir uns um die grundlegenden Attribute der dabei betrachteten "interagierenden" Instanzen, nämlich M und C, zu kümmern.

Dazu gehe ich von dem oben eingeführten Interaktionsbegriff aus und formuliere in Frageform:

Läßt sich C - wie M - das Attribut zuschreiben, daß C in der Lage ist, etwas zu tun, ohne sich dessen bewußt zu sein?

Läßt sich C - wie M - das Attribut zuschreiben, daß C in der Lage ist, zu handeln in dem Sinne, daß er sich seines Tuns bewußt ist?

Läßt sich C - wie M - das Attribut zuschreiben, daß C in der Lage ist, eine Handlung - also vorausgesetzt, daß die vorgängige Frage mit "Ja" beantwortet worden ist - autonom auszuführen?

Läßt sich C - wie M - das Attribut zuschreiben, daß C in der Lage ist, zusammen mit einem M ko-orientiert, wechselseitig kontingent und zielgerichtet zu handeln?

Mit der vorgängigen Frage:

Kann C - wie M - teilhaben an der Konstituierung und Aufrechterhaltung einer Orientierung, an der Überprüfung der wechselseitigen Kontingenz und an der Aushandlung einer Zielrichtung?

Ich bin mir durchaus bewußt, daß diese Fragen etwas von dem Flair haben "Können Maschinen denken?" und daß man diese Fragen sehr schnell mit einer Turing'schen Argumentationsfigur beenden kann, die ich folgendermaßen paraphrasieren möchte: "Wir können nicht beweisen, daß Menschen denken, wir schreiben ihnen diese Fähigkeit nur zu; was hindert uns, diese Fähigkeit auch Maschinen zuzuschreiben?" (TURING 1950).

C ist mit Sicherheit keine personale, keine sozial agierende, keine selbst-bewußte, keine zum autonomen Handeln fähige Instanz wie M - was auch nicht durch ein Attribut wie "virtuelle Selbständigkeit von C" (vgl. HERRMANN 1986, 9) verdeckt werden kann. C hat demnach auch keine M gleichgeartete Intentionalität. Dies gilt selbst unter der Annahme, daß sich Intentionalität - als ein psychologischer Begriff - in einer Systembegrifflichkeit (vgl. HERRMANN 1985, 19) rekonstruieren läßt, was noch nicht ausgemacht ist.

(b) Das metasprachliche Problem

Der oben eingeführte Interaktionsbegriff ist in einer Ethologie begründet, die "menschliches Verhalten in einer dezidiert nicht-behavioristischen Weise als Handlungen" interpretiert (HERRMANN 1985, 18; Hervorhebung von mir). Es liegt die Gefahr nahe, "die Begrifflichkeit des *Akteurs* (= Akteur- oder Handlungsinterpretation des Menschen)" mit der "Begrifflichkeit des *Systems* (= Systeminterpretation des Menschen)" zu vermischen mit dem Effekt, daß "ein Mindestmaß an *semantischer Einheitlichkeit bzw. Stilreinheit*" der Begrifflichkeit einer NL-MCI-Theorie verfehlt würde (vgl. HERRMANN 1985, a.a.O.).

Der Prozeß einer so oder anders verstandenen Interaktion hat aber nicht nur eine ontologische und metasprachliche Seite, die vielleicht nur für denjenigen relevant ist, der sich um die Formulierung einer Theorie der NL-MCI bemüht; er enthält darüber hinaus noch eine wahrnehmungspsychologische Dimension auf seiten von M. Begreift M C als Werkzeug oder als Medium oder schreibt er aufgrund der spezifisch manifestierten Interaktion C eine Qualität zu, die die bisherigen Qualifikationen transzendiert? Welche Auswirkungen hat die jeweilige Wahrnehmungsart auf das Interaktionsrepertoire von M und wie muß C darauf eingerichtet sein? Verändert sich der Interaktionsprozeß zwischen M und C über die Zeit? (KRALLMANN/PAPE 1981; HERRMANN 1986; UNGEHEUER 1986)

4. Scheinlösungen

Im Gegensatz zur Kommunikationswissenschaft oder etwa einer Sprachpsychologie (mit einem integrierten Hörer/Sprecher-Modell wie bei HERRMANN 1985), die die Gleich-Artigkeit von kommunizierenden bzw. interagierenden Instanzen voraussetzen darf, kann eine Theorie der NL-MCI von einer Gleich-Artigkeit von M und C   n i c h t   ausgehen.

Jetzt nun alle Attribute von M herauszuabstrahieren, die bei C nicht zu finden sind, um auf diese Weise ein Modell von M zu erhalten, das gleichartig wäre und einem Modell von C, wäre empirisch inadäquat; denn in einer konkreten realen MCI-Situation vergißt ein Individuum M eben nicht seine Personalität, seine soziale Rückbindung, seine Mögichkeit zu selbst-bewußtem Handeln. Der andere Weg, C derart zu modellieren, daß er gleichartig ist einem nicht verkürtzen Modell von M, ist zwar denkbar, aber nicht nur derzeit unrealistisch, sondern m.E. auch ethisch nicht vertretbar.

Wir können und sollten also auch nicht die Nicht-Gleichartigkeit der "Akteure" in einer NL-MCI-Theorie umgehen.

5. Ein möglicher Lösungsweg: objekt-orientierte Modellierung

Ein Interaktionsbegriff innerhalb einer NL-MCI-Theorie muß die Nicht-Gleichartikeit der an dieser Interaktion beteiligten Instanzen reflektieren. Dies nun aber nicht in der Art, daß M mit der Begrifflichkeit einer Handlungsinterpetation des Menschen und C mit der Begrifflichkeit einer Systeminterpretation expliziert wird; dies würde ja das metasprachliche Problem nicht lösen. Sondern nur mit Hilfe einer Begrifflichkeit, die eine Systeminterpretation für M wie für C zugrundelegt aber dergestalt, daß die Nicht-Gleichartigkeit eben nicht verdeckt wird.

Als Vorstufe dazu und als eine Möglichkeit, NL-MCI mit einer derartigen Beschreibungssprache zu modellieren, sehe ich die Konzepte, die aus dem Bereich der objekt-orientierten Programmierung stammen. Ich will und kann diese Konzepte mit Bezug auf unsere Fragestellung nur ansatzweise und so weit erläutern, daß deutlich wird, daß eine objekt-orientierte Modellierung ein guter Kandidat für die Fundierung einer NL-MCI-Theorie sein könnte.

Ich zitiere für die grundlegende Begrifflichkeit die kompakte Formulierung von GÖRZ (1988, 90f.):

"*Objekte* entstehen durch Abstraktion von "Datenkapseln", die Mengen von Attributen zusammenfassen. Die Identität jedes Objekts ist unabhängig von den (veränderbaren) Werten seiner Attribute. Das zugrundeliegende Verarbeitungsmodell ist charakterisiert als ein System autonomer kommunizierender Objekte, die untereinander *Nachrichten austauschen*. Jedes Objekt hat eine Menge von "Verwandtschaften" ("acquaintances"): das sind Bezeichnungen von Objekten, die es "kennt", d. h. denen es Nachrichten zusenden kann. Nachrichten selbst sind auch Objekte. Jede Nachricht enthälte (eine Referenz auf) den Adressaten, eine (Bezeichnung einer) Operation, und -optional - Argumentobjekte. Jedes Objekt besitzt ein *Protokoll*, welches eine Menge von *Methoden* ist; das sind alle Prozeduren bzw. Operationen, die in den Nachrichten enthalten sein dürfen, die es verarbeiten kann. Ein Objekt befindet sich in aktivem oder passivem Zusatand, und seine Aktivitäten bestehen im Senden, Empfangen und Verarbeiten von Nachrichten. Die Verarbeitung einer Nachricht kann das Senden anderer Nachrichten bewirken."

Attraktiv erscheint dieser Ansatz aus mindestens vier Gründen:

a) Er bietet eine Begrifflichkeit, mit der sich wohl M wie C "stilrein" beschreiben lassen.

b) Er bietet die Möglichkeit, die Nicht-Gleichartigkeit von M und C durch die Verschiedenartigkeit der Mengen von Attributen bzw. Attribut-Wert-Paaren, durch die M einerseits und C andererseits repräsentiert werden, "abzubilden", z. B. für M die folgenden Bestimmungsstücke festzulegen:

* M hat Empfindungen,
* M zeigt Emotionen,
* M macht Erfahrungen,
* M lernt,
* M erfaßt etwas intuitiv,
* M verhält sich,
* M tut etwas
* M entschließt sich, zu handeln bzw. nicht zu handeln,
* M erfährt Sprache,
* M benutzt Sprache,
* M reflektiert über Sprache

(zu den drei letzten Bestimmungsstücken vgl. UNGEHEUER (1967) 1972), und zu entscheiden, welche davon auch C zugeschrieben bzw. für C operationalisiert werden können.

c) Er zwingt dazu, die Nicht-Gleichartigkeit der Objekte formal zu definieren und nicht nur informal aufzuschreiben, wie ich das eben getan habe; er bietet - anders gesehen - also eine Möglichkeit, eine informelle Darstellung formal zu rekonstruieren.

d) Er bietet die Möglichkeit, den Interaktonsbegriff innerhalb der NL-MCI in einer ganz bestimmten Weise zu operationalisieren, damit auch die Differenz zum Interaktonsbegriff im Rahmen einer Mensch-Mensch-Kommunikation deutlich zu machen und damit auch die gegenüber der umgangssprachlichen und handlungswissenschaftlichen Verwendung geltenden Beschränkungen zu vergegenwärtigen.

6. Natürliche Sprache und ihre Funktionen in der NL-MCI

GÖRZ (1988, 86) weist m.E. mit Recht darauf hin, daß man mit einem natürlichsprachlichen System (das "eben kein natürliches sprachliches System" sei) "nicht natürlich, sondern nur formal kommuzieren " kann. Und eben diese "Formalität" macht nicht nur das Charakteristische einer NL-MCI aus , sie spiegelt sich darüber hinaus wider in der formellen Ausprägung der sprachlichen "Interaktion", die - nun in Bühler'schen Kategorien - darauf zurückgeführt werden kann, daß nur zwei der drei für die natürliche Sprache konstitutiven Funktionen im Spiele sind, nämlich die Darstellungsfunktion und die Appellfunktion. Was im objektorientierten Ansatz eben dadurch ausgedrückt ist, daß die zugrundeliegende Beziehung zwischen Objekten (als Sender bzw. Empfänger) das Nachrichten-Austauschen ist. Dabei müssen nun Nachrichten wohl verstanden werden als Zeichenkomplexe, die - wiederum in Bühler'schen Kategorien - "nur" Symbol- und Signalfunktion, aber keine Symptomfunktion haben (BÜHLER (1934) 1965).

So unrealistisch verkürzend sich das "klassische" Kommunikationsmodell von Sender, Empfänger und Nachricht (HERRMANN 1985, 8) für natürliche alltägliche Kommunikation und Interaktion erweist, so zutreffend könnte es sich in seinen Hauptkostituenten für die NL-MCI erweisen. Damit will ich nun nicht sagen, daß z. B. die Konstituente Sender mit "Senden" erschöpfend beschrieben ist.

7. Einige Konsequenzen

Ein handlungwissenschaftlich fundierter Begriff der Interakton erweist sich als nicht angemessen für die Explikation der NL-MCI. Der Grund dafür liegt in der Nicht-Gleichartigkeit der an einer NL-MCI beteiligten Bestimmungsgrößen M und C.

Die Modellierung dieser Nicht-Gleichartigkeit mit Hilfe eines objektorientierten Ansatzes bietet die Möglichkeit, die jeweiligen Bestimmungsstücke für M einerseits und für C andererseits über Merkmale und ihre Ausprägungen formal zu beschreiben, ohne daß eine Systembegrifflichkeit sofort den Blick einengt auf eine Repräsentaiton von M bzw. C. im Sinne eines abstrakt oder auch konkret gedachten Systems. Die objekt-orientierte Modellierung stellt damit eine Explikations- und Beschreibungsebene für eine Theorie der NL-MCI zur Verfügung. Sie fungiert als metasprachlicher Rahmen sowohl für die beteiligten Instanzen wie für die zwischen den Instanzen stattfindenden Prozesse.

Unabhängig von der Ausprägung eines solchen metasprachlichen Rahmens sollen m. E. aber mindestens zwei Minimalforderungen an eine Theorie der NL-MCI gestellt werden:

a) Der Ausgangspunkt für die Theorie ist M und nicht C; dabei ist M nicht schon von vornherein als abstrakte Verstandesmaschine zu denken, sondern als eine personale Instanz, die u. a. das Phänomen "Sprache" erfährt und mit ihr umgeht (UNGEHEUER (1967) 1972, 73f.)und dies nicht nur innerhalb einer NL-MCI-Umgebung.

b) Aus dieser Theorie sollen sich ohne Schwierigkeit Leitlinien für die Konstruktion von realen Systemen, die eine NL-MCI ermöglichen, gewinnen lassen. Eine solche Leitlinie bzgl. der Spezifik einer NL-MCI-Umgebung könnte etwa sein: "Talking to a computer is not talking to your best friend" (JÖNSSON/DAHLBÄCK 1988). Diese Leitlinie müßte sich u. a. darin manifestieren, daß sprachliche Outputs con C deutlich machen, daß C für M ein Instrument ist, zu dessen Handhabung M sich einer formellen natürlichen Sprache als Medium bedient. Eine damit zusammenhängende Fragestellung ist es dann, ob es sinnvoll ist, eine Konzept der Kooperativität von M und C zugrundezulegen, das auf das Grice'sche Kooperativitätsprinzip mit den daran anschließenden Konversationsmaximen (GRICE (1967) 1975) rekurriert.

Aus all dem ergeben sich nun Folgerungen für eine Forschungspraxis, die dem Ansatz, Mensch-Mensch-Kommunikation zu simulieren bzw. zu approximieren, nicht folgt.

Ich plädiere nun nicht für eine Theoriebildung, die keinen Rückbezug zur Realität hat. Vielmehr ergibt sich m. E. gerade aufgrund einer M-zentrierten Theorie der NL-MCI die Notwendigkeit, das Spezifische der NL-MCI auch empirisch zu erforschen. Damit tun sich neue Schwierigkeiten auf, die in einem eigenen Beitrag zu behandeln wären (vgl. dazu DAHLBÄCK/JÖNSSEN 1986; AHRENBERG/JÖNSSON 1987). Hier sei nur darauf hingewiesen, daß die Ergebnisse der bislang vorliegenden Studien (vgl. dazu JÖNSSON/DAHLBÄCK 1988, 2-6) relativ heterogen erscheinen, was auf die unterschiedlichen Zielsetzungen, die unterschiedlichen Methoden und die daraus entstandenen empirischen Daten zurückzuführen sein dürfte. Bislang scheint nur eines deutlich erkennbar zu sein, nämlich daß auch NL-MCI differenziert werden muß bezüglich verschiedener Domänen (An-wendungsgebiete) mit jeweils verschiedenen Anwendungssituationen bei jeweils verschiedenen Aufgabensituationen.

Literatur

AEBLI, H. 1980/81. Denken, das Ordnen des Tuns. 2 Bde. Stuttgart, Klett-Cotta.

AHRENBERG, L., A.JÖNSSON 1987. An Interactive System for Tagging Dialogues. Research Report LiTH-IDA-R-87-22, Oct 1987. Linköping Institution för Dataventenskap, Universitetet och Tekniska Högskolon.

BÜHLER, K. (1934) 1965. Sprachtheorie. Die Darstellungsfunktion der Sprache. Stuttgart, Fischer.

DAHLBÄCK, N., A. JÖNSSON 1986. A System for Studying Human-Computer Dialogues in Natural Language. Research Report LiTH-IDA-R-86-42, Dec 1986. Linköping Institution för Dataventenskap, Universitetet och Tekniska Högskolon

GÖRZ, G. 1988. Strukturanalyse natürlicher Sprache. Ein Verarbeitungsmodell zum maschinellen Verstehen gesprochener und geschriebener Sprache. Bonn-Reading-Menlo Park, Addison-Wesley.

GRICE, H.P. (1967) 1975. Logic and Conversation. Speech Acts. hg. von P. Cole und J. L. Morgan. (Syntax and Semantics 3), 41-58. New York, Academic Press.

HERRMANN, Theo 1985. Allgemeine Sprachpsychologie. Grundlagen und Probleme. München-Wien-Baltimore, Urban & Schwarenberg.

HERRMANN, Thomas 1986. Zur Gestaltung der Mensch-Computer-Interaktion. Systemerklärung als kommunikatives Problem. (Sprache und Information 14) Tübingen, Niemeyer.

JÖNSSON, A., N. DAHLBÄCK 1988. Talking to a computer is not like talking to your best friend. Research Report LiTH-IDA-88-34, Sept 1988. Linköping Institution för Dataventenskap, Universitetet och Tekniska Högskolon.

KRALLMANN, D., M. Pape 1981. Zur maschinellen Rekonstruktion natürlichsprachlicher Dialoge. Dialogforschung, hg. von P. Schröder und H. Steger, 178-187. Düsseldorf, Schwann.

KUPKA, Il et al. 1981. Kommunikation - ein Grundbegriff für die Informatik. Hamburg, Universität (Mitteilungen Nr. 91).

NÖTH, W. 1985. Handbuch der Semiotik. Stuttgart, Metzler.

SCHERER, K. R. 1977. Kommunikation. Handbuch psychologischer Grundbegriffe, hg. von Theo Herrmann u.a., 228-239. München, Kösel.

TURING, A. M. (1950) 1963. Computing Machinery and Intelligence. Mind 59. (Wiederabgedruckt in Computers and Thought, hg. von E.A. Feigenbaum und J. Feldman, 11-35. New-York, McGraw-Hill.)

UNGEHEUER, G. (1967) 1972. Kommunikative und extrakommunikative Betrachtungsweisen in der Phonetik. Sprache und Kommunikation von G. Ungeheuer. (Forschungsberichte des Instituts für Kommunikationsforschung und Phonetik 13), 37-50. Hamburg, Buske.

UNGEHEUER, G. 1987. Kommunikationstheoretische Schriften, hg. und eingel. von J. g. Juchem, Bd. 1. (Aachener Studien zur Semiotik und Kommunikationsforschung 14) Aachen, Rader.

Dialogue Models for Knowledge Representation

J. Ph. HOEPELMAN, A.J.M. van HOOF

Fraunhofer Institut für Arbeitswirtschaft und Organisation
Holzgartenstr. 17
D-7000 Stuttgart 1
E-Mail: vanhoof@iaoobel. UUCP

Abstract

In this paper we present a new interpretation of failure, a concept to which a lot of attention is being paid in the field of artificial intelligence research, especially due to the rise of the programming language PROLOG that treats negation as procedural failure. Our interpretation of failure, however, does not originate from research in the foundations of PROLOG. We present it here as an outcome of research on so-called dialogue logics, a tradition in logic research that envisages a logical proof as a formalized discussion between conflicting parties. Systems of formalized discussion that show the same logical behaviour as standard logical systems can be built. We show how such a system with additional fail operator can be used for the treatment of phenomena that are also relevant for natural language discourse. In the paper the following will be analyzed: negative questions, the paradox of the small number, and conditionals.

1. Introduction

Up until now research in knowledge representation concentrates mainly on the model-theoretic approach, thus, in our opinion, neglecting somewhat the dynamic and procedural aspects of human cognition. This traditional treatment of knowledge representation stems mainly from the view of logic as a monological enterprise, involving the Logician-Mathematician proving more and more facts ("truths") from some set of "evidential" postulates. It is our contention that what we call knowledge about a topic is a series of "snapshots" from the process of human interaction, showing sets of propositions and proof procedures that are agreed upon at that particular moments by the people working on that topic. So knowledge is in a sense a product of discussion, be it internal (individual deliberation) or external (the community of experts). [1] Given this view on knowledge, another approach to logic as knowledge representation should be looked for.

Now, more of less the same arguments can be launched against the research on the semantics of natural language where logic features as representation language. Moreover, we are convinced that the monological view on logic has led to the strong preoccupation with "assertions", being the linguistic counterparts of "facts". Even where researchers start to show interest in "discourse" they concentrate most of the time on texts which they can treat as a monological accumulation of assertions. We feel that only a theory that also deals with the dynamic and procedural aspects of human linguistic interaction is able to provide a proper semantics for natural language.

Apart from the monological mainstream there is another tradition in logic, taking its starting point in the work of the mathematical logician Paul Lorenzen. Inspired by Beth's work on semantic tableaux, Lorenzen developed what one could call a dialogical approach to the investigation of logics. [2] In his theory, which in the following will be referred to as dialogue tableaux theory (DTT), a logical proof is pictured as a discussion between two parties. The formula to be proved, called initial thesis (T), is defended by one party, which therewith takes up the role of the so called proponent (P), against the criticism of the other party, accordingly taking up the role of opponent (O). A discussion about T represents a logical proof of T, provided that P is able to defend T against all possible criticism, i.e. that P has a winning strategy for T. Representations of logical discussions are structurally analogous to semantic tableaux. We shall call them dialogue tableaux. At about the same time the philosophical logician Jaako Hintikka developed his so-called game theoretical semantics which shows close connections with the work of Lorenzen. Game theoretical semantics is primarily occupied with the semantics of natural language. [3] Important consequence of the work of both: the view of logic as a theory of formalized interaction functions as a new heuristic paradigm: e.g. it makes quite a difference when thinking about the semantics of conditionals, whether one tries to construct models for them, or whether one imagines how people would go about discussing a conditional proposition.

2. Dialogue tableaux for formal logic

Two kinds of rules determine formalized discussions. The so called *strip-rules* determine how statements are attacked and defended. By means of theserules the meaning of the logical connectives is determined by their use ("meaning in use").

figure 1

Sentence (N)	Attack (N*)	Defense (N)
$a \to b$ (implication)	(?) a	[b]
$\neg a$ (negation)	(?) a	[ ]
$a \wedge b$ (conjunction)	?L(eft) ?R(ight)	[a] [b]
$a \vee b$ (disjunction)	?	[a, b]
$\forall x R(x)$ (ALL)	m (parameter)	[R(m)]
$\exists x R(x)$ (EXIST)	?	[R(m)] (m parameter)

The strip-rules state the following: a sentence uttered by the speaker, N, where N is O or P (column 1), can be criticised by the other party (N*) as defined in column 2. The speaker then has the right to defend his sentence with another statement, as defined in column 3. This right is called protective defense right.

The second kind of rules, called the *frame-rules* regulate the discussion as a whole. They define rights and duties of both adversaries during a discussion, and declare when the discussion is considered over, and still more important: they tell which party has won.

Changes and/or extension of these frame-rules and strip-rules give rise to various systemst with different logical strength. It is this feature that makes Dialogue Tableaux Theory of interest for the study of natural language semantics.

3. Failure in dialogue tableaux

Nowadays, because of the success of prolog, people are greatly interested in the logical properties of negation interpreted as procedural failure. Interpreted in this way, negation does not conform to the well known properties of classical, intuitionistic, or minimal negation. Because of its procedurality, failure has been treated as a notion of (non-) provability. In this way it can be thought of as a modality in provability logics.[4]

In this paper we want to present yet another interpretation of failure in terms of discussions, which to our opinion is a fairly natural one. We want to make it clear from the outset, that this new interpretation of failure is not an interpretation for negation, as is the case in prolog. We will apply dialogical failure together with standard (classical, intuitionistic) negation. This makes sense because of the fact that we do not have the Closed-World-Assumption in DTT.

Dialogical failure is handled by introducing a fail operator **F** into discussions. The operator, applied to a sentence A, could be interpreted as "There is no way to win a discussion on A relative to the present concessions", or "Nothing in the present discussion leads to the conclusion that A". Rules for this operator introduce the concept of role-changing: actual parties B(lack) and W(hite) who play the roles of O and P will, under clearly defined conditions, change roles during a discussion. Winning and losing the discussion will be defined relative to B and W. Figure 2a and 2b give an informal presentation of the way **F** functions.

An attack on a fail statement "**F**A" at the P-side of the tableau (figure 2a) will introduce a subdiscussion on the winnability of "A" relative to the concessions made at the O-side, with the parties (B and W) changing roles (the boxed-in part of the tableau). Concessions from the main discussion are taken over completely. The result of this subdiscussion (who wins, who loses) is transferred back to the main discussion.

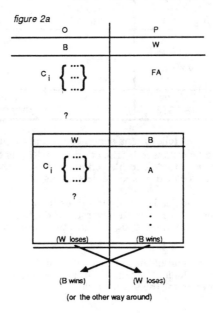

figure 2a

An attack on a fail statement at the O-side of the tableau (figure 2b) also leads to a subdiscussion, but there is *no* role change. There is also an extra constraint on the concessions to be taken over from the main discussion: only those concessions uttered prior to the utterance of the fail statement are allowed to be carried over.

The fail operator enables us to deal with a broad range of much debated phenomena. In what follows, we will treat the following topics, it being understood that their treatment cannot be dealt with here extensively:
1. the treatment of negative questions and their answers,
2. the paradox of the small number,
3. conditionals

figure 2b

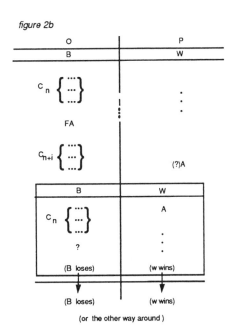

4. The treatment of negative questions

It turns out that this fail operator can be nicely used to explain the behaviour of so-called negative questions, a problem which has puzzled linguistics for some time.[5] A simple example will show that negation in negative questions cannot be treated as negation proper: given the fact that John is ill, the question
    "Is John not ill?" / "Isn't John ill?"
can only be answered correctly by saying
    "Yes (he is ill)."
whereas treating *not* in the above questions as standard negation would give a negative answer, which is incorrect.

Provided negation in such questions is translated as dialogical failure, we have a unified treatment of both positive and negative questions. A (positive or negative) question "q?" can be considered to be an invitation to carry through a discussion with "q" as thesis, and the questioner as first proponent (figure 3).

figure 3

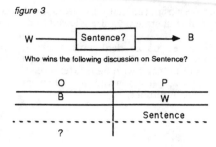

Who wins the following discussion on Sentence?

O	P
B	W
	Sentence
?	

The answer given indicates who wins the dialogue: a positive answer means that the last party to play the role of proponent wins, a negative answer that the last party to play the role of opponent wins. In addition a change in roles can (must) be indicated in some languages.[6] An example in case is German (figure 4).

figure 4

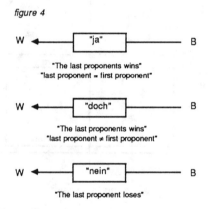

"The last proponents wins"
"last proponent = first proponent"

"The last proponents wins"
"last proponent ≠ first proponent"

"The last proponent loses"

5. The paradox of the small number

Using **F** there is an elegant solution to the paradox of the small number, which runs as follows
.1 is a small number,
but there exists a number that is not small
if n is a small number so is n+1
there exists a number that is both small and not small,
which is absurd.

Clearly the paradox is generated in the last premise which allows for the generation of small numbers which get larger and larger, thereby reaching the number which is supposed not to be small and collapsing into inconsistency. **F** allows us to do a pre-check on the consistency. If we build this pre-check in the last premise we can prevent the paradoxical inference: [7]

Small(1)
$\exists X \neg$ Small(X)
$\forall X(Small(X) \wedge \mathbf{F}\neg(Small(X+1) \rightarrow Small(X+1))$
but not provable $\exists X(Small(X) \wedge \neg Small(X))$

This seems to be the normal way people intend the last premise to be understood. This becomes even clearer, if one realizes that (as in the case of the closely related paradox of the heap) the presentation of the paradox fits more closely in the garb of dialogue logics then in the garb of axiomatic systems. The sophist (Proponent of the absurd thesis) lures the innocent debater (Opponent) into conceding sentences:

- "Do you admit that 1 is a small number?"
- "Yes, I grant you that."
- "Do you admit, then, that if some number is
  considered to be small, the direct successor of
  that number also is small."
- "Yes, I suppose that that is correct."
- ...

Thus a set of seeming concessions is established, from which the sophist sets out to show absurdity. The opponent is not given the opportunity to amend his second concession by making a provision like "unless, of course, this successor is not already agreed to be not small" - which everybody tacitly understands.

It is even possible to give a range of vagueness in the definition of small number by widening the pre-check, e.g.

$$\forall X(Small(X) \wedge F(\neg Small(X+1) \vee ... \vee \neg Small(X+k)) \rightarrow Small (X+1)).$$

One can also extend the example by adding a definition of large number in an analogous way. Starting from definitely small on the one end, and definitely large on the other end, there are several distinct results as to which numbers can be called small or large or "neither small nor large", this depends on the exact applications of the recursive part of the definitions, i.e. it depends on how a proponent would go about attacking these concessions.

6. Conditionals

Looking at it in a somewhat different way the solution to the paradox of the small number rests on a modification of the conditional in the premises. Or to state it in dialogical terms: it rests on a modification of the conditional in the concessions made by the opponent. We propose to introduce a connective ">>" that will function as a new conditional with the above mentioned pre-check behaviour.

In some very important respect this conditional ">>" will differ from the standard connectives of logic: its "meaning in use" cannot be stated in the same way as we already did for the other connectives in figure 1. The strip-rules for the standard connectives are neutral as to the discussional role of the speaker. The strip-rule for ">>" that we will present in a moment is role-specific, however. That means there is a version for the case of an opponent statetement and one for the case of a proponent statement. We will try to argue for this asymmetry.

figure 5

Sentence (O)	Attack (P)	Defense (O)
p >> q	(?) p	[q, Role Change thesis: ¬q]

Let us look first at the strip-rule for opponent statements (figure 5). The opponent has two possibilities for protective defense. One of them is stating the consequent of the conditional. So far there is no difference with the material implication ($\rightarrow$). But whereas this move is the only protective defense with material implication, with the new conditional, however, the opponent has an extra protective defense right: he can try to show that the negation of the consequent already follows from the concessions. This is exactly the analogon of the pre-check condition as asked for in the paradox of the small number. It is possible to give a simple translation for $\mathbf{p} \gg \mathbf{q}$ in terms of $\mathbf{F}$ and $\rightarrow$ where the formula on the opponent side is $\mathbf{F} \neg \mathbf{q} \rightarrow (\mathbf{p} \rightarrow \mathbf{q})$.

We now turn to the rule for conditional statements made by the proponent. Our job is to show why the same treatment as for opponent statements would not do. Let us suppose that the conditional can be translated as above, for a start. In which situations, then, can a proponent win a discussion on such a statement relative to an opponent that has conceded the set Σ of concessions? Basically there a three possibilities: i) $\neg p$ is contained in or derivable from Σ , ii) q is contained in or derivable from Σ together with the new concession p, and iii) $\neg q$ is contained in or derivable from Σ. Cases i) and ii) present no surprise. Taken together they make up the possibilities the proponent would have if he had stated plainly $\mathbf{p} \rightarrow \mathbf{q}$, instead of the complexer formula. But the more complex one provides him with the extra possibility iii), which is utterly undesirable for any conditional: the possibility to prove the conditonal because the consequent does *not* hold, regardless whether the antecedent holds or not.

In addition, of course, it does not make much sense to provisionally attack a set of consequences.

The intermediate conclusion to be drawn from this is that on the proponent side $\gg$-statements can and must be weakened to at least material implication. But we do even want to go one step further.

We will want to strengthen the conditional on the proponent side (in the sense of making it more difficult for the proponent playing party to win) by making sure that $P \rightarrow Q$ is not winnable without Q ever having been defended as a thesis. On the other hand, we want to prevent W to win the discussion about $P \rightarrow Q$ without P ever having been used in the course of the discussion, i.e. because of the fact, that Q is winnable as a thesis in the discussion anyway; in other words: because in the discussion P is irrelevant for Q.

The F operator allows us to formulate both restrictions in a simple way. We propose to interpret implication, "P $\gg$ Q" on the proponent side as

$$F \neg P \,\&\, F \, Q \,\&\, (P \rightarrow Q),$$

where "$\rightarrow$" is the usual material implication.

It is easy to see, that now e.g. dialogues like the following can no longer be won by W (fig 6,7):

figure 6

O	P
B	W
Paris is not in England	If Paris is in England, then2+2=5

figure 7

O	P
B	W
Paris is in France 2+2=4	If Paris is in France, then 2+2=4

Notice that, in an information seeking dialogue, if W looses the game about P >>Q on the ground that ¬ P or Q do not fail, he looses before the game about P→ Q proper has even started. One might say, that W looses, because the prerequisites for a proper dialogue about P → Q have not been fulfilled. However, after loosing in this way, W is at least informed about B's assumptions in the relevant respects. In predicate logic, judgements of the form " all P Q " are usually translated as $(\forall x)$ $(P (x) \rightarrow Q (x))$; employing material implication. In this translation the undesirable side-effects of material implication cannot be avoided. It may already be hard to accept, that all univerally quantified judgements should be true in the empty domain. It may even be harder to accept, that in a non-empty domain, given a concession, " there are no P's" any thesis of the form " All P's Q" should be winnable.

However, simply replacing "→" by ">>" in universally quantified sentences will not do: If we translate "All P's Q" by

$$(\forall x) (F (\neg P(x)) \& F Q(x) \& (P(x) \rightarrow Q(x)))$$

what we get is too strong. It says that, for any object in the universe of discourse, it cannot be argued that it is not a P or that it is Q. Besides, the formula is still valid in the empty domain. We therefore propose to take

$$(\exists x) F(\neg P(x)) \& (\exists x) F Q(x) \& (\forall x) (P(x) \rightarrow Q(x))$$

as the interpretation of universally quantified sentences on the proponent side. Notice that this formula is not winnable because of an eventual inconsistency in the concessions (classically or intuitionistically). Moreover, it is not winnable in the empty universe of discourse. In the third place, it presupposes at least the possible concession, that there are P's, so that discussions like the one in fig. 8 can no longer be won by W:

figure 8

O	P
B	W
there are no P's	All P's Q

As a shorthand for " All P's Q " on the proponent side we propose

$$(\forall x P(x)) (Q(x)),$$

where $(\forall x\ P(x))$ is the quantifier and all free x in $Q(x)$ are bound by $(\forall x\ Px)$.

The conditional ">>" defined in this way bears close resemblance, we think, with natural language indicative conditional if it is treated in formal dialogues in the manner indicated. On the one hand it has default characteristics, giving rise to a non-monotonic logic. The paradox of the small number is a case in point, but it can even better be exemplified by the case of the famous Tweety. Only knowing that Tweety is a bird and conceding that birds can fly, an opponent has to agree under these circumstances that Tweety can fly. But upon hearing that Tweety has no wings and it being understood that wings are an absolute necessity for flight, this same opponent can safely withdraw his consent to Tweety's flying capabilities without becoming inconsistent. He can safely claim that the new information made it necessary for him to reconsider his prior agreement.

If one were to investigate the dialogue tableau for the Tweety case with additional information, one would see that the subdiscussion ensuing from the opponent's extra defense right for ">>" exactly contains the successfull arguments against Tweety flying. This agrees with the actual way people use to argue:
A: "Birds can fly."
B: "But tweety is a bird and cannot fly!"
A: "Yes, but Tweety has no wings and wingless birds cannot fly."

Antecedent strengthening, transitivity and contraposition are not universally valid anymore with this conditional , but they are assumed per default. In this way we can cover famous examples like:

*(1)
If I put sugar in my coffee it is drinkable
(tacit premise: putting oil in coffee makes it undrinkable)
_____
If I put sugar and oil in my coffee it is drinkable

*(2)
If I have an affection of the lungs I will stop smoking
If I stop smoking I will feel healthier
(tacit premise: affection of the lungs does not
make feel healthier)
_____
If I have an affection of the lungs I will feel healthier

*(3)
If I strike this match it will burn
(tacit premise: if the match is wet or has been
used already or ... then it willl not burn)
_____
If it will not burn then I did not strike it

Given the tacit premises our conditional will handle all these cases correctly.

7. Counterfactuals

As it stands, our conditional cannot yet do the job of counterfactuals. However, it seems possible to implement these, basing on the provisional conditional together with the frame rules. Counterfactual conditionals are such conditionals of the form

" If it were the case that A, then it would be the case that B".

in which the antecedent is pretended to be winnable against a set of concessions although it actually is not. In Tichy (1984) we find an overview of some of the most prominent theories on counterfactuals. This is not the place to discuss in greater detail Tichy`s distinction between two-parameter and three parameter theories, the treatment of counterfactuals we want to present here can with equal plausibility be considered to be a two-parameter theory as to be a three parameter theory. It is a two parameter theory in the sense that, if one understands the subordinate clauses A and B, one also fully understands the counterfactual conditional " If A would be the case, then B would be the case".

It is a three parameter theory in the sense, that the outcome of a discussion about a counterfactual conditional depends on the given set of concessions.

One thing, which is simply " not done", when discussing a counterfactual is the following: Suppose you put forward the thesis "if kangaroos had no tails, they would topple over", for discussion to somebody who has already admitted, that kangaroos do have tails. If your adversary now accepts the invitation to discuss, and takes over the antecedent "kangaroos have no tails" as a new concession, you are not going to make use of the temporary contradiction in his concessions to win. So the deal in the counterfactual game seems to be similar to the deal in minimal calculus regarding the treatment of negation. However minimal implication by itself is not enough: It turns out that a formulation of the counterfactual introducing a double change of roles leads to plausible results over the whole range of examples given by Tichy. The change of roles is necessary to give the opponent playing party the opportunity to make use of his own concessions as reasons for the presence or absence of other concessions. If there would be no change of roles, the proponent could simply neglect such concessions. In addition, one must ensure, that the sub-dialogues take place in the right kind of logic, e.g. when appropriate not in classical logic, but in minimal calculus, or even weaker.

In order to achieve this, we introduce F operators with subscripts indicating the kind of logic (i.e. rules of the game) governing the dialogue. It turns out that one gets plausible results for a range of examples, if ones logic is MM or KIN, most minimal calculus, or classical logic with interpreted negation, as introduced by R. Valerius (1989).

In MM and KIN, the only rule, governing negation is the so called "*Meaning axiom for negation*"

$(P \rightarrow \neg P) \rightarrow \neg P$ (Valerius, op. c. chapter IV, §1).

The counterfactual conditional (on the proponent side) will then be formulated as follows:

$F_{MM} (A \rightarrow F_{MM} B)$. Apart from that, we introduce a precheck, in order to ensure that A does not already follow from the concession in any logic: $F_K A$. So our formula for

the counterfactual could be: $F_K A \ \& \ F_{MM} (A \rightarrow F_{MM} B)$

(and similarly for KIN), where A and B are Wffs, and MM stands for most minimal calculus. Let us look at some examples. Suppose, that B concedes "Birds fly" (as a provisional implication), and "Tweety is not a bird": Then W should win with the counterfactual " if Tweety would be a bird, it would fly". The tableau will confirm this, as can easily be checked.

As another example, let the concessions be
"It is now 5 pm".
"It is not now 7pm".
"When it is 7pm, other things being equal, Jones boards the plane".
"Jones is at home now".
"When at home, Jones does not board the plane".
"Now is t_0".
Take the counterfactual theses
"If it would now be 7pm, Jones would be boarding the plane"

and

"If it would now be 7pm, Jones would not be boarding the plane".

Both counterfactuals should be winnable. Not because, as Tichy states (op. c. pp. 147), the concessions and counterfactuals are read in two different ways, but rather because W has the opportunity to choose different temporal parameters. We show the dialogical development for the second counterfactual thesis (fig 9) . It is easy to see, that W would also win the discussion about the first counterfactual, if, instead of requiring that B substitutes t_0 for t in $(\forall t)(\text{Home} (t) \rightarrow \neg B(t))$, he requires that 5pm be substituted for t in the same concession.

Figure 9

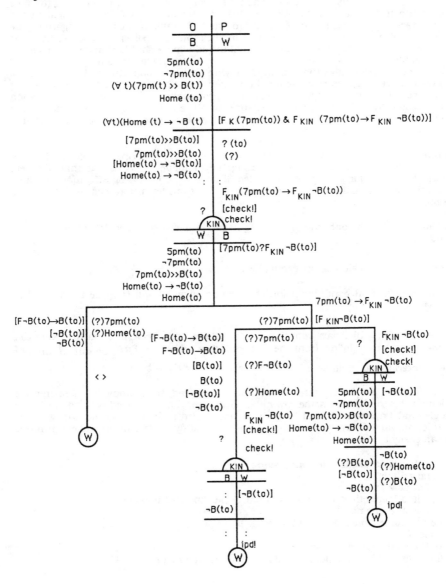

Notes
1. See Barth 1985 and Barth & Krabbe 1982.
2. For a collection of his writing on dialogue logics see Lorenzen & Lorenz 1978.
3. See e.g. Hintikka & Kulas, 1983.
4. E.g. in Gabbay 1986.
5. For a collection of articles on this topic see e.g. Kiefer 1983.
6. This is discussed extensively in Hoepelman 1983. In that article a four-valued logic is introduced to deal with negative question phenomena. It turns out that the analysis with fail operator in the present paper achieves the same results as the four-valued approach. The present version, however, has as additional merit it's greater elegance and naturalness.
7. Probably it was this kind of pre-check behaviour that McDermott & Doyle wanted to achieve with their operator **M** (McDermott & Doyle 1980). They have run in some problems with that operator, however, due to a certain circularity of their operator definition. If we translate **M**p as **F**¬p, however, we achieve this pre-checking without getting their problems.
8. For a collection of articles on conditionals, indicative and counterfactual, see Harper et al. 1981.
9. Writing the thesis between square brackets, indicates, that the thesis is treated as a provocative thesis (Krabbe, 1985). W has the right to act first. This has been done for technical reasons. It can be shown, that in dialogues with fail operator, the Cut-rule holds only if W starts the dialogue (Hoepelman, Van Hoof, 1989).

References

Barth, E.M.,"A New Field: Empirical Logic, Bioprograms, Logemes and Logics as Institutions", in *Synthese* 63, 1985

Barth,E.M. and Krabbe, E.C.W., *From Axiom to Dialogue. A Philosophical Study of Logics and Argumentation*, Berlin, 1982

Gabbay, D.M.,"Modal Provability Foundations for Negation by Failure", *internal report T1.8 ESPRIT project 393, ACORD*, 1987

Harper, W.L. et al. (Eds), *Ifs*, Dordrecht, 1981

Hintikka, J. and Kulas, J., *The Game of Language*, Dordrecht, 1983

Hoepelman, J., "On Questions", in Kiefer, F. (Ed), *Questions and Answers*, Dordrecht, 1983

Hoepelman, J. and van Hoof, A.J. M., "Two Party, Two Role Semantics: Knowledge Representation, Conditionals and Non-Monotonicity" Unpublished Paper, IAO-Stuttgart, 1989

Hoepelman, J. Ph., and van Hoof, A.J.M., "The Success of Failure. The concept of failure in dialogue logics and its relevance for NL-semantics." Coling 1988, Vol. 1, pp. 250-254.

Kiefer, F.(Ed), *Questions and Answers*, Dordrecht, 1983

Krabbe, E., "Non-cumulative Dialectical Models and Formal Dialectics", in *Philosophical Logic* 14, 1985, pp. 129-168.

Lorenzen,P.and Lorenz,K., *Dialogische Logik*, Darmstadt, 1978

McDermott, D. and Doyle, J., "Non-Monotonic Logic I", in *Artificial Intelligence* 13, 1980

Tichy, P., *"Subjunctive Conditionals: Two Parameters vs. Three."* Philosophical Studies 45, 1984, pp. 147-179.

Valerius, R.,*" The Logic of Frame- and Stop-rules in Lorenzen Games."*Dissertation, University of Stuttgart, 1989.

Kognitive Modellierung
der Mensch-Computer-Interaktion

Jürgen Kaster
Forschungsinstitut für Anthropotechnik
5307 Wachtberg-Werthhoven

Einführung

Zukünftige Computersysteme sollen den Menschen beim Planen, Entscheiden, Problemlösen und anderen kognitiven Tätigkeiten unterstützen. Die verfügbaren formalen Spezifikationsmethoden können lediglich zur präzisen Beschreibung der Vorgänge an der Ein-/Ausgabeschnitstelle herangezogen werden. Bei der ergonomischen Gestaltung und Bewertung von Mensch-Maschine-Systemen (MMS) haben sich daher in den letzten Jahren neue Forschungsschwerpunkte herauskristallisiert. Ziel der Ansätze aus dem Bereich der "Kognitiven Modellierung" ist es, Aussagen über kognitiv-ergonomische Aspekte von Arbeitssystemen zu machen. Dabei steht die Entwicklung prädiktiver Theorien zur Beschreibung von Leistungsparametern eines Mensch-Maschine-Systems im Vordergrund.

Dieser Beitrag beschreibt eine analytische Bewertungsmethode zur Ermittlung der sogenannten "Kognitiven Komplexität" eines informationsverarbeitenden Mensch-Maschine-Systems. Die Methode soll eine Abschätzung kognitiver Belastungsfaktoren von Operateuren gestatten. Hierzu wurde - unter Verwendung von Methoden aus der Künstlichen Intelligenz - ein *Interaktionssimulator* zur Nachbildung des Informationsaustausches zwischen Benutzer und Gerät realisiert. Die beiden wesentlichen Komponenten des Simulators sind eine formale Repräsentation jeweils des Benutzers und des Systems. Im Simulationslauf wird im wesentlichen der Informationsaustausch zwischen beiden Simulatorkomponenten simuliert. Die erfassten Daten werden zur Vorhersage der Komplexität von Systemen bzw. von Effektivität, Leistung, Zeitbedarf, Fehlerquellen u.a. des Mensch-Maschine-Systems herangezogen.

Nach einer thematischen Einordnung der "Kognitiven Modellierung" wird zunächst der theoretische Ansatz skizziert. Anschließend werden Aufbau und Arbeitsweise des Interaktionssimulators erläutert.

Software-Ergonomie im Wandel

Die Individualisierung informationstechnologischer Entwicklungen und die hohe Komplexität informatorischer Systeme erfordern die Schaffung nutzerfreundlicher, expertiseunabhängiger Interaktionsformen des Menschen mit dem Rechner. Die Gestaltung und Verbesserung von Mensch-Rechner-Dialogen, die an Bedürfnisse des Menschen angepaßt sind und kognitive Kompatibilität aufweisen, vollziehen sich mit einer interdependenten Strategie. Nach Thomas & Carroll (1979) wechseln sich objektivierte und exakt definierte Entwicklungsschritte mit intuitiv-kreativen Entwicklungsphasen ab, die von Erfahrung und subjektiver Eingebung eines Dialogdesigners geprägt sind. Im Designprozeß dominiert noch immer die zweite Vorgehensweise, während analytische und experimentelle Methoden zur Bewertung eines Dialogs nur gelegentlich auf exponierten Entwicklungsniveaus zur Anwendung gelangen.

Die ergonomische Gestaltung und Bewertung von Mensch-Maschine-Systemen (MMS) haben in den vergangenen Jahren durch die rapide technische Entwicklung von Rechnersystemen sowie durchgreifende Veränderungen der Informationstechnologien besondere Bedeutung erlangt. Im Rahmen der Hardware-Ergonomie wurden wesentliche Fortschritte bei der physikalischen Arbeitsplatzgestaltung erzielt. Auch die Software-Ergonomie, die sich als interdisziplinäres Arbeitsgebiet erst vor wenigen Jahren etabliert hat und sich mit der Analyse, Gestaltung und Bewertung interaktiver Rechnersysteme beschäftigt, brachte wichtige Erkenntnisse vor allem bei einer *komponentenorientierter* Systembetrachtung hervor (Schönpflug & Wittstock, 1987).

Die wachsende Problematik der Mensch-Computer-Interaktion (MCI) spiegelt sich in sich wandelnden Betrachtungsweisen gerade dieses noch recht jungen Forschungsgebietes wieder: Während bisher vorwiegend *Teilbereiche* der Mensch-Maschine-Interaktion, z.B. Strukturen von Menüsystemen, empirisch untersucht wurden, werden zukünftige Systementwürfe aufgrund einer *ganzheitlichen* Betrachtung und einer sorgfältigen Analyse der *Aufgabenstruktur* eines Mensch-Maschine-Systems a priori zu optimieren sein. (Schmidtke, 1986; Bullinger, 1987). Der Grund hierfür ist offensichtlich: Empirische Laboruntersuchungen sind nicht nur zeit- und kostenaufwendig, bei der notwendigen Einschränkung der Laborbedingungen wird auch die Übertragbarkeit der gewonnenen Ergebnisse in die Praxis sowie die Abschätzung ihrer Relevanz innerhalb einer komplexen Anwendung in Frage gestellt. Dies gilt umsomehr für multimodale Benutzerschnittstellen, die ein breites Aufgabenspektrum abzudecken haben. Eine komplexe und nicht leicht überschaubare Schnittstellengestaltung ist jedoch notwendig geworden, seitdem arbeitswissenschaftliche Forderungen nach multifunktionalen Arbeitsstationen und Berücksichtigung unterschiedlicher Benutzerprofile laut geworden sind.

Da integrierte Schnittstellen (Schnittstellen mit mehreren verschiedenen Interaktions-

formen) höhere Anforderungen an den Benutzer stellen bzw. vielfältigere Wahlmög-
lichkeiten für die Erledigung von Aufgaben anbieten, wird eine Unterstützung des Dialogs zwischen Benutzer und Maschine in Form von wissensbasierten Komponenten
unumgänglich sein. Zur Erstellung der Wissensbasis für solche Hilfskomponenten wird
die Einbeziehung kognitiver Strukturen und Prozesse des Benutzers zu den wichtigsten
Gestaltungs- und Bewertungsaspekten gehören (Dirlich, u.a., 1986). Ziel verschiedener
Modellierungsansätze ist es, Aussagen über kognitiv-ergonomische Aspekte von Arbeitssystemen auf der Basis des für die Erledigung einer Aufgabe benötigten *Benutzerwissens und -verhaltens* zu machen. Dabei steht die Entwicklung in sich geschlossener, prädiktiver Theorien im Vordergrund, um Bewertungskategorien wie Komplexität,
Erlernbarkeit oder Fehlerverhalten quantitativ zu beschreiben und empirisch prüfbare
Vorhersagen über das Leistungsverhalten des Gesamtsystems zu machen.

Die **Bewertung** eines MMS bzw. einer MMS-Schnittstelle sollte in die Gestaltungsphase
integriert sein und sich nicht wie in traditioneller Sicht an die Gestaltungsphase anschlie-
ßen. Die Systementwicklung wird damit zu einem iterativen Prozeß, d. h. software-
ergonomische Bewertungen einer Schnittstelle fließen bereits in einem frühen Stadium
in den Designprozeß ein. Die skizzierte Problematik hat zur Folge, daß empirische Studien zur Gestaltung von Teilaspekten einer Dialogschnittstelle durch theoretische Methoden der Dialogunterstützung unter Betrachtung des gesamten Systems ergänzt werden
müssen. Neue Methoden unter Anwendung von Techniken aus der Künstlichen Intelligenz zur Modellierung kognitiver Aufgaben eines Benutzers sowie moderner Interak-
tionstechniken und -werkzeuge beim *Rapid Prototyping* lassen einen iterativen Gestal-
tungsprozeß unter Einbeziehung von Bewertungsphasen bei erheblich reduziertem Aufwand zu (Kaster & Knäuper, 1988).

Kognitive Modellierung: Theoretische Grundlagen

Technologische Entwicklungen im Bereich der Künstlichen Intelligenz bilden die Voraussetzung zur Erstellung aufgaben- und benutzergerechter Schnittstellensoftware, die
sich durch ihr implizites "Wissen" über aktuelle Benutzer, die auszuführenden Aufgaben
sowie den Betrieb und die Funktionalität des dialogfähigen Systems auszeichnet. Dieses
Wissen betrifft einerseits Fakten und Zusammenhänge (deklaratives Wissen), andererseits Funktionsabläufe und methodische Vorgehensweisen (prozeduralesWissen).

Ein junges Forschungsgebiet ist die "Kognitive Simulation", in dem der Mensch als ein
symbolisches Informationsverarbeitungssystem betrachtet und modelliert wird. Diese
Simulation mentaler Prozesse mit Methoden aus der semantischen Datenverarbeitung
stellt ein vielversprechendes Konzept zur Analyse der Interaktionen mit einem informationsverarbeitenden System dar. Wenn es auch sicherlich nicht möglich ist, die Mecha-

nismen menschlicher Intelligenz umfassend in Computerprogrammen nachzubilden, so gibt es jedoch bereits eine Reihe von Beispielen quasi-intelligenter Problemlösungen auf hohem Niveau, die durch Beschränkung auf bereichsspezifisches Wissen gekennzeichnet sind (z.B. McDermott, 1982; Campell u.a., 1982).

Nach Newell & Simon (1972) kann die Architektur des menschlichen Informationsverarbeitungssystems in wesentlichen Zügen durch **Produktionensysteme** modelliert werden. Ein Produktionensystem ist geeignet, das zur Bearbeitung einer Aufgabe erforderliche Benutzerwissen formal darzustellen. Es besteht aus einem Arbeitsspeicher - der den aktuellen Zustand eines MMS repräsentiert - sowie einer Vielzahl von Produktionenregeln (Konditions-Aktions-Paare der Form WENN (BEDINGUNG) - DANN (AKTION)), die im Simulationslauf zyklisch ausgeführt werden und den Inhalt des Arbeitsspeichers aktualisieren. Sowohl der Konditionsteil als auch der Aktionsteil können recht komplex sein. Produktionensysteme sind bereits zur Modellierung verschiedener kognitiver Prozesse erfolgreich eingesetzt worden (Problemlösen: Simon, 1975; Karat, 1983; Textverstehen: Kieras, 1982).

Basierend auf dem Produktionen-System-Formalismus wurde von Kieras & Polson (1985) die "**Cognitive Complexity Theory**" (CCT) entwickelt. "Kognitive Komplexität" eines System umfaßt die Schwierigkeiten und Probleme der Benutzer in einer gegebenen Anwendung, Kenntnisse über System und Aufgabe zu erwerben, zu erhalten und gegebenenfalls von einer Anwendung auf die nächste zu übertragen. Hierbei wird davon ausgegangen, daß die "Kognitive Komplexität" in Abhängigkeit von Inhalt, Struktur und Umfang des *Wissens* beschrieben werden kann, das zur Benutzung erforderlich ist. Aufgabe beim Design eines Anwendungssystems muß es sein, das erforderliche Benutzerwissen und damit die "Kognitive Komplexität" zu minimieren. Ein wichtiges Kriterium ist z.B. die Einhaltung der "Konsistenz" von Dialogstrategien innerhalb einer Anwendung bzw. beim Übergang von einer Anwendung zu einer anderen.

Die theoretischen Grundlagen der Wissensbedarfsanalysen basieren auf dem **GOMS-Modell** (Card, Moran & Newell, 1983). Es wurde zur Spezifikation des system- und aufgabenbezogenen Benutzerwissens für die Durchführung interaktiver Aufgaben (z.B. Bedienung eines Texteditors) entwickelt. Dieses Modell geht von einer zielgerichteten Handlungsweise des Operateurs aus. In einem Top-Down-Ansatz wurde der gesamte Arbeitsprozeß in eine hierarchische Struktur von Zielen und Teilzielen gegliedert. Ein GOMS-Modell repräsentiert die Kenntnisse, wie eine Aufgabe auszuführen ist, durch Angabe von (Benutzer-)*Zielen, Operationen, Methoden* und *Auswahlregeln. Ziele* beschreiben den Plan eines Operateurs, eine Aufgabe, Teilaufgabe oder auch nur eine einfache physikalische oder kognitive Aktion auszuführen. *Operationen* charakterisieren elementare Handlungen (z.B. Tastatureingaben) oder kognitive Tätigkeiten (z.B. Wahrnehmen, Erinnern). Das Benutzerwissen ist in *Methoden* organisiert, welche

Sequenzen von Operationen zur Erfüllung spezifischer Ziele beinhalten. *Auswahlregeln* dienen dazu, im jeweils aktuellen Kontext eine geeignete Methode anzustoßen.

Die Basis der Benutzermodellierung in CCT ist somit eine formale Beschreibung des zur Erledigung einer Aufgabe benötigten Benutzerwissens. In dem Ansatz von Kieras & Polson wird dieses Benutzermodell zunächst als GOMS-Modell dargestellt und als Produktionensystem implementiert. Die computergerechte Repräsentation als eine Menge von Produktionenregeln erlaubt eine genaue Analyse und Strukturierung der Wissensmenge. Hieraus können quantitative Maßzahlen zur Beschreibung kognitiver Faktoren (Lernaufwand, Wissenstransfer, u.a.) abgeleitet werden.

Zur Validierung der "Cognitive Complexity Theory" wird die Nachbildung des Informationsaustausches zwischen Benutzer und Gerät vorgeschlagen. CCT beinhaltet ein Rahmenwerk zur Realisierung eines Interaktionssimulators, bei dem je ein Benutzer- und ein Gerätemodell über interagierende Interpreter miteinander gekoppelt werden und normative Testaufgaben selbsttätig erledigen können (Bild 1). Der Ansatz, sowohl System- wie auch Benutzerverhalten zu simulieren, zielt wegen der erreichbaren hohen Flexibilität darauf ab, Systementwicklern die Möglichkeit zu erschließen a) noch vor der Realisierung eines ersten Hardware-Prototypen fundierte Aussagen über die Leistungsfähigkeit eines geplanten Systems zu machen oder b) bei existierenden Systemen Aussagen über das Verhalten von möglichen Systemalternativen zu machen.

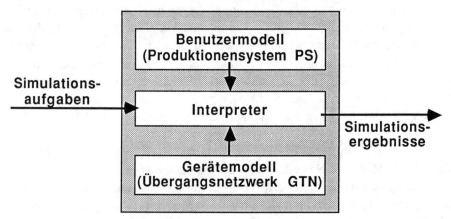

Bild 1: Interaktionssimulator nach Kieras & Polson (1985)

In einer umfassenden Simulation des gesamten Mensch-Maschine-Systems tritt somit ein "modellierter Benutzer" an die Stelle der Versuchspersonen in experimentellen Laboruntersuchungen. Hierbei erweist es sich aus vorwiegend praktischen Gründen bei der Benutzermodellierung als sinnvoll, über den Ansatz von Newell & Simon (1972) hinauszugehen. Der regelbasierte Produktionen-System-Formalismus wurde entwickelt, um formale Modelle psychologischer Prozesse im Computer zu realisieren. Er ist zwar zur Repräsentation des prozeduralen Methodenwissens ("*Wie* wird eine Aufgabe erledigt?" bzw. "*Wie* wird ein System gehandhabt?") gut geeignet, berücksichtigt aber deklarative Wissensstrukturen ("*Welche* Fakten bzw. semantische Zusammenhänge sind bedeutsam?") nur ungenügend. Kognitive Strukturen beziehen sich aber gerade auch auf Inhalt und Organisation von deklarativem Wissen, wie es in Anderson's ACT-System **"Adaptive Control of Thought"** eingebettet ist (Anderson, 1983).

Die "Kognitive Architektur" des ACT-Systems beruht auf der Annahme einer einheitlichen Grundstruktur des menschlichen Informationsverarbeitungssystems. Der obere Teil von Bild 2 repräsentiert einen Benutzer in der von Anderson vorgeschlagenen Modellstruktur. Die "Schaltzentrale" ist das Kurzzeitgedächtnis (Arbeitsspeicher), dessen aktueller Inhalt mit dem Konditionsteil der im Produktionengedächtnis (Prozedurales Wissen) enthaltenen Regeln verglichen wird. Der Aktionsteil der "feuernden" Regeln wird ausgeführt, wodurch die Daten des Kurzzeitgedächtnisses aktualisiert und/oder externe Aktionen angestoßen werden. Aufgrund dieser Effekte "feuern" immer wieder neue Regeln, wodurch der Ablauf der Simulationsschritte dynamisch, d.h. aufgrund aktueller Systemzustände, bestimmt wird. ACT sieht einen dritten Bereich für Faktengedächtnis (Faktenwissen) vor, in dem weiteres Benutzerwissen in Form von semantischen Netzwerken simuliert und verarbeitet werden kann. ACT beschreibt, wie diese Daten zu

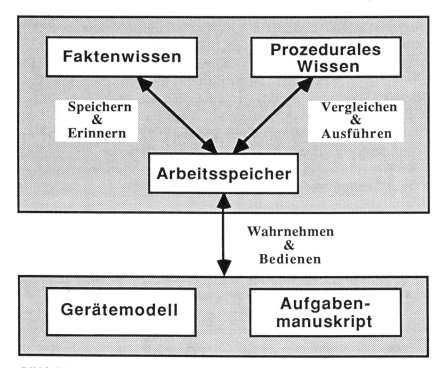

Bild 2: Blockstruktur des Interaktionssimulators mit Benutzermodell nach Anderson (1983)

verarbeiten sind (z.B. zur Simulation von Lernen, Vergessen oder Assoziationen). Der "modellierte" Benutzer kommuniziert mit seiner Umwelt über Wahrnehmungs- oder Bedienprozesse. An diese Schnittstelle kann nun, wie von Kieras & Polson vorgeschlagen (vgl. Bild 1), eine Gerätesimulationen "angeschlossen" werden. Die Charakterisierung des Geräteverhaltens geschieht mit Hilfe von semantischen Netzwerken (**Generalized Transition Network GTN**; Kaster & Gallrein, 1988), die eine einfache, für die Computersimulation geeignete Methode zur Beschreibung von Systemfunktionen aus Benutzersicht sind. Als Eingabe verlangt der Interaktionssimulator eine Spezifikation repräsentativer Aufgaben mit Angabe der zu simulierenden Arbeitsschritte, die im Manuskript formal abgelegt sind, so daß sich die in Bild 2 skizzierte Gesamtstruktur eines Interaktionssimulators ergibt (Kaster, 1987).

Der Interaktionssimulator CoMoDiS

Auf der XEROX-Arbeitsstation steht mit LOOPS eine leistungsfähige Entwicklungsumgebung für wissensbasierte Systeme zur Verfügung. Die Simulatorkomponenten wurden daher als LOOPS-Objekte realisiert, z.B. *Benutzer, Gerät, Aufgabenmanuskript.* Sie erhalten ihr "Eigenleben" durch die LOOPS-Methoden, in denen ihr Verhalten festgelegt wird. In dem objektorientierten Programmierparadigma "kommunizieren" die Objekte durch Austausch von Botschaften. Zur Verdeutlichung der im Simulator ablaufenden Prozesse wurde eine grafisch-interaktive Schnittstelle zur Darstellung aller Komponenten und deren Zustände realisiert (Bild 3). Diese Visualisierungshilfen und Erklärungskomponenten unterstützen den Experimentator im Sinne des Rapid-Prototyping beim einfachen, schnellen und möglichst fehlerfreien Aufbau eines Simulators, ohne daß spezielle Programmierkenntnisse erforderlich sind. Das CoMoDiS-Fenstersystem bildet die Schnittstelle zum Experimentator. Über ein Menüsystem sind alle Hilfsmittel zur Benutzung des Simulators direkt zugänglich. Datenfenster erlauben einen Überblick über die Datenstrukturen der Benutzer- und Gerätesimulation. Der Experimentator kann überwachen, ob das System die gestellten Aufgaben korrekt durchführt, bzw. den Problemlösungsprozeß schrittweise beobachten.

Benutzermodelle sind naturgemäß nicht verifizierbar, da mentale Vorgänge nicht "meßbar" sind. Daher ist es notwendig, zur Validierung des gewählten Ansatzes auf experimentelle Vergleichsdaten Zugriff zu haben. Damit das vorhandene umfangreiche Datenmaterial aus früher durchgeführten Untersuchungen von Dialogsystemen zur Parameteridentifikation herangezogen werden kann, wurde ein Simulator zur Nachbildung der Interaktionstätigkeiten mit einem menügesteuerten grafischen Bildeditor realisiert (Kaster & Widdel, (1986). Für diese Anwendung "Grafischer Editor" wurden mehrere Modellversionen erstellt, in denen jeweils unterschiedliches Benutzerwissen simuliert wurde. Somit kann das Verhalten unterschiedlicher Benutzertypen (z.B. Anfänger vs.

Experte) analysiert werden. Weiterhin wurde der Detailgrad einzelner Modelle variiert, um dessen Einfluß auf die Aussagefähigkeit der Simulationsergebnisse analysieren zu können.

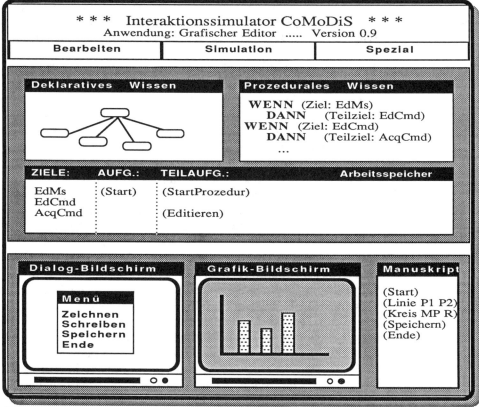

Bild 3: Interaktionssimulator "CoMoDiS": Schnittstelle zum Experimentator
mit Titelzeile, Menüsteuerung, Benutzersimulation und Gerätesimulation

Datenanalyse

Sobald für eine bestimmte Schnittstellenkonfiguration das vom Operateur benötigte Wissen ermittelt ist, wird ein Produktionensystem aufgebaut, das sich zur Beschreibung des mentalen Verhaltens und zu dessen Vorhersage eignet. Aus dem Protokoll der Datenerfassungskomponente können Anzahl und Sequenz der "feuernden" Regeln, die sich dynamisch verändernden Zielstrukturen im Arbeitsspeicher sowie die extern angestoßenen Bedienfunktionen abgelesen werden. Diese quantitativen Maßzahlen sowie weitere statische Kennwerte des zugehörigen Benutzermodells werden zur Bestimmung der "Kognitiven Komplexität" herangezogen. Eine wichtige Kennzahl ist die Anzahl der Produktionen, die zur Modellierung des Benutzerswissens notwendig sind. Aufgrund bisheriger Ergebnisse kann vermutet werden, daß bei einem "korrekten Modell" der aufgabenbezogene Lernaufwand *linear* von diesem Wert abhängt. Die bedeutsamsten dynamischen Kenngrößen sind die Zahl der Zyklen eines Simulationslaufes sowie die Zahl der Einträge im Kurzzeitgedächtnis. Während die erstere eine Abschätzung der Ausführungszeit für die Erledigung einer realen Aufgabe gestattet, spiegelt die zweite die mentale Belastung des Operateurs während der Aufgabendurchführung wieder.

Bisher liegen noch wenige Teststudien zu dem hier beschriebenen Verfahren vor. Die verfügbaren Untersuchungsergebnisse zeigen jedoch eine gute Übereinstimmung der vorhergesagten "Kognitiven Komplexität" eines technischen Systems mit den experimentell ermittelten Werten (Polson u.a., 1987; Hoppe, 1986). Trainingseinflüsse und praktische Erfahrung komplizieren die Vorhersage von Leistungsfaktoren erheblich. Verbesserte Modellansätze sind zur Berücksichtigung individueller Benutzermerkmale erforderlich. Relevante Kenngrößen müssen identifiziert und in ihrer Wirkung erforscht werden. Zur Zeit fehlen jedoch (noch) umfassende, weitgehend gesicherte Erkenntnisse darüber, welche Quantifizierungen aussagekräftig sind und welche Rückschlüsse auf Systemleistung und darüberhinaus kognitive Einflußgrößen zu ziehen sind. Weiterentwicklungen der "Cognitive Complexity Theory" gehen insbesondere in diese Richtung (Polson, 1986).

Der effiziente Aufbau eines Interaktionssimulators setzt voraus, daß dem Entwickler fortgeschrittene Hardware- und Software-Entwicklungswerkzeuge zur Verfügung stehen. Es müssen Werkzeuge zur Erstellung und Modifikation von Benutzer- und Gerätemodellen entwickelt werden, so daß funktionell identische Systeme mit unterschiedlichen Geräteschnittstellen ohne großen Aufwand bewertet werden können (Kaster & Knäuper, 1986). Grafisch-interaktive Arbeitsstationen und Programmierumgebungen (Knäuper & Kraiss, 1986) dienen zur Unterstützung des Anwenders bei der Erstellung eines Simulationsprogramms. Die weiteren Arbeiten zur Entwicklung und Validierung allgemeingültiger Modellierungsansätze haben zum Ziel, Software-Entwicklern während des Designprozesses analytische Methoden zur *iterativen* Implementierung und Evaluierung von Prototypen zur Verfügung zu stellen.

Zusammenfassung:

Die Arbeitsschwerpunkte innerhalb der Software-Ergonomie haben sich von einer komponenten-orientierten hin zu einer ganzheitlichen Betrachtungsweise von Mensch-Computer-Systemen verschoben. Mit dem vorgestellten Forschungsansatz wird versucht, bisherige empirisch-evaluierende Untersuchungen durch theoretische Modellierungsansätze zur Ermittlung der mentalen Beanspruchung von Systembenutzern zu ergänzen. Die Forschungsarbeit zielt auf die Entwicklung einer analytischen Bewertungsmethode von Mensch-Maschine-Schnittstellen unter Berücksichtigung moderner Techniken der Künstlichen Intelligenz als Gestaltungsmittel für wissensbasierte Dialogsysteme ab.

Literatur:

Anderson, J.R. (1983): *The Architecture of Cognition*. Harvard University Press. Cambridge, England.

Bullinger, H.-J. (1987): Software-Ergonomie: Stand und Perspektiven. In: Schönpflug & Wittstock (Hrsg.): *Software-Ergonomie 1987* (S. 17-30). Berichte des German Chapter of the ACM. Teubner, Stuttgart.

Campell, A.N., Hollister, V.F., Duda, R.O. und Hart, P.E. (1982): Recognition of a Hidden Mineral Deposit by an Artificial Intelligence Programm. *Science*. Bd. 217, Nr. 3.

Card, S., Moran, T. & Newell. A. (1983): *The Psychology of Human Computer Interaction*. Lawrence Erlbaum, Hillsdale NJ.

Dirlich, G., Freksa, Ch., Schwatlo, U., Wimmer, K. (Hrsg.): *Kognitive Aspekte der Mensch-Computer-Interaktion*. Informatik Fachberichte, Bd. 120, 1986. Springer, Berlin.

Hoppe, H.U. (1986): Cognitive Modelling - A New Tool for User Interface Design and Evaluation. In: *Proceedings of AI Europe*, Wiesbaden.

Karat, J. (1983): A model of problem solving with in complete constraint knowledge. *Cognitive Psychology, 14*, S. 538-559.

Kaster, J. (1987): *The Artificial Operator in Various System Environments*. Forschungsinstitut für Anthropotechnik, Wachtberg-Werthhoven.

Kaster, J. & Gallrein, U. (1988): *Kognitive Modellierung von Dialogsystemen*. Forschungsinstitut für Anthropotechnik, Wachtberg-Werthhoven.

Kaster, J. & Knäuper, A. (1986): Kognitive Modellierung und Rapid Prototyping - Neue Forschungsschwerpunkte bei der Gestaltung und Bewertung von Benutzerschnittstellen. In: Bernotat, R., Gärtner, K.P. & Widdel, H.(Hrsg.): *Spektrum der Anthropotechnik*. Meckenheim: Warlich, 1987.

Kaster, J. & Widdel, H. (1986): Transparency of a dialogue through pictorial presentation of the dialogue structure. In: Willumeit, H.-P.: *Human Decision Making and Manual Control* (S. 135-143). North Holland, Amsterdam.

Kieras, D.E. (1982): A model of reader strategy for abstracting main ideas from simple technical prose. *Text, 2*, 47-82.

Kieras; D.E. & Polson, P.G.)(1985): An approach to the formal analysis of user complexitiy. *International Journal of Man-Machine Studies*, 22, S. 365-394.

Knäuper, A. & Kraiss, K.-F. (1986): An interactive graphic system for the design and evaluation of human machine interfaces. In: Willumeit, H.-P.: *Human Decision Making and Manual Control* (S. 125-134). North Holland, Amsterdam.

McDermott, J. (1982): R1: A Rule-Based Configurer of Computer Systems", *Artificial Intelligence*, Bd. 19, Nr. 1.

Newell, A. & Simon, H. A. (1972): *Human Problem Solving*. Englewood Cliffs, N. J.: Prentice-Hall.

Polson, P.G. & Kieras, D.E. (1985): A quantitative model of the learning and performance of text editing knowledge. *Proceedings of the CHI 1985 Conference of Human Factors in Computing*. S. 207-212. ACM, San Franzisco.

Polson, P.G., Muncher, E. & Kieras, D.E. (1987): *Transfer of Skills between inconsistent editors* (Techn. Report No. 87-10). Boulder: University of Colorado, Institute of Cognitive Science.

Schmidtke, H. (1986): Ergonomische Bewertung von Arbeitssystemen. *Zeitschrift für Arbeitswissenschaft*, 4/1986, 193-200.

Schönpflug & Wittstock (Hrsg.): *Software-Ergonomie 1987*. Berichte des German Chapter of the ACM. Teubner, Stuttgart.

Simon, H.A. (1975): Functional equivalence of problem solving skills. *Cognitive Psychology, 7*, 268-286.

Thomas, J.C. & Carroll, J.M. (1979): The psychological study of design. *Design Studies, 1*, S. 5-11.

Wie sag' ich's dem Computer
oder
How to Do Things? With Words!

Hans Haugeneder

Siemens AG

ZFE F2 INF 2

München

1. Das neue Paradigma an der Mensch-Maschine Schnittstelle

Im letzten Jahrzehnt hat sich auf dem Gebiet der Gestaltung der Mensch-Maschine-Schnittstelle eine neuartige Technologie in der Form von graphischen Bedienoberflächen herausgeschält. Neben der rapiden Entwicklung auf dem Hardwaresektor, welche mit der Bereitstellung von leistungsfähigen Rechnern, rasterorientierten hochauflösenden Bildschirmen und neuartigen taktilen Kommunikationsinstrumenten (Maus, Trackball, Joystick, touch-sensitive Bildschirme) die rechentechnische Basis für diese Technologie geschaffen hat, war das Hauptmotiv für diese Entwicklung, einfache und benutzerfreundliche Bedienoberflächen für verschiedene Typen von Softwaresystemen bereitzustellen und diese damit für die Benutzung durch den laienhaften Anwender zu öffnen und deren Benutzung für den professionellen Anwender zu vereinfachen.

Obwohl man heute noch nicht von *dem* graphischen Interaktionsstil oder von *der* graphischen Interaktionssprache sprechen kann, so hat sich diese Interfacetechnologie zu einem Quasistandard entwickelt. Anwendungsbereiche, in denen diese Technologie in beträchtlichem Umfang zum Einsatz kommt, sind:

- Homecomputing (Computerspiele, Textverarbeitung etc. auf Mikrocomputern)
- Büro (elektronischer Schreibtisch, desktop publishing auf PCs)
- wissenschaftlich-technische Anwendungen (Programmierumgebungen (mit Browsern, graphischen Debuggern), CAD Systeme auf Hochleistungsworkstations).

Für die Entwickler natürlichsprachlicher Zugangssysteme und Schnittstellen ist diese Technologie mit ihrem Anspruch auf hohe Bedienfreundlichkeit natürlich eine Herausforderung. Ein Vergleich der Funktionalität derartiger Bedienoberflächen mit natürlichsprachlichen Benutzerschnittstellen liegt auf der Hand, insbesondere da von Anhängern graphischer Bedienoberflächen und der zugrundegelegten Designphilosophie diese Frage mit einer eindeutigen Tendenz beantwortet wird. Neben einer generellen Skepsis bezüglich der Verwendbarkeit natürlicher Sprache als Kommunikationsmittel mit Computer dient als wesentlicher Bezugspunkt für die Einschätzung die momentan verfügbare Technologie zur Verarbeitung natürlicher Sprache; so etwa in ([Shneiderman 1986], 344):

"Comparisons with other interaction styles have not yet demonstrated an advantage of NLI (natural language interaction)".

Vor dem Hintergrund einer solchen Einschätzung soll im folgenden eine vergleichende Betrachtung zwischen graphischen und natürlichsprachlichen Bedienoberflächen unternommen werden, bei welcher der Fokus nicht in erster Linie in der Gegenüberstellung von Stärken und Schwächen existierender graphischer und natürlichsprachlicher Schnittstellen liegt. Vielmehr wird versucht, ihr Potential anhand globaler Eigenschaften wie etwa Ausdruckskraft, Natürlichkeit, Erlernbarkeit sowie die Möglichkeiten eines synergetischen Zusammenwirkens der beiden Interaktionsmodi zu diskutieren.

2. Direkte Manipulation: Ein Interaktionsstil mit Grenzen?

Schnittstellen mit direkter Manipulation (DM) stellen *den* eigentlichen Typ graphischer Bedienoberflächen dar. Sie sind dadurch charakterisiert, daß der Benutzer seine Interaktion mit dem System durch Manipulation ("Mausklick") auf ikonisch dargestellten Repräsentationen der Entitäten des Gegenstandsbereiches realisiert. Eine wesentliche Randbedingung für diese Art der Interaktion ist dabei, daß die für den Benutzer in einem bestimmten Systemzustand "interessanten", operational verfügbaren Entitäten visuell zugänglich sind in dem Sinne, daß sie sich entweder direkt auf dem Bildschirm befinden oder durch einfache Operationen ins Sichtfeld bringen lassen.

Interfaces auf der Basis dieser Designphilosophie zeichnen sich nach ([Shneiderman 1984], 20) durch die folgenden Vorteile aus:

(I) Anfänger erlernen die grundlegenden Funktionen schnell und gewöhnlich anhand der Anleitung durch einen erfahreneren Benutzer.

(II) Professionelle Benutzer können sehr effizient unter Ausnutzung der gesamten Funktionalität des Systems arbeiten.

(III) Professionelle Gelegenheitsbenutzer vergessen die operationalen Konzepte nicht (d.h. sie wissen auch nach längeren Pausen, wie das System zu benutzen ist).

(IV) Fehlermeldungen werden kaum benötigt.

(V) Der Benutzer kann sofort sehen, ob seine Aktion ihn näher an sein Ziel bringt.

(VI) Der Benutzer muß keine Angstbarriere überwinden, weil er die Funktionalität des System begreift und seine Aktionen leicht rückgängig machen kann.

Bei einer genaueren Überprüfung dieser nach Shneiderman's Anspruch der DM-Interfacetechnologie inhärenten Eigenschaften ergibt sich, daß keiner dieser Punkte in der angegebenen Form als im Kern zutreffend angesehen werden kann; dies wird in ([Hutchins et.al.

1986], 121f) ausführlich diskutiert. Im folgenden setzen wir uns kritisch mit drei wesentlichen Punkten - Erlernbarkeit für Anfänger (I), Effizienz geübter Benutzer, (II) leichte Memorierbarkeit (III) - unter zusätzlichen Apekten auseinander.

Die leichte Erlernbarkeit der Grundfunktionalität ist eine Eigenschaft, die nicht per se und ausschließlich für DM-Schnittstellen gilt. Sie kann mit vergleichbarem Aufwand bei klassischen Schnittstellen mit einer formalen Kommandosprache oder mit Bedienung über Menüs gewährleistet werden. Dabei ist für das Maß des benötigten Lernaufwandes in erster Linie die aktuelle Ausprägung der Schnittstelle und nicht der Interaktionsstil an sich verantwortlich, d.h. eine geringe Funktionalität bei der Bedienung läßt sich be jedem Imteraktionsstil mit wenig Lernaufwand aneignen. Von einer im Prinzip gegebenen, besonders leichten Erlernbarkeit auf der Basis von DM jedoch könnte man nur dann ausgehen, falls das Vorhandensein einer universellen visuellen Sprache (im Sinne einer ikonisierten Darstellung von Gegenstandsbereichen) mit einem gekoppelten natürlichen Inventar von primitiven Handlungen auf diesen graphischen Repräsentationen (z.B. Positionieren des Mauszeigers auf dem Objekt und anschließender Doppelklick) voraus-gesetzt werden könnte. Die starke Konventionalität der Bedeutung ikonischer Zeichen, wie sie auch in der Gebrauchstheorie der Bedeutung bei Wittgenstein [Wittgenstein 1971] angenommen wird, stellt die Existenz einer solchen universellen graphischen Sprache nachdrücklich in Zweifel. Wie wenig diese Voraussetzung erfüllt ist, erfährt ein Benutzer von verschiedenen DM-Schnittstellen auch sehr schnell beim Umgang mit diesen.

Ist bezüglich der Erlernbarkeit der Grundfunktionalität kein wesentlicher Unterschied zwischen verschiedenen Interaktionsstilen festzustellen, so gilt (im Gegensatz zu (II)) für professionelle Benutzer, daß diese mit kommando-orientierten Interfaces eine wesentlich höhere Performanz erreichen, sowohl was die Schnelligkeit, als auch was die Ausnutzung der Gesamtfunktionalität betrifft. Empirische Untersuchungen, welche die Effizienz von Anfän-gern und professionellen Benutzern beim Gebrauch von DM-Schnittstellen mit anderen Interaktionsformen (Menüs, Kommandosprachen) vergleichen, bestätigen dies ([Whiteside et.al. 1985]).

Was die Erlernbarkeit mittels Instruktion durch den erfahrenen Benutzer betrifft, so drückt dieser vermeintliche Vorteil indirekt auch aus, daß das Erlernen des Umgangs mit einer DM-Schnittstelle (zumindest von Systemen mit nicht nur einer minimalen, durch diese Schnittstelle bedienbaren Funktionalität) anhand von Bedienungsmanualen, wenn auch nicht unmöglich, so doch ausgesprochen mühsam ist. Dies beruht darauf, daß DM Schnitt-stellen nicht durch eine (Kommando-)Sprache, sondern durch Sequenzen von physischen Ak-tivitäten und deren operationales Äquivalent auf dem Rechner beschrieben werden. Ein Blick in ein einschlägiges Manual verdeutlicht dies.

Die leichte Memorierbarkeit der operationalen Konzepte für den professionellen Benutzer, wie sie in (III) postuliert wird, hängt wesentlich von der Natürlichkeit und der Konsistenz ab, mit der die Semantik der durch DM durchgeführten Aktionen definiert ist, d.h. wie systematisch die Zuordnung von physischer Handlung auf einer ikonischen Repräsentation zu den dadurch induzierten Effekt gestaltet ist. Sieht man sich einmal konkret die Vieldeutigkeit bestimmter manipulativer Vorgänge bei ihrer Anwendung auf graphisch repräsentierte Objekte verschiedenen Typs an, so wird offensichtlich, daß die DM

Interface Technologie unter diesem Aspekt sich nicht als besonders vorteilhaft darstellt. Im Anhang sind einige Beispiele für Benutzeraktionen und die dadurch induzierte Systemleistung aufgelistet, die aus einem funktional sehr reichhaltigen Bürosystem stammen, das für die Entwicklung der gesamten DM-Technologie eine zentrale Rolle gespielt hat und dessen DM-Schnittstelle als eine der besten kommerziell verfügbaren Benutzeroberflächen angesehen wird. Sie erläutern wohl ohne weiteren Kommentar, daß von einer kohärenten Zuordnung von Bedienvorgang und Effekt und damit leichten Reproduzierbarkeit auch für den geübten Benutzer nicht die Rede sein kann.

Die Hauptursache für diese Intransparenz liegt wohl darin, daß auf einfachen Metaphern (im Beispiel die sog. Schreibtisch-Metapher) beruhende Interaktionen mit bestimmten Typen von Entitäten auf immer weitere Typen ausgedehnt werden, was zu einem "Überziehen" der ursprünglichen Metapher führt. Der Benutzer muß eine willkürliche Zuordnung also fallweise erlernen, ohne sich auf eine zugrundeliegende Systematik oder einen Hinweis aus der Art der Visualisierung einer Entität stützen zu können. Um das Gesagte etwas zu überspitzen, es bedeuten die einzelnen Typen von physischer Aktion, wenn man sie auf das Wesentliche reduziert für den Benutzer nicht mehr als:

"Ich mache jetzt etwas. Was genau, werde ich noch sehen".

Darüberhinaus bringt die DM-Technologie eine Reihe von weiteren Problemen und Einschränkungen mit sich, von denen hier noch eine wesentliche angesprochen werden soll. Eine zentrale, auch von Proponenten dieser Technologie artikulierte Restriktion ist die Komplexität der Anwendung wie etwa in ([Shneiderman 1984], 22) beschrieben:

"It is easy to envision direct manipulation in cases where the physical action is confined to a small number of objects and simple commands, but complex applications may be unsuitable to this approach."

Versucht man den zugrundeliegenden Begriff der Komplexität genauer zu charakterisieren, so spielen zumindest zwei Arten von Komplexität eine Rolle:

a) quantitative Komplexität, verstanden als Anzahl der Objekte im Gegenstandsbereich
b) strukturelle Komplexität, verstanden als Art der Beziehungen, die zwischen verschiedenen Typen von Objekten möglich sind

Die Ursache für die quantitative Barriere liegt dabei darin, daß allein die zweidimensionale Begrenzung von Displays sowie die endliche Größe des Wahrnehmungsfeldes des Benutzers die visuelle Identifizierung und anschließende Manipulation von verschiedenen Objekten ab einer bestimmten Anzahl enorm erschwert; bezüglich des strukturellen Aspekts liegt sie in der durch Wahrnehmung und Memorierbarkeit begründeten Begrenzung des Inventars einer ikonisiernden Darstellungsweise, d.h. die Reichhaltigkeit der Struktur kann graphisch nicht adäquat, im Sinne einer dem Benutzer unmittelbar zugänglichen Form umgesetzt werden.

Beide Dimensionen sind logisch voneinander unabhängig, jedoch reicht jede für sich schon aus, die Möglichkeiten der Interaktion mittels direkter Manipulation als mit erheblichen Einschränkungen behaftet erscheinen zu lassen. Oder - um ein Beispiel für die Komplexität vom Typ a) zu geben - welcher Benutzer von entsprechenden Schnittstellen hat sich nicht schon mit wenig Genuß per Maus durch Ordner (Subdirectories) gewühlt, wo lediglich die Anzahl der Objekte in den Ordnern groß ist?

Wenn man nun davon ausgeht, daß sich zukünftige Informationsverarbeitungs- und Softwaresysteme in ihren Anwendungen immer mehr in komplexere, heterogen strukturierte Gegenstandsbereiche hineinbewegen, in denen beide Typen von Komplexität auftreten, erscheint diese von ihrem Charakter her eher prinzipielle Komplexitätsbarriere nicht zu unterschätzen zu sein. Ein Optimismus bezüglich der Überwindung dieser Barriere, wie er etwa in ([Shneiderman 1984], 23) geäußert wird, ist deshalb auch skeptisch zu beurteilen:

"The limits of direct manipulation will be determined by the imagination and skill of the designer."

3. Natürliche Sprache: Nur eine weitere Kommandosprache?

Der Nutzen und die Probleme der Verwendung von natürlichsprachlicher Zugangskomponenten an der Mensch-Maschine Schnittstelle ist ein kontrovers diskutiertes Thema (siehe dazu etwa: [Krause 1982], [Johnson 1985], [Johnson/Bachenko 1982], [Shneiderman 1980]), welches in seiner vollen Breite und Tiefe hier nicht aufgegriffen werden soll. Vielmehr werden im folgenden einige Aspekte des Potentials von natürlichsprachlichen Bedienoberflächen diskutiert, die uns insbesondere im Hinblick auf einen Vergleich mit DM-Interfaces (mit Abstrichen auch im Kontrast zu formalsprachlichen und menübasierten Schnittstellen) als relevant erscheinen. Die Tatsache, daß sich auf der Basis des heutigen Standes der Kunst bei der Verarbeitung natürlicher Sprache Systeme, welche über die im folgenden diskutierte Funktionalität mit breiter Abdeckung verfügen, noch nicht realisieren lassen, sei dabei zur Vermeidung jeglicher Mißverständnisse ausdrücklich festgestellt.

Thesenartig verkürzt lassen sich drei wesentliche Charakteristika, die durch die Verwendung natürlichsprachlicher Komponenten bei der Gestaltung der Mensch-Maschine Schnittstelle in den Vordergrund treten, folgendermaßen zusammenfassen:

(I)   Natürliche Sprache als Kommunikationsmedium bedeutet in letzter Konsequenz eine natürliche, "common sense" Konzeptualisierung des Gegenstandbereiches

(II)   Natürlichsprachliche Interaktion hat die Tendenz zur Spezifikationsorientiertheit (d.h. weg von Schnittstellen des Typs DWIT ('Do what I told You') hin zu solchen des Typs DWIN ('Do what I need'))

(III)   Natürliche Sprache verfügt über mächtige und sehr effiziente Ausdrucksmittel

Die Notwendigkeit einer für den Benutzer durchsichtigen und kohärenten "naiven" Konzeptualisierung des Gegenstandsbereiches eines Softwaresystems besteht ganz abstrakt betrachtet zuerst einmal völlig unabhängig vom Medium der Interaktion. Sobald man sich weg von künstlichen, erst durch die Existenz und den Gebrauch von Computern konstituierten "Realitäten" (z.B. Betriebssysteme, Programme zur Partitionierung von Festplatten usw.) hin zu Modellierungen von Gegenstandsbereichen bewegt, die im alltäglichen Erfahrungsbereich des Menschen (mit-)angesiedelt sind, entsteht im allgemeinen sehr schnell eine Kluft zwischen der Art, wie der Benutzer den Gegenstandsbereich sieht und wie ihn das System modelliert, eine Kluft, bei der sich das Interaktionsmedium im allgemeinen und auf Kosten des Benutzers an der Systemsicht orientiert. Typische Systeme und Anwendungen der zweiten Klasse finden sich bei den sog. aufgabenorientierten Dialogsystemen (siehe dazu [Haugeneder 1988]), in denen Beratung in alltäglichen Lebensbereichen modelliert wird (etwa Pflege von Zimmerpflanzen, Kauf und Anmietung von Immobilien, Zusammenstellung einer individuellen Telefonausrüstung, Geldanlageberatung). Wenn man für solche Systeme eine natürlichsprachliche Bedienoberfläche vorsieht, so kommen damit nicht nur die reicheren Ausdrucks- und flexibleren Interaktionsformen der Sprache mit ins Spiel, sondern es wird die enge Beziehung der begriffliche Strukturierung der Sprache und der durch sie beschriebenen außersprachlichen Wirklichkeit mit "importiert".

Eine natürlichsprachliche Schnittstelle allein bedingt natürlich nicht notwendigerweise eine naive konzeptuelle Modellierung auf der Ebene des zugrundeliegenden Systems noch setzt sie diese voraus. Man kann sogar eine natürlichsprachliche Bedienoberfläche für Softwaresysteme mit einer konzeptuell mehr oder weniger artifiziellen Modellierung der Domäne auch mit praktischem Gewinn entwickeln. So ist etwa bei der natürlich-sprachlichen Abfrage von Datenbanken die Überwindung einer divergierenden System- und Benutzersicht des Weltausschnitts ein wesentlicher Beitrag der natürlichen Sprache als Kommunikationsmedium. Das folgende einfache Beispiel einer deutschen Abfrage (D-q) einer relationalen Datenbank und die korrespondierende formalsprachliche Query (SQL-q), welche die eigentliche Struktur (d.h. die benutzen Relationen und Attribute) der Datenbank reflektiert, veranschaulicht dies:

(D-q)   Wieviele Kinder hat Gebhardt geb. 11.7.1947?

(SQL-q) select count (unique teil.tku0017) from teil, stamm
         where   stamm.ku0171   = '19470711'   and
                 stamm.ku0031   = 'Gebhardt'   and
                 teil.satz   = '13'   and
                 teil.tku0017   = stamm.ku0017

Ein solches Verbergen der eigentlichen systemseitigen Konzeptualisierung des modellierten Gegenstandsbereiches ist jedoch in vielen Fällen nicht vollständig möglich, also mit Brüchen behaftet. Erst die Miteinbeziehung von natürlichsprachlichen Interaktionsmöglichkeiten schon beim Entwurf solcher Systeme (d.h. ein Entwurf von außen nach innen) dazu führt, die Konzeptualisierungskluft zwischen Benutzer und System zu verringern oder ganz verschwinden zu lassen. Bei der Umsetzung einer solchen Sichtweise ist momentan nicht nur die Technologie zur Verarbeitung natürlicher Sprache überfordert, auch fundamentale Probleme bei der Repräsentation von 'common sense'-Wissen bedürfen erst einer Lösung. Dennoch erscheint das der adäquate Weg, dieses Problem in Angriff zu nehmen.

Der zweite Aspekt, die Spezifikationsorientiertheit natürlichsprachlicher Interaktion, äußert sich darin, daß man als Benutzer eines Softwaresystems an vielen Stellen der Interaktion eine Beschreibung dessen angeben möchte, was er braucht bzw. haben möchte. Es ist erstaunlich, daß die Tendenz weg von der Instruktion hin zur Spezifikation, welche ja bei der Entwicklung von Programmiersprachen im Streben nach höherer Deklarativität seinen Niederschlag gefunden hat (wie etwa in Prolog teilweise realisiert), als programmatisches Designziel für die Entwicklung von Mensch-Maschine Schnittstellen so wenig explizit ist.

Im Sinne einer so verstandenen Spezifikationsorientiertheit ist ein natürlichsprachlicher Interaktionsmodus, der "nur" eine kommando-orientierte Bedienung eines Systems erlaubt, nur in einem sehr eingeschränkten Sinn natürlichsprachlich. Die Aneinanderreihung explizit performativer Sprechakte (des Befehlens) aus einem sehr begrenzten Reservoir wird man wohl schwerlich als genuin natürlichsprachlichen Interaktionsstil interpretieren. Deutsch ist eben mehr als nur eine weitere Kommandosprache! Ein Beispiel mag den Unterschied verdeutlichen: Ein Benutzer möchte auf einem Texteditor einen Brief schreiben. In einem kommando-orientierten Interaktionsmodell (z.B. über direkte Manipulation) wird er mit mehr oder weniger großen Schwierigkeiten das folgende tun:

- sich überlegen, welches der dafür geeignete Editor ist
- den Ordner mit dem entsprechenden Programm öffnen
- das Programm starten
- den gewünschten Fonttyp und den Zeilenabstand einstellen
- den Tabulator setzen

Eine viel natürlichere Art dort hin zu kommen, wäre zweifellos die folgende Eingabe in Deutsch:

"Ich möchte einen Brief schreiben in Elite, eineinhalbzeilig, mit dreifacher Einrückung bei jedem Absatz"

Bei der Möglichkeit einer solchen Interaktion wird der Benutzer davon befreit, selbst einen Plan zur Erreichung seines Ziels entwickeln zu müssen (Dekomposition des Problems in die Einzelprobleme, Sequentialisierung der Einzelschritte und anschließende Durchführung); daß ein solcher spezifikationsorientierter Interaktionsmodus, der dem versierten Benutzer von Texteditoren möglicherweise als eher nutzlose Kür erscheint, bei komplexeren Aufgabenstellungen (etwa die Konfigurierung des Betriebssystems eines PCs) jedoch die Mensch-Maschine Schnittstelle mit einer sehr wesentlichen Funktionalität erweitern kann, steht außer Zweifel. Um eine Interaktion auf einem solchen Niveau voll zu ermöglichen, muß man in der Lage sein, sprachliche Kommunikation mit der Maschine als intentionales, zielgerichtetes Sprachhandeln zu modellieren, ein Ziel, zu dessen Erreichung nicht nur die Computerlinguistik, sondern in hohem Maße auch benachbarte Disziplinen beitragen müssen.

Und schließlich noch der dritte Punkt: Die natürliche Sprache verfügt über ein umfangreiches Repertoire an Ausdrucksmitteln, von denen eine ganze Reihe sich in einem anderen Kommunikationsmedium wie etwa DM und Menüs nur sehr schwer bzw. gar nicht realisieren lassen. Im Vergleich zu graphischen und visuell basierten Schnittstellen dabei die folgenden von besonderer Bedeutung:

- Sprechen über visuell opake Dinge
  (Etwa im Kontext der Produktionsüberwachung:
  "Wie war der Zustand des Prüfautomaten für die Tiefe der Bohrung?")
- Quantifikation
  (Etwa im Kontext der natürlichsprachlichen Datenbankabfrage:
  "Haben wir einen Artikel, den alle Kunden aus Bayern mindestens zweimal im letzten Monat geordert haben?")
- Hypothetische und alternative Kontexte
  (Etwa im Kontext der natürlichsprachlichen Geldanlageberatung:
  ".. und wenn ich den Betrag doch in zwei Jahren verfügbar haben wollte?")
- Identifizierung von Kollektionen von Objekten mittels intensionaler Beschreibung
  (Etwa im Kontext einer natürlichsprachlichen Bedienoberfläche zu einem Betriebssystem:
  "Drucke alle Dateien von gestern, die nicht größer sind als der gerade ausgedruckte!")
- Referenz auf verschiedene Typen von Entitäten (Objekte, Vorgänge, Zeiträume, usw.)
  (Etwa im Kontext eines Dokumenterstellungssystems:
  "Mach' daselbe jetzt nochmal mit brief 13!")
- Vage und partielle Beschreibungen
  (Etwa im Kontext der natürlichsprachlichen Geldanlageberatung:
  "Ich möchte eine mäßige Rendite bei hoher Sicherheit")

Alle diese Ausdrucksmittel und eine ganze Reihe weiterer, welche uns die natürliche Sprache zur Verfügung stellt, sind ideal geeignet, um in der Mensch-Maschine Kommunikation einen Interaktionsmodus zu erreichen, bei der die kommunikative Bürde nicht nur beim Benutzer, sondern auch beim System liegt.

4. Sprache, Graphik und physische Aktion: Das Vademecum der Mensch-Maschine Kommunikation?

Ein sich erst in den letzten Jahren systematisch entwickelndes Forschungsgebiet ist die Entwicklung multimedialer Benutzerschnittstellen. Dabei ist eine Spielart von Multimedialität die Kombination von natürlicher Sprache mit Graphik, wobei als ein besonders produktiv bearbeitetes Gebiet die Anreicherung der Interaktion in natürlicher Sprache durch Zeigegesten (wie etwa [Bolt 1980], [Kobsa 1986], [McCann 1988]) anzusehen ist, auf das wir uns hier konzentrieren. Auf der Basis der heute verfügbaren Technologie bedeutet dies, daß über Tastatur eingegebene natürlichsprachliche Äußerungen mit Zeigehandlungen, ausgeführt mittels die Maus o.ä., kombiniert werden.

Versucht man die Bedeutung solcher integrativer Ansätze einzuschätzen, so ergibt sich eine Unterscheidung in zwei Ebenen, nämlich der wissenschaftlichen sowie der technologischen. Unter dem ersten Aspekt stellen die Anstrengungen, Sprache und gestische Deixis zu integrieren den konsequenten Schritt dar zu einer funktional wesentlichen Anreicherung der Mensch-Maschine Schnittstelle, da auch beim Menschen eng gekoppelte Subsysteme des kommunikativen Apparates integriert modelliert werden. Dies stellt neue Anforderungen unter anderem an zwei Gebiete der Computerlinguistik und künstlichen Intelligenz:

- Wissensrepräsentation: uniforme und integrierte Repräsentation sprachlicher und taktiler Aktionen mit teilweise visuell dem Benutzer zugänglichen Darstellungen des Gegenstandsbereiches
- Referenzidendifikation: Referentielle Interpretation auf der Basis taktiler und/oder sprachlicher Information (definite Beschreibungen, Pronomina)

Bei der Auseinandersetzung mit beiden Problembereichen werden auf lange Sicht reichhaltige und leistungsfähige Modelle entwickelt werden, welche die Basis bilden für eine noch weitergehendere Integration von sprachlichem und physischem Handeln; deshalb ist das wissenschaftliche Stimulans solcher Ansätze nicht zu unterschätzen.

Die praktische Bedeutung dieses integrativen Ansatzes liegt in erster Line in der expressiven Komplementarität beider Arten von Kommunikation ([Hayes 1986]). D.h. Gestik und Sprache ergänzen sich in dem Sinne, daß entweder einer der beiden Kanäle die benötigten Ausdrucksmittel für einen referentiellen Akt unmittelbar zur Verfügung stellt oder beide zusammen zum Vollzug referentieller Akte ausreichen. In diesem Sinne kann in einem Diagnosesystem für ein technisches Gerät die natürlichsprachliche Interaktion

"Zeige mir den Druck an der Biegung des Rohres, welches sich neben dem blauen Schalter unter dem Drosselventil befindet!"

durch die zusätzliche Möglichkeit einer simultanen gestischen Interaktion auf

"Wie hoch ist der Druck hier (+Zeigegeste)?"

verkürzt werden.

Beim augenblicklichen Stand der Kunst ist diese Art der Integration von Zeigen und Sprache auf der Eingabeseite aufgrund gleichzeitiger Beanspruchung des taktilen Systems des Benutzers (Tastatur, Maus) oder aufgrund der zu hohen Einschränkungen auf der natürlichsprachlichen Seite bei der Verwendung gesprochener Sprache praktisch noch nicht von sehr großer Bedeutung. Das Potential multimedialer Interaktion auf der Eingabeseite kommt wesentlich wirkungsvoller zum Tragen, wenn man unterschiedliche Eingabekanäle zur Verfügung hat, z.B. gesprochene Sprache und Zeigen mit der Maus oder geschriebene Sprache und "Zeigen mit den Augen". Auf der Ausgabeseite ist das eben angesprochene Hindernis nicht vorhanden; hier erscheint eine multimediale Systemreaktion mit praktischem Nutzen bereits heute möglich.

Neben dieser skizzierten Möglichkeit der Integration von Sprache und Graphik, sind bereits weitaus radikalere Modelle und Visionen über zukünftige Art der Mensch-Maschine Interaktion in Entwicklung begriffen (vergl. dazu [Lenat 83] und [Foley 87]). Die diesen Vorstellungen zugrundeliegende Kernidee ist es, mittels erweiterter taktiler und visueller Kommunikationstechniken (dem Datenhandschuh (data glove), Augenmaskenmonitor) für den Benutzer sog. künstliche Realitäten (artificial realities) zu schaffen, in denen die visuelle und taktile Distanz weitmöglichst minimiert ist. Da es sich bei diesen künstlichen Realitäten um extrem komplexe, hoch strukturierte Gegenstandsbereiche handelt, die sehr ausdrucksstarke Interaktionsformen erforden, hat die Kommunikation mittels natürlicher Sprache bereits einen festen Platz in Szenarien dieses Typs, wie beispielsweise in einem (hypothetischen) System zur Durchfühung biochemischer Experimente ([Foley 1987], 105):

"Das Phenylalanin in dieser Helix (zeigt drauf) tritt nicht richtig mit diesem Glutamin 57 (umringelt es) in Wechselwirkung. Ersetze es durch Histidin!"

Wie man denselben Vorgang so effektiv ohne die Benutzung natürlicher Sprache erreichen könnte, ist dabei nur schwer vorstellbar.

5. Ausblick

Zweifellos besitzen natürlichsprachliche Schnittstellen, wie sie auf der Basis der verfügbaren Technologie realisiert werden können, bereits heute praktische Bedeutung in der Mensch-Maschine Kommunikation. Die natürlichsprachliche Abfrage von Datenbanken stellt dabei die produktivste Klasse dar. Will man das volle Potential der natürlichen Sprache an der Schnittstelle zwischen Mensch und Computer jedoch zum Tragen bringen, so scheint die stärkere Fokussierung der folgenden Problemkreise entscheidend:

1. Entwicklungung von Komponenten, die reichhaltige Formen der natürlichsprachlichen Interaktion auf der Basis einer breiten Sprachabdeckung erlauben
2. Miteinbeziehung von natürlichsprachlichen Interaktionsmöglichkeiten bereits beim Systemdesign, unter Miteinschluß einer sprachnahen (konzeptuell natürlichen) Modellierung der Domäne

3. Ergänzung und Integration des rein natürlichsprachlichen Interaktionsmodus mit gestischen, taktilen und visuellen Kommunikationsformen.

Zusammen sind dies die Voraussetzungen für die Entwicklung wirklich natürlicher, benutzerfreundlicher Interaktionmöglichkeiten mit dem Computer. Für die Charakterisierung dieser Art der Mensch-Maschine Interaktion wird der Begriff der *Schnitt*stelle dann auch nicht mehr treffend sein, denn gerade dieser Schnitt - heute wird er dem Benutzer bei der Interaktion mit dem Computer oft schmerzhaft bewußt - ist es, der dabei verschwinden wird.

Literatur

Austin, John L.: How To Do Things With Words. Cambridge/MA 1962
Bolt, R. A.: "Put That There": voice and gesture at the graphics interface. Computer Graphics, Vol. 14 (1980), 262-270
Foley, James D.: Neuartige Schnittstellen zwischen Mensch und Computer. Spektrum der Wissenschaft, Dezember 1987, 98-106
Haugeneder, Hans: Natürlichsprachlicher Beratungsdialog. Siemens Forsch.- und Entwickl. Ber. Bd. 17 Nr. 2 (1988), 79-84
Hayes, Ph.: Steps Towards Integrating Natural Language and Graphical Interaction for Knowledge-Based Systems. Proc. ECAI 86, 456-465
Hendler, James A., Michaelis, Paul R.: The Effects of Limited Grammar on Interactive Natural Language. In : Janda, Ann (ed): *Human Factors in Computing Systems*. Amsterdam 1984
Hutchins, Edwin L., Hollan, James D., Norman, Donald A.: Direct Manipulation Interfaces. In: Norman, Donald A., Draper, Stephen W. (eds) *User Centered System Design*. Hillsdale 1986
Johnson, Tim: Natural Language Computing: The Commercial Applications. London 1985
Johnson, Caroll, Bachenko, Joan (ed): Applied Computational Linguistics in Perspective. American Journal of Computational Linguistics Vol. 8, No. 2 (1982), 55-84
Kobsa, A., Allgayer, J., Reddig, C. Reithinger, N. Schmauks, D., Harbusch, K., Wahlster, W.: Combining Deictic Gestures and Natural Language for Referent Identification. Proc. COLING 86, 356-361
Krause, Jürgen: Mensch-Maschine Interaktion in natürlicher Sprache. Tübingen 1982
Lenat, Douglas B., Borning, Alan, McDonald David, Taylor, Craig, Weyer, Stephen: Knoesphere: Building Expert Systems with Encyclopedic Knowledge. Proc. IJCAI 83, 167-169
McCann, C. A., Taylor M. M., Touri, M. I.: ISIS: the interactive spatial information system. Int. Journal of Man-Machine Studies,. Vol. 28, No. 2&3 (1988), 101-138
Shneiderman, B.: Software Psychology. Cambridge/MA 1980
Shneiderman, B.: The Future of Interactive Systems and the Emergence of Direct Manipulation. In: Vassiliou, Y. (ed): *Human Factors and Interactive Computer Systems*. Norwood 1984
Shneiderman, B.: Seven Plus Minus Two Central Issues in Human Computer Interaction. In: Mantei, Marylin (ed): *Human Factors in Computing Systems III*. Amsterdam 1986
Tennant, Harry. R., Ross Kenneth M., Thompson, Craig W.: Usable Natural Language Interfaces Through Menu-Based Natural Language Understanding. In : Janda, Ann (ed): Human Factors in Computing Systems. Amsterdam 1984
Wahlster, Wolfgang: Pointing, Language and the Visual World. Proc. IJCAI 87, 1163-1164
Whitested, John, Jones, Sandra, Levy, Paul S., Wixon, Dennis: User Performance with Command, Menu, and Iconic Interfaces. In: Borman, Lorraine (ed): *Human Factors in Computing Systems II*. Amsterdam 1985
Wittgenstein, Ludwig: Philosophische Untersuchungen. Frankfurt 1971

Anhang

```
┌─────────────────────────────────────────────────────────────────────────┐
│      Bedeutung von Benutzerinteraktionen mittels direkter Manipulation    │
│                                                                           │
│          Aktion/Objekt                          Effekt                    │
├─────────────────────────────────────────────────────────────────────────┤
```

Aktion/Objekt	Effekt
Doppelklick auf Ordnericon	Auflistung Inhalt
Doppelklick auf Dokumenticon	Dokumentinhalt anzeigen und in Bearbeitungsmodus setzen
Doppelklick auf Konvertericon	Auflistung der durchgeführten Konversionen
Doppelklick auf Posteingangsicon	Auflistung der elektronisch empfangenen Objekte
Doppelklick auf Postausgangsicon	keine Funktionalität
Doppelklick auf Programmen im Softwarelader	keine Funktionalität
Doppelklick auf Druckericon	Liste der abgeschlossenen Druckaufträge
Übertragen eines beliebigen Objekts	andere Anordnung auf dem Schreibtisch
Übertragen eines Objekts auf ein Ordericon	Einfügen in den Ordner
Übertragen eines Dokuments in ein Druckericon	Ausdrucken einer Kopie
Übertragen eines Dokuments in ein Konvertericon	nicht möglich
Kopieren eines Dokuments in ein Konvertericon	Konvertieren einer Kopie
Eigenschaften eines Dokumenticons	Fileinfo (Name,Größe,Creationdate)
Eigenschaften des Postausgangskorbes	Name, operationale Eigenschaften bei Versenden der Post
Eigenschaften eines Ordnericons	Fileinfo (Größe, Anzahl der enthaltenen Files), interne Organisationskriterien
Eigenschaften eines Druckericons	operationale Eigenschaften beim Ausdruck (Anzahl, Deckblatt)

Die Arbeit wurde im Rahmen des Verbundprojektes WISBER von Bundesminister für Forschung und Technologie gefördert (ITW 8502 C 5).

Exploratives Agieren in interaktiven EDV-Systemen

Hansjürgen Paul
Wissenschaftszentrum Nordrhein-Westfalen
Institut Arbeit und Technik
Florastr. 9
4650 Gelsenkirchen 1

1.Zur Problematik

Unabhängig vom Qualifizierungsgrad bedarf wohl jeder Benutzer der Unterstützung durch geeignete Interaktionsformen bei der Lösung der Probleme
der Mensch-Computer-Interaktion. Konventionelle Unterstützungsformen wie
Hilfe- und Erklärungsfunktionen ermöglichen es ihm, natürlichsprachliche
Erläuterungen direkt oder über Suchmechanismen (keyword-based help systems) abzurufen. Modernere Konzepte sollen dabei natürlichsprachliche
Anfragen ermöglichen.

Die Vorstellung, dem interaktiven System durch geeignete Fragen die pas-
sende Antwort zu entlocken, unterstellt die Metapher des Computers als
(Gesprächs-)Partner: Kommunikationsverhalten soll dabei simuliert werden
<siehe dazu HAYES 81, WAHLSTER 81, FISCHER 84>.

In diesen Ausführungen soll eine andere Form der Unterstützung und damit
ein neues Bild vom Computer zur Diskussion gestellt werden. Vereinfachend
könnte man sagen: Spielen erlaubt. Der Computer wird nicht mehr als Partner verstanden, sondern als Gegenstand - als Gegenstand des Spielens. Wissenschaftlicher ausgedrückt ist dabei die Rede vom Explorieren oder von
der intervenierenden Benutzung <CARROLL 82, HERRMANN 86a, HERRMANN 86b>.
In diesem Beitrag werden zum einen Ergebnisse einer Untersuchung dargestellt, deren Aufgabe es war, Funktionen, die das Explorieren in den Handlungsformen des Experimentierens und Erkundens ermöglichen, zu sammeln,
zu systematisieren und ggf. zu ergänzen. Zum anderen soll berücksichtigt
werden, welche Dialog-Formen zum Einsatz kommen können und in wieweit sich
die Effizienz der Unterstützungsformen steigern läßt. Das Spielen wird
in allen Funktionsbereichen und in allen Umgebungen des noch zu präzisie-
renden Modells der Mensch-Computer-Interaktion (M-C-I) als anthropomophes
Grundverhalten zu berücksichtigen sein.

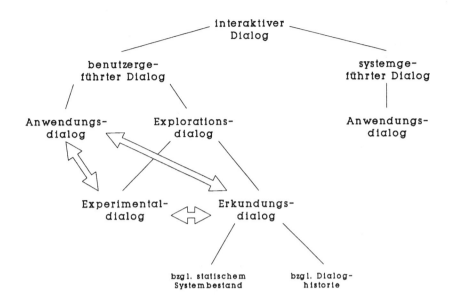

Abb. 1 Struktur des interaktiven Dialogs

2. Ein erweitertes Umgebungsmodell der Mensch-Computer-Interaktion

2.1 Das Interaktionsmodell

Ausgehend von der Unterteilung in systemgeführten und benutzergeführten Dialog <ZIMMERMANN 82 (S.53-58)> teilt sich das explorative Agieren in die beiden Handlungsformen Erkunden und Experimentieren auf, gleichwertig mit dem Anwendungsdialog. Bei der Erkundung wiederum gibt es zwei Gegenstandsbereiche: die Erforschung des statischen Systembestands und die der Dialog-Historie (siehe Abb.1).

Im Erkundungsdialog werden keinerlei Veränderungen - z.B. an den Datenbeständen - vom Benutzer durchgeführt, sondern das Traversieren, Durchlaufen, Betrachten und Analysieren dominiert. Im Experimentaldialog setzt sich der Benutzer direkt mit den einzelnen Werkzeugen des interaktiven Systems auseinander: er probiert, studiert Effekte, stellt Vermutungen an und überprüft diese unmittelbar, er spielt mit den sich ihm anbietenden Komponenten.

2.2 Das Umgebungsmodell

Das erweiterte Umgebungsmodell der Mensch-Computer-Interaktion <vergl. HERRMANN 86a (S.55-64), HERRMANN 86b> (siehe Abb.2) umfaßt vier Umgebungskomponenten, wobei jede Umgebung durch eine kennzeichnende Frage charakte-

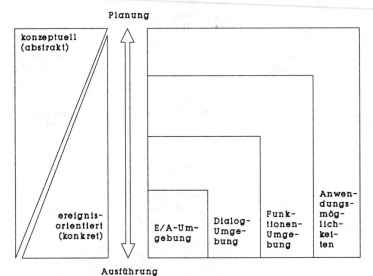

Abb. 2   Modell der M-C-I <vergl. HERRMANN 86a (S.56)>

risiert ist: Anwendungsmöglichkeiten (Was kann man mit dem System machen?), Funktionen-Umgebung (Welche Systemeigenschaften (statische und
dynamische) lassen sich einsetzen?), Dialog-Umgebung (Wie werden die Systemeigenschaften aktiviert (Kommando, Menü, Icons, Anklicken, Eintip-
pen...)?) und Ein-Ausgabe-Umgebung (In welchem Zustand ist das System?).
Jede dieser Fragen soll durch den Benutzer explorativ beantwortbar sein.
Die besondere Form der graphischen Anordnung der einzelnen Umgebungen
soll verdeutlichen, daß der Benutzer durch die einzelnen Umgebungen "hin-
durch" muß, um zur nächst höheren zu gelangen, wenn er seinen Plan
schrittweise in Ausführungsplanungen und letztlich in die Ausführung
selbst umsetzen will. Dabei helfen ihm eine Reihe von Unterstützungsfunk-
tionen, die im folgenden (=> 3. und 4.) näher beschrieben werden.
Damit der Benutzer sich die explorative Systembenutzung zutraut und damit
er überhaupt den Computer als einen Gegenstand begreift, mit dem man spielen kann, ist ein Wissen notwendig, das über das ereignisorientierte und
konkrete Wissen hinausgeht, das in der Regel zur Lösung aktueller Probleme
benötigt wird. Dieses Wissen muß konzeptuell und damit auch abstrakt und
metaphorisch angelegt sein, so daß z.B. erkannt werden kann, daß man mit
Computern anders experimentieren kann, als mit herkömmlichen Maschinen
oder mit menschlichen Partnern <vergl. HERRMANN 86a (S.31-68), HERRMANN
88>.

Rein natürlichsprachliche Dialog-Formen sind dabei dem Handlungsprinzip des explorativen Agierens nicht angemessen; es müssen Kompromisse gefunden werden, die die Potentiale beider Prinzipien zum Nutzen des Benutzers vereinigen.

Exploratives Lernen und experimentierendes bzw. erkundendes Agieren sind kein Ersatz für eine fachliche und angemessene Ausbildung und wollen auch keinesfalls einer Dequalifizierung des Benutzers Vorschub leisten. Dies muß aber nicht gleichzeitig bedeuten, daß man sich unnatürlichen Verhaltensstrukturen unterwirft und Parallelitäten zwischen Spiel und Computerarbeit wie Ungezwungenheit, Divergenz, Indeterminiertheit kategorisch verdrängt <GUILFORD 64, SCHEUERL 59, HUIZINGA 56>. Vielmehr ist eine differenzierende Betrachtung verschiedener Anwendungsfelder - z. B. Prozeßsteuerung vs. Büroarbeit - notwendig, um zu entscheiden, inwieweit die Spielmetapher angemessen ist.

3. Experimentaldialog

Im Vergleich zu den erkundenden Formen des explorativen Agierens in interaktiven Systemen (=>4.) dominiert im Experimentaldialog das Ausprobieren, Testen und Manipulieren. Als unterstützende Funktionen dazu werden im folgenden die Stornierbarkeit (=>3.1) und die Reduzierbarkeit von Applikationen (=>3.2) diskutiert.

3.1 Stornierungsprinzipien

3.1.1 Definitionen und Aufgaben

Unabhängig von der konkreten Realisierungsform verstehe ich unter dem Prinzip der Stornierung eine Möglichkeit, zu früheren Systemzuständen zurückzukehren. Dazu bieten sich mindestens zwei Alternativen an: das auf die Vergangenheit ausgerichtete UNDO zur Stornierung einzelner Dialogschritte und das präventive Setzen von Freezing Points.

Das UNDO bezieht sich in seiner einfachsten Form auf die aktuelle Dialog-Situation und hebt den jeweils letzten Dialogschritt auf. Komplexer und in der Realisierung von der gewählten Metapher und der entsprechenden Darstellung der Dialog-Historie abhängig ist das Referenz-UNDO, das sich auf einen prinzipiell beliebig weit zurückliegenden[1] Dialog-Schritt bezieht. Alle anderen Schritte, auch die relativ zu dem ausgewählten Schritt nach-

---

[1]Bei den heutigen Verfahren begrenzt die Ausführlichkeit und die Länge des softwaretechnischen Dialogprotokolls die Reichweite des Stornierungswerkzeugs.

träglich erfolgten Handlungen, bleiben in ihrer Wirkung voll erhalten <Zu den Realisierungsbedingungen verschiedener UNDO-Konzepte siehe HERCZEG 86 (S.130-149)>.

Als Freezing Points definiere ich Dialog-Situationen, die vom Benutzer "eingefroren", d.h. speziell markiert werden. Der Benutzer kann jederzeit zu ihnen zurückspringen, wobei es zu einer virtuellen Restauration der eingefrorenen Dialog-Situation kommt. Freezing Points können theoretisch mehrfach gesetzt werden, wobei es jedoch zu komplexen und unüberschaubaren Strukturen kommen kann.

3.1.2 Beispiele

Für das UNDO sind das automatische Restaurieren einer irrtümlich vom Benutzer gelöschten Datei oder das Wiederherstellen eines fälschlich gestrichenen Datenbankeintrags Standardbeispiele; der Vorgang wird wohl am häufigsten mittels Referenz-UNDO ausgelöst, da man in der Regel erst nach einiger Zeit feststellt, daß die Daten doch noch gebraucht werden. Das unmittelbar auf den letzten Dialogschritt bezogene UNDO hingegen wirkt vor allem bei "falsch" angeklickten Auswahlmenüs oder bei direkter experimenteller Werkzeugbenutzung im explorativen Sinn (=> 3.1.3).

Vor allem bei kreativen Gestaltungsprozessen, z.B. mit Zeichnungserstellungssystemen, wird die Stärke der Freezing Points sichtbar. Bevor man beispielsweise mit dem Herausarbeiten von Maserungen, Schattierungen oder Mustern nach der Festlegung der Konturen beginnt, kann es sinnvoll sein, einen Freezing Point zu setzen, um bei Fehlern in Details nicht die Gesamtzeichnung zu gefährden.

3.1.3 Die explorative Dimension

Die Aufgabe der Stornierungsstrategien in bezug auf die explorative bzw. experimentierende Systembenutzung ist das Ausschalten des Risikos und die einer Hilfe zur Überwindung der Angst, etwas zu zerstören bzw. unkontrollierbare Effekte auszulösen <CARROLL 82, CYPHRT 86 (S.249-250)>. Die Basis-Metapher des explorativen Agierens und der Grundgedanke der anthropomorphen Konstante Spiel haben als eine gemeinsame und verbindende Größe die Idee des "So-Tun-Als-Ob". Dementsprechend wirkt das Stornieren noch auf einer vertiefenden Ebene, da die Immateriellität der Arbeitsgegenstände und Arbeitsmittel auf dem Computer bei entsprechendem konzeptuellen Wissen eine Nähe zur natürlichen Spielsituation <SCHEUERL 59, HUIZINGA 56> impliziert. Das Wissen um die Funktion des UNDO bzw. um die Möglichkeit zur Definition von wiederansteuerbaren Ausgangssituationen kann sich somit positiv und effizienzsteigernd auf die Anwendung des explorativen Prinzips in der experimentierenden Handlungsform auswirken.

Alle vier Umgebungsaspekte des eingangs erläuterten M-C-I-Modells sind experimentell erfahrbar. Die Freezing Points und das UNDO helfen dabei, aus Handlungssackgassen herauszufinden und unerwünschte Effekte zu neutralisieren - unabhängig davon, ob es darum geht, den aktuellen Systemzustand zu erforschen, eine Eigenschaft zu aktivieren oder ob auf eher planerischer Ebene Auswahlen getroffen werden müssen.

3.1.4 Geeignete Dialog-Formen zur Stornierung unter besonderer Berücksichtigung natürlichsprachlicher Elemente

Das Auslösen der Stornierungsfunktion durch eine spezielle UNDO-Taste, mittels Menü-Ikon oder anklickbaren Symbolen erscheint mir gegenüber einer rein natürlichsprachlichen Lösung angemessener - insbesondere als invariante und universelle Funktion ohne Argument. Auch von der Arbeitsaufgabe her liegen UNDO und z.B. Kalkulation auf unterschiedlichen Ebenen, dies sollte auch in der Einfachheit der Bedienung und in dem zu investierenden Aufwand zum Ausdruck kommen.

Natürliche Sprache könnte aber zum Einsatz kommen, wenn bei der Darstellung des Dialog-Protokolls graphische Interaktionen beschrieben werden sollen, entsprechend ließe sich die Gestaltung des UNDOs oder das Aufsuchen von Freezing Points konzipieren. Auf diesen besonderen Aspekt wird noch einzugehen sein (=> 4.)

Fraglich ist auch, ob zwischenmenschliche Kommunikation dem Benutzer als Paradigma dienen kann, aus dem er die Möglichkeiten der Stornierbarkeit ableiten könnte. Zwar ist es möglich, Aufforderungen zurückzunehmen und auch den Inhalt von Äußerungen zu "stornieren", für die mit bestimmten Kommunikationsakten entstehenden Beziehungen gilt dies jedoch kaum; man stelle sich dies z.B. für den Fall vor, daß Sprachakte wie Versprechen oder Entschuldigungen häufiger storniert werden <vergl. dazu WAHLSTER 81, HERRMANN 86a (S.160-166)>.

3.2 Reduzierbare Systeme
3.2.1 Definitionen und Aufgaben

Unter reduzierbaren Systemen verstehe ich Applikationen, deren Funktionen- und Dialog-Umgebung unmittelbar durch den Benutzer steuerbar sind. Die Reduzierung der Systemfunktionen erhöht die Überschaubarkeit der Si-

tuation, erleichtert die Bereinigung von Fehlersituationen und verhindert
das Entstehen von Frustrationen durch Desorientierung und unverständliche
System-Reaktionen.

Der Benutzer soll Funktionen bzw. Funktionsgruppen aktivieren oder desaktivieren, aber auch die Vielzahl der auftretenden Effekte, den Komplexi-
tätsgrad von Spieldaten oder die Möglichkeit zu Short-Cuts und speziellen
Dialog-Formen (Menü- oder Kommando-Modus, Bild- oder Textdarstellung etc.)
steuern.

3.2.2 Beispiele

Besonders wirkungsvoll erscheinen reduzierbare Systeme bei hochgradiger
Interaktion und mit umfangreichen Funktionssätzen ausgerüsteten sowie mit
vielschichtigen Seiteneffekten behaftete Werkzeugen, z.B. Editore, Textverarbeitung, Zeichnungserstellung. Im Sinne individualisierbarer Software ist z.B. das Abschalten von Mehrfachbelegungen bei Tastaturen auch
für erfahrene Benutzer eine Erleichterung.

Das Datenbanksystem dBASEIII kann im Menü-Modus (assistent) oder in einem
prinzipiell gleichmächtigen Kommandomodus betrieben werden, was als Beispiel für die Reduzierung der Dialog-Umgebung dienen mag. Weiterführend
wäre die Kommando-Benutzung durch Kürzel und Makroprogrammierung erweiter-
bar.

Auch Variierungen der Hilfestellung mittels optischer Effekte oder Spieldaten[2] fasse ich unter diesem Begriff zusammen. So bietet beispielsweise
die suntool-Unixoberfläche <SUN 84> verschiedene Menü-Modi (walking
menus), die über verschiedene Hierarchiestufen ansteuerbar sind.

Spieldaten und erkundbare, fremderzeugte Dialog-Protokolle sind gleich-
falls hierarchisierbar (Grundfunktionen, Spezialfunktionen) oder nach
Aufgabengebieten zu clustern (Textverarbeitung: Indentierung, Fußnoten,
Tabellen).

3.2.3 Die explorative Dimension

Das Prinzip der Vereinfachung und Reduzierung der Regelmenge ist von der
natürlichen Spielsituation her bekannt, z. B. wenn es darum geht, den Ein-
stieg für den Neuling zu erleichtern. Ich verweise dazu auf die Hierarchie

---

[2]Unter Spieldaten verstehe ich vorgegebene, resistente Datenmengen, die - z.B.
aufgrund ihrer applikationsspezifischen Struktur - dem Benutzer die Wirkungsweise
von Dialog-Werkzeugen verdeutlichen. Der Benutzer soll mit diesen Daten experimen-
tierend agieren: kopieren, verändern, transportieren, löschen usw.

der Kinderspiele oder die Tolerierung von Fehlverhalten bei der Erziehung von Mensch und Tier <MILLAR 73, HUIZINGA 56, HENSCHEL 87>.

Eine Grenze zwischen dem demotivierenden Herumirren in einem System und dem konstruktiven Experimenten läßt sich beispielsweise anhand der Verursachungswahrnehmung ziehen. Sobald der Benutzer sich nicht mehr als Verursacher, sondern als "Opfer" der Funktionen sieht, muß eine Reduktion erfolgen - sowohl in der Funktionenumgebung, als auch in der Dialog-Umgebung. Die Wirkungsweise reduzierbarer Systeme ist also durchaus nicht auf die Reduktion der (Fehler-)Zustandsmenge in der Ein-Ausgabe-Umgebung beschränkt <CARRITHERS 84, KAY 86>.

3.2.4 Geeignete Dialog-Formen zur Steuerung reduzierbarer Systeme unter besonderer Berücksichtigung natürlichsprachlicher Elemente

So prägnant der Wunsch nach Überschaubarkeit für die experimentelle Erforschung ist, so problematisch erscheint zunächst die Steuerung der Reduktion. Eine Fremd-Vorgabe eines Reduktionszustands ist dazu ein erster Ansatz, der aber durch den Benutzer weiterentwickelt werden muß.

Ich schlage dazu eine natürlichsprachliche, konzeptuelle und metaphorische Beschreibung der Bereiche vor, auf die reduziert werden kann, z.B. bei CAD-Systemen die Funktionengruppe der Bemaßung, des Statik-Tests oder der geometrischen Manipulation durch Spiegelung oder Rotation. Dies könnte in Verbindung mit einem Selektionsmenü geschehen. Der Benutzer kann so Funktionsgruppen und Dialogformen selbst aktivieren bzw. desaktivieren, die er sonst nicht einmal identifizieren oder beurteilen könnte, da sie der "Computerwelt" entstammen. Die natürlichsprachlichen Informationen könnten dabei auf die jeweilige Anwendung hin abgestimmt werden (Branchen-Bezug, Fachsprache) und in letzter Konsequenz auch individuell ergänzbar sein.

4. Erkundungsdialog

Zum Erkundungsdialog gehören eine Reihe von Funktionen und Gestaltungsprinzipien, deren Verzahnung und Abhängigkeit dichter ist als die des Experimentaldialogs. Aus diesem Grund werden z.B. Maps, Browser und Neutralisation hier nicht getrennt voneinander vorgestellt, sondern ihre Interdependenz entsprechend diskutiert.

4.1 Definitionen und Aufgaben

Als Maps <vergl. BALZERT 88 (S. 176, 376)> definiere ich landkarten- oder netzähnliche Darstellungen (z.B. Baumstrukturen) eines interaktiven Systems bzw. dessen Teilsichten auf dem Bildschirm. Sinn- und sachverwandte Teilwerkzeuge bzw. Funktionen werden in räumlicher Nähe zueinander dargestellt, aber auch individuelle Kriterien sind mögliche Gestaltungsgrundlagen.

Aber die Metapher "Map" geht weiter. Nicht nur als Systemoberfläche findet sie Verwendung, sondern auch die Darstellung der Dialog-Historie kann als Map erfolgen. Dabei werden Dialog-Abfolgen z.B. nach individuellen Bereichen sortiert, wie etwa "Brief an Fa. Meyer", "Steuer '88" oder "Graphik Jahresabschluß" <vergl. FINKE 87>.

Ein Browser ist eine Traversierungsfunktion - eine Möglichkeit, die Karte oder das Netz zu begehen. Er setzt sich aus dem Steuerungsmodul und dem Ausgabemodul zusammen, wobei das Ausgabemodul eine Map[3] ist. Der Browser ist eine Funktion, die sowohl bei der Erkundung der Systemgegebenheiten, als auch bei der Erkundung des selbsterzeugten Dialog-Protokolls zum Einsatz kommt und hat somit verbindenden Charakter.

Der Neutralisationsmodus ist eine Funktion, die das Wirkungsverhalten aller Systemfunktionen - mit Ausnahme des Browsers und der Funktion zur Aufhebung der Neutralisation - abschaltet, um so die Erkundbarkeit des Gesamtsystems zu unterstützen, ohne Bearbeitungsschritte im Anwendungsdialog leisten zu müssen. Er ist somit ein Ersatz für ein sonst notwendiges, permanentes UNDO und überführt das Gesamtsystem so in eine Art "Konjunktiv-Betrieb". Der Benutzer hat die Gelegenheit, alle Systembereiche und -verzweigungen kennenzulernen. Diese Dialog-Historie, also die vom Benutzer neutralisiert vorgenommenen Schritte, muß wiederum von ihm selbst erkundbar und durchsuchbar sein.

4.2 Beispiele

Die vollständige Realisierung aller drei Komponenten in einem System ist - wie bei allen anderen Funktionen - in der Praxis fast überhaupt nicht zu finden. Eines der wenigen Systeme, das die Metapher Map bis zur Systemoberfläche hin realisiert hat, ist das Experimental-Betriebssystem XS2 der ETH Zürich <HERCZEG 86 (S.35-39), NIEVERGELT 83 (S.41-50)>. Bei XS2

---

[3]Die Praxis bietet als Alternative zur Map eine Staffelung von Pulldown-Menüs, in der Regel um einer einfacheren Metapher genüge zu tun <vergl. GOLDBERG 84>.

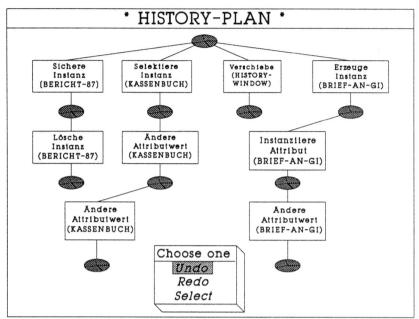

Abb. 3   Darstellung der Dialog-Historie als Map <nach
FINKE 87 (S. 28)>

wurde trotz des Sides-Modes&Trails-Anspruchs keine Darstellung der Dialog-
Historie als Map in Angriff genommen. Dies findet man hingegen beim Entwurf von X-AiD, einer wissensbasierten Mensch-Computer-Schnittstelle
<vergl. FINKE 87> (siehe Abb.3).
Die Stärke des Map-Konzepts liegt gerade in der Gleichheit der Funktio-
nen- und Historien-Metapher, wodurch letztlich das "Umdenken" zwischen
den beiden Bereichen entfällt und der Benutzer direkt seine bei der Erkundung des Systembestandes erworbenen Kenntnisse (Steuerungsmodul) bei
der Erkundung der Dialog-Historie anwenden kann.

4.3 Die explorative Dimension
Maps übernehmen sowohl im Experimental- wie auch im Erkundungsdialog die
Vermittlung zwischen Benutzer und Software und haben dabei die Aufgabe
der Präsentation der "Spielgegenstände" bzw. der Überbrückung der Immateriellität der Handlungselemente und deren Historie.
Browser sind als Traversierungsfunktionen die verlängerten Arme des Benutzers, durch sie wird es dem Benutzer erst möglich, die zunächst stati-

sche Map zu bearbeiten, sie zu dynamischen Darstellungen werden zu lassen. Funktional gesehen sind Maps sowohl Argument, als auch Resultat der Funktion Browser, also eine Abbildung von Map nach Map:

Browser: Map -> Map

Neutralisierungsmodi stellen eine Steigerung des "So-Tun-Als-Ob" dar. Sie ermöglichen eine Art Spiel im Spiel - ein Betrachten und Analysieren ohne die Funktion selbst auszulösen und repräsentieren das Selbstanwendungsprinzip.

Traversierungsfunktionen sind nahezu unverzichtbar[4], wenn es gilt, Fragen der planerischen Umgebungen der M-C-I (Anwendungsmöglichkeiten, Funktionen-Umgebungen) explorativ zu erkunden. Man muß dazu die volle Breite des Systems ggf. aber auch die gesamte Tiefe einzelner Funktionen "abgrasen" (engl. to browse) können, um z.B. zu erforschen, welche Graphik-Möglichkeiten in einem Textverarbeitungssystem stecken. Dies schließt das Durchsuchen von Spiel-Daten explizit mit ein.

Ein Erkunden der Dialog-Historie dient der Reflexion des experimentellen Vorgehens; das spielerische Learning by Doing kann somit in ein systematisches Qualifizieren umgesetzt werden.

4.4 Geeignete Dialog-Formen zu Maps und Browsern unter besonderer Berücksichtigung natürlichsprachlicher Elemente

Da Maps graphische Strukturen sind und Browser auf eben diesen Strukturen arbeiten, wäre eine rein natürlichsprachliche Steuerung ein klarer Bruch in der Metapher. Die Aktionen im Steuerungsmodul des Browser müssen demnach graphische Interaktionen sein, also z.B. das Anklicken eines Knoten mit gleichzeitigem Eintauchen in die darunterliegende Ebene.

Das XS2-System hat - so paradox es klingen mag - mit seiner Inkonsequenz in gerade diesem Punkt den Weg zu einer weitergehenden und produktiven Form des Map-Einsatz aufgezeigt: die Translation graphischer Aktionen in kommandoähnliche Bezeichnungen wie up, left, right, enter oder mark <HERCZEG 86 (S.36-38)> legt die natürlichsprachliche Beschreibung von graphischen Manipulationen nahe. Graphisch orientierte Manipulationen, Zeige-Gesten oder das Anklicken von Icons, Pull-Down-Menüs und Scrollbars lassen sich in der Dialog-Historie nur schwer graphisch beschreiben. Ver-

---

[4]Wie schon angedeutet, können sie durch ein permanentes UNDO nach jedem einzelnen Dialogschritt, der nicht zu einem Weitergehen in der Map führte, ersetzt werden - was letztlich aber schon mehr als lästig ist.

kleinerte Abbildungen oder Bildabfolgen sind zu aussageschwach oder könnten zu Mißverständnissen und Mehrdeutigkeiten führen. Reine Kommando-Darstellungen mit absoluten Koordinaten wiederum gehen zu weit und haben bestenfalls bei absoluten Systemspezialisten einen Aussagewert. Natürlichsprachliche Beschreibungen, die ggf. noch mit individuellen Ergänzungen kombiniert werden, erscheinen mir dabei nicht nur als unmittelbar praktikabel, sondern erleichtern deutlich die Referenzierung bei Stornierungsaktionen.

Sowohl die Steuerung des Referenz-UNDO als auch das Aufsuchen von Freezing Points könnte effizient und angemessen funktionieren, wenn natürlichsprachliche Texte die Aktivitäten kurz und prägnant beschreiben, dabei aber als Map-Knoten graphisch-interaktiv veränderbar sind, z.B. durch das Verknüpfen des letzten Dialog-Schritts mit dem referenzierten (Freezing Point) oder durch heraustrennen aus dem Historien-Pfad (UNDO). Komplexe Sequenzen der Dialog-Historie oder schwer darstellbare Dialogschritte sind mit Hilfe natürlicher Sprache zu umschreiben, z.B. "Gruppieren" graphischer Elemente.

5. Zusammenfassung

Explorative Systembenutzung im Zusammenhang mit den beiden Handlungsformen des Experiments und der Erkundung stellen eine Interaktionsform dar, für die rein natürlichsprachliche Oberflächengestaltung - vor allem auf der Seite der Computereingabe - als nicht angemessen erscheint. Ohne Konflikte mit der Metapher der zwischenmenschlichen Kommunikation ist explorierendes Agieren nicht möglich, erst recht nicht unter der Sekundär-Metapher der Technik-Beherrschung und der Forderung nach maximaler Lernförderlichkeit und Schaffung eines benutzerorientierten Dispositionsspielraums.

Natürlichsprachlichkeit kann gleichzeitig auf der Seite der Computerausgabe das Konzept der Exploration unterstützen. Sie kann deskriptive Beschreibungen der Dialog-Historie bzw. spezifischer Passagen daraus liefern und bei der Steuerung von reduzierbaren Systemen und Scenario Machines anwendungsspezifische Trägerfunktionen wahrnehmen. Natürlichsprachlichkeit würde so von Redundanzen und Unangemessenheiten befreit, könnte als Vermittler zwischen Mensch und Computer wirken und zu einer den mentalen Bedürfnissen des Menschen angepaßten Vorgehensweise führen.

6. Literatur

BALZERT 88   Balzert, Helmut, Hrsg., Einführung in die Software-Ergonomie, Verlag Walter de Gruyter, S.215-228, Berlin, New York, 1988

CARRITHERS 84   Carrithers, Caroline; Carroll, John M., Blocking learner error states in a training-wheels system, in: Human Factors / 28(4) 1984, S.377-389, Lawrence Erlbaum Ass., Hillsdale, New Jersey (USA), 1984

CARROLL 82   Carroll, John M., The adventure of getting to know a computer, in: IEEE Transactions on systems, man, and cybernetics (November / Dezember 1982). The Institute of Electrical and Electronics Engineers Inc. (IEEE), Los Alamitos (USA), S.49-58, 1982

CYPHER 86   Cypher, Allen, The structure of users' activities, in: Donald A. Norman, Hrsg., User centered system design, S.243-263, Lawrence Erlbaum Ass., Hillsdale, New Jersey (USA), 1986

FINKE 87   Finke, Elke; Kellermann, Gert; Hein, Werner; Thomas, Christoph, X-AiD: Eine wissensbasierte, anwendungsunabhängige Mensch-Computer-Schnittstelle, in: GMD-Spiegel (Nr.1 / 1987), Gesellschaft für Mathematik und Datenverarbeitung mbH - Institut für angewandte Informationstechnik (F3), Bonn, 1987

FISCHER 84   Fischer, Gerhard; Lemke, Andreas; Schwab, Thomas, Active helpsystems, in: G. van der Veer, Readings on Cognitive Ergonomics - Mind and Computers, Springer-Verlag, S.116-131, Berlin, Heidelberg, New York, 1984

GOLDBERG 84   Goldberg, Adele, Smalltalk-80, The interactive programming environment, Addison-Wesley Publishing Company, London, Amsterdam, Sydney, 1984

GUILFORD 64   Guilford, Joy Paul, Persönlichkeit, Verlag Julius Beltz, Weinheim / Bergstraße, 1964

HAYES 81   Hayes, P.; Reddy, R.; Ball, E.; Breaking the Man-Machine Communication Barrier, in: Computer (March 1981). The Institute of Electrical and Electronics Engineers Inc. (IEEE), S.19-30, Los Alamitos (USA), März 1981

HENSCHEL 87   Henschel, Uta, Wider den tierischen Ernst, in: GEO - Das neue Bild der Erde (Nr.1 / Januar 1987), S.10-28, Verlag Gruner+Jahr AG & Co., Hamburg, 1987

HERCZEG 86   Herczeg, Michael, Eine objektorientierte Architektur für wissensbasierte Benutzerschnittstellen, Dissertation / Institut für Informatik der Universität Stuttgart, Stuttgart, 1986

HERRMANN 86a   Herrmann, Thomas, Zur Gestaltung der Mensch-Computer-
                   Interaktion: Systemerklärung als kommunikatives Pro-
                   blem, Max Niemeyer Verlag, Tübingen, 1986

HERRMANN 86b   Herrmann, Thomas, Intervenierende Benutzung als Para-
                   digma der Mensch-Computer-Interaktion, in: Arno Schulz,
                   Hrsg., Die Zukunft der Informationssysteme. Lehren der
                   80ger Jahre, Springer-Verlag, S.588-597, Berlin, Hei-
                   delberg, New York, 1986

HERRMANN 88   Herrmann, Thomas, Probleme bei der Konstruktion und
                   beim Einsatz von Hilfesystemen, in: Helmut Balzert,
                   Einführung in die Software-Ergonomie, Verlag Walter
                   de Gruyter, S.215-228, Berlin, New York, 1988

HUIZINGA 56   Huizinga, Johan, Homo Ludens, Rowohlt Verlag GmbH,
                   Reinbek bei Hamburg, 1956

KAY 86   Kay, Dana S.; Carroll, John M., Prompting, feedback,
                   and error correction in the design of a scenario ma-
                   chine (Rc 12047 (#54295)), IBM Research Division, Al-
                   maden, Yorktown, Zürich, San Jose, 1986

MILLAR 73   Millar, Susanna, Psychologie des Spiels, Otto Maier
                   Verlag, Ravensburg, 1973

NIEVERGELT 83   Nievergelt, Jürg, Die Gestaltung der Mensch-Maschine-
                   Schnittstelle, in: Ingbert Kupka, Hrsg., GI - 13.
                   Jahrestagung, Informatik-Fachberichte, Springer-Ver-
                   lag, S.41-50, Berlin, Heidelberg, New York, 1983

SCHEUERL 59   Scheuerl, Hans, Das Spiel, Verlag Julius Beltz, Ber-
                   lin, Weinheim, 1959

SUN 84   SUN Mikrosystems, SunWindows Programmers' Guide. SUN
                   Mikrosystems Inc., München, 1984

WAHLSTER 81   Wahlster, Wolfgang, Natürlichsprachliche Argumentation
                   in Dialogsystemen. KI-Verfahren zur Rekonstruktion und
                   Erklärung approximaler Inferenzprozesse, Springer-
                   Verlag, Berlin, Heidelberg, New York, 1981

ZIMMERMANN 82   Zimmermann, Lothar, Computereinsatz: Auswirkungen auf
                   die Arbeit, Rowohlt Taschenbuch Verlag GmbH, Reinbek
                   bei Hamburg, Dezember 1982

Die Ambiguität von 'Multimedialität'

oder: Was bedeutet 'multimediale Interaktion' ?

Dagmar Schmauks
Sonderforschungsbereich 314
FB 10 - Informatik
Universität des Saarlandes
D-6600 Saarbrücken 11
WEST GERMANY
Net: schmauks@sbsvax.uucp

Zusammenfassung

Face-to-face Interaktion ist im Standardfall *multimedial*, denn die sprachlich kodierte Information wird von vielen anderen Kommunikationsmitteln begleitet, z.B. von Intonation, Mimik und Gestik. Multimedial sind ferner alle Kombinationen von Text mit graphischem Material, z.B. Abbildungen, Diagrammen und Karten. In aufgabenorientierten Dialogen sind vor allem diejenigen außersprachlichen Mittel relevant, die sprachliche Informationen ergänzen oder teilweise ersetzen.

Die Vorteile der Multimedialität in natürlichen Kommunikationssituationen motivieren den Wunsch, multimediale Dialogsysteme anzubieten. Technische Voraussetzung hierfür war die Entwicklung einer Vielzahl von Ein- und Ausgabemitteln. Die vorliegende Arbeit unterscheidet verschiedene Arten von Multimedialität und stellt zwei wesentliche Anwendungsbereiche dar: die *multimediale Präsentation von Informationen* und die *multimediale Spezifikation von sichtbaren Diskursobjekten*.

0. Einleitung

Die Entwicklung multimedialer Benutzerschnittstellen ist ein zentrales Anliegen aktueller Forschung im Bereich der Künstlichen Intelligenz. Spezielle Sektionen auf Konferenzen und vergleichbaren Veranstaltungen beschäftigten sich mit diesem Thema, z.B. die Podiumsdiskussion *'Pointing, Language and the Visual World'* auf der IJCAI-87 und die Sektion *'Multimode Communication'* auf dem AAAI-Workshop 1988 'Architectures for Intelligent Interfaces'.

Die Terminologie ist wenig einheitlich, man findet z.B. die Bezeichnungen 'mixed input', 'multimodal communication' und 'multi-media interface technology'. Inhaltlich gesehen geht es immer darum, daß die sprachliche Ein- und Ausgabe durch andere Kommunikationsmittel ergänzt (z.B.

---

[1] Diese Arbeit entstand im Rahmen des von der DFG geförderten SFB 314 (Künstliche Intelligenz und Wissensbasierte Systeme), Teilprojekt N1 (XTRA: Ein natürlichsprachliches Zugangssystem zu Expertensystemen). Ich danke Prof. Dr. Wolfgang Wahlster und meinen Kollegen Jürgen Allgayer, Alfred Kobsa, Norbert Reithinger und Michael Wille für hilfreiche Anmerkungen zu einer Vorversion.

"Zeigen" mittels Cursorbewegungen) oder in einigen Phasen des Dialogs ganz ersetzt wird (z.B. direkte Manipulation graphischer Objekte). Ein Paradebeispiel multimedialer Interaktion ist die Kombination von Sprache und Gesten in natürlichen Dialogen. An diesem Leitbild orientieren sich die Bemühungen um multimediale Mensch-Computer-Interaktion. Sie bildet daher auch den Schwerpunkt der folgenden Ausführungen.

Das erste Kapitel stellt die multimediale Interaktion zwischen Menschen an einigen Beispielen dar. Das Hauptgewicht liegt auf der Frage, welche funktionalen Beziehungen dabei zwischen den verwendeten Kommunikationsmitteln bestehen können. Im zweiten Kapitel wird diskutiert, welche Phänomene dieser Vorbildsituation in die Mensch-Computer-Interaktion integriert werden sollen. Ferner werden die vorhandenen technischen Mittel auf ihr kommunikatives Potential hin untersucht. Das dritte Kapitel schlägt einige Kriterien vor, wie verschiedene Arten von Multimedialität unterschieden werden können. Das abschließende vierte Kapitel stellt wesentliche Anwendungsbereiche multimedialer Interaktion eingehender dar. Neben der multimedialen *Präsentation von Informationen* geht es vor allem um die multimediale *Spezifikation von Diskursobjekten*, deren Vorteile und Probleme anhand des XTRA-Systems (Universität des Saarlandes) aufgezeigt werden.

1. Multimediale Mensch-Mensch-Interaktion

1.1 Beispiele

In face-to-face Interaktionen werden sprachliche Äußerungen im Standardfall von einer Vielzahl anderer Kommunikationsmittel begleitet. Manche davon sind *parasprachlich* (Sprechtempo, Intonation etc.), andere *außersprachlich* bzw. *nonverbal* (Gestik, Mimik, Blickverhalten etc.).

Einige Beispiele sollen belegen, daß die auftretenden Phänomene sehr unterschiedliche Funktion haben. Manche informieren über den Sprecher, z.B. kann die *Mimik* Emotionen ausdrücken und der gewählte *Abstand zum Gesprächspartner* den Grad der Vertrautheit diesem gegenüber. Die *Intonation* kann anzeigen, ob ein Redebeitrag ernst oder ironisch gemeint ist. Die Illustration des Gesprächsinhaltes wird vor allem von *Gesten* geleistet; bei der Beschreibung einer Wendeltreppe etwa treten häufig spiralförmige Bewegungen auf.

Ferner machen Menschen auch in Dialogen von der Möglichkeit Gebrauch, Informationen *graphisch* zu präsentieren. Sie fertigen z.B. Faustskizzen an, um räumliche Relationen zwischen nicht sichtbaren Diskursobjekten darzustellen. Die Frage 'Wo liegt München?' kann z.B. beantwortet werden durch 'Also, wenn DAS [Umrißzeichnen] Deutschland ist, liegt München HIER [Zeigegeste], im Südosten'. Ähnliche Mittel der visuellen Informationspräsentation treten auch in *Texten* auf, z.B. Fotos, Farbmuster, Karten und Diagramme.

Eine Nachricht ist also *multimedial*, wenn sie aus miteinander kombinierten Zeichen besteht, die Elemente verschiedener Zeichensysteme sind. Beispiele sind Text-Graphik-Kombinationen in den Fibeln des Leseunterrichts (a), die Stimme-Ton-Kombination bei der telefonischen Zeitansage (b) und Sprache-Gesten-Kombinationen (c).[2]

---

[2] Thematisiert wird nur multimediale Interaktion mit *einem* Adressaten. Ausgeschlossen ist dadurch z.B. der Fall, daß jemand mit Person A telefoniert und gleichzeitig die anwesende Person B durch Gesten bittet, ihm einen Bleistift zu leihen.

(a) Sabina hat eine schwarze ~~[Maus]~~ .

(b) Beim nächsten Ton ist es 7 Uhr - - - [piep].

(c) DAS [Zeigegeste] ist das Hofbräuhaus.

Die Beispiele sind anhand verschiedener Kriterien klassifizierbar. Im Hinblick auf die beteiligten Rezeptionskanäle treten die Kombinationen visuell-visuell (a), akustisch-akustisch (b) und visuell-akustisch (c) auf. Ferner kann Multimedialität auf unterschiedlichen hierarchischen Ebenen vorliegen, in den Beispielen ist es die *Satzebene*. Bilderrätsel zeigen Multimedialität auf *Wortebene*, z.B. wird das Wort 'Astern' durch die Symbolfolge 'A *' dargestellt. Multimedial auf *Textebene* sind Texte, die mit graphischem Material kombiniert sind.

Durch die Verwendung von Gesten, Graphiken etc. können sprachliche Äußerungen verkürzt und vereinfacht werden. Der Satz 'Der Schlüssel liegt auf dem kleinen roten Tisch links neben dem Fenster' z.B. ist unter bestimmten Bedingungen (vgl. [Schmauks 1986b]) ersetzbar durch 'Der Schlüssel liegt DA [Zeigegeste]'.

Eine multimedial kodierte Information wird nur partiell empfangen, wenn z.B. der Empfänger Wahrnehmungsdefizite hat. Auch können technische Medien einige Zeichentypen eliminieren, z.B. überträgt das Telefon keine nonverbalen Phänomene.

1.2 Funktionale Beziehungen zwischen den Kommunikationsmitteln

Außersprachliche Kommunikationsmittel können in verschiedenen Beziehungen zu sprachlich kodierten Informationen stehen (vgl. [Scherer 1979]). Eine erste Möglichkeit ist die *Substitution*, z.B. kann Nicken die Antwort 'Ja' vollständig ersetzen. In allen anderen Fällen liegen echt multimedial kodierte Informationseinheiten vor. Im Hinblick auf den *Inhalt* einer sprachlichen Äußerung sind vier Funktionen der außersprachlichen Mittel unterscheidbar.

Ein erster Fall ist die *Redundanz:* Eine Information wird in zwei Zeichensystemen kodiert. Ein Beispiel ist die Äußerung 'da links', begleitet von einer Zeigegeste nach links. Trotz inhaltlicher Redundanz ist die doppelte Kodierung nicht funktionslos: die Übertragung wird sicherer und die Dekodierung beschleunigt.

Das umgekehrte Phänomen ist die *Kontradiktion:* Zwei unterschiedlich kodierte Informationen widersprechen einander. Hier sind mehrere Fälle zu unterscheiden. Ironie liegt vor, wenn beide Informationen bewußt gesendet werden, z.B. 'Lecker!' mit angeekeltem Gesichtsausdruck. Die Äußerung 'rechts', begleitet von einer Zeigegeste nach links, beruht eher auf einem Performanzfehler: sprachliche Richtungskategorien wurden verwechselt. Schließlich kann der explizite sprachliche Inhalt von unbewußtem Material überlagert werden, das sich nonverbal manifestiert. Ein Beispiel für diese *Kanaldiskrepanz* ist die Äußerung 'Komm her!', begleitet von einem Wegwenden des Körpers.

Im Falle der *Modifikation* wird zu einer Äußerung nonverbal Stellung bezogen, z.B. kann eine Anordnung durch ein Lächeln "entschärft" werden.

Die interessanteste Möglichkeit für unsere Fragestellung ist die *Komplementarität*, bei der Zeichen(folgen) verschiedener Zeichensysteme einander ergänzen. Einige Beispiele wurden bereits in Kapitel 1.1 angeführt, eine eingehende Darstellung von zwei wichtigen Anwendungsbereichen folgt in Kapitel 4.

2. Multimediale Mensch-Computer-Interaktion

Natürlichsprachliche Ein- und Ausgabe ist ein Schritt, die Interaktion mit dem Computer "natürlicher" und damit leichter erlernbar zu machen. Ein weiterer Schritt in Richtung "Natürlichkeit" besteht darin, einige außersprachliche Kommunikationsmittel mit der natürlichsprachlichen Ein- und Ausgabe zu kombinieren. Die technische Voraussetzung für diesen Übergang zu multimedialer Interaktion war die Entwicklung einer Vielzahl von Ein- und Ausgabemitteln. Der Schwerpunkt liegt im folgenden auf der *Eingabe,* einige spezielle Probleme multimedialer *Ausgabe* werden z.B. in [Schmauks, Reithinger 1988] behandelt.

Zwei Typen von außersprachlichen Kommunikationsmitteln bieten sich zum Einsatz in der Mensch-Computer-Interaktion an: einerseits kommunikative Bewegungen (z.B. Gesten), andererseits graphische Mittel (z.B. Abbildungen). Diese Mittel können sprachliche Interaktion entweder (ganz oder teilweise) ersetzen oder sie ergänzen. Nur im Falle der Ergänzung besteht Multimedialität im engeren Sinn.

2.1 Ersetzung von sprachlicher Interaktion

Es gibt mehrere Alternativen zur Eingabe von freiformuliertem Text, z.B. an bestimmten Stellen eines Dialogs Menüauswahl als "reglementierter Mini-Dialog". Der Benutzer kann aus einer Menge antizipierter Möglichkeiten durch "Zeigen" eine auswählen.[3] Die möglichen Antworten müssen nicht sprachlich kodiert sein, es kommen auch Piktogramme, Farbmuster etc. in Frage.

Das kommunikative Potential von natürlicher Sprache und Menüs ist verschieden. Die Eingabe von freiem Text erlaubt sehr variable Formulierungen, beinhaltet aber stets die Gefahr, daß das System die Eingabe nicht analysieren kann. Menüauswahl hingegen wird immer "verstanden", jedoch kann eine Vorgabe von Antwortmöglichkeiten in manchen Bereichen der Aufgabe nicht angemessen sein.

Bei Aufgaben, in denen die Verständigung normalerweise *ausschließlich* durch nicht-sprachliche Symbole erfolgt, ist diese Strategie auf die Mensch-Computer-Interaktion übertragbar. So könnte man etwa die üblichen Korrekturzeichen auch bei einem auf dem Bildschirm sichtbaren Text verwenden (s. [Wolf, Morrel-Samuels 1987]).

Eine ähnliche Möglichkeit ist die völlige Ersetzung sprachlicher Eingabe durch direkte Manipulation graphischer Objekte. Sie setzt voraus, daß die auf dem Bildschirm sichtbare Graphik (Formular, Karte etc.) der gemeinsame *visuelle Kontext* von Benutzer und System ist. Damit er nicht nur wahrgenommen, sondern auch interpretiert werden kann, muß sein Inhalt intern in geeigneter Weise repräsentiert sein. Jeder visuelle Kontext und jede Aufgabenstellung erfordert spezielle Operationen, z.B. das Positionieren eines graphischen Elementes oder das Zeigen darauf, die Angabe eines Pfads

---

[3] Dies gleicht etwa der Strategie, im Ausland auf vorgegebene Sätze im Wörterbuch zu zeigen.

oder das Spezifizieren einer Quantität. Jede dieser Operationen ist durch verschiedene technische Mittel realisierbar.

Nicht alle Operationen der graphischen Mensch-Computer-Interaktion sind natürlichen Interaktionsformen nachgebildet. So ist zwar das Zeigen auf ein Icon das Analogon zu einer *Geste*, das "Aufnehmen" und Verschieben eines Icons hingegen sind Äquivalente von *Handlungen*. Weitere Aktionen, z.B. das Duplizieren eines Icons oder das Verändern seiner Größe, haben schließlich überhaupt kein Vorbild in Dialogen. Diese letzten Beispiele zeigen, daß "Natürlichkeit" der Interaktion nicht das einzige Qualitätsmerkmal einer Schnittstelle ist. Auch genuin computertechnische Interaktionsformen sind leicht erlernbar und in bestimmten Bereichen sehr effizient.

Ein Beispiel für Eingabe von Gesten ohne Kombination mit Sprache ist das Verwenden eines sog. 'Datenhandschuhs' (*DataGlove*, [Zimmerman et al. 1987]), der eine 3D-Analyse der Handposition ermöglicht. Er erlaubt u.a. das Manipulieren simulierter Objekte auf dem Bildschirm, würde sich aber auch zur Eingabe von Zeigegesten eignen, bei denen das betreffende Objekt nicht berührt wird (vgl. [Wahlster 1988]).

2.2 Ergänzung von sprachlicher Interaktion

Eine weitgehende Übertragung der Mensch-Mensch-Interaktion würde u.a. voraussetzen, daß der Computer dieselbe Menge von Phänomenen wahrnimmt wie ein menschlicher Gesprächspartner. Dieses derzeit noch weit entfernte Ziel ist prinzipiell auf mehreren Wegen erreichbar. Man kann den Computer mit künstlichen "Sinnesorganen" zum *Wahrnehmen realer Phänomene* ausrüsten, z.B. "sieht" ein bildverstehendes System eine visuelle Szene durch eine Kamera. Zur Analyse komplexer nonverbaler Phänomene wie Gestik oder Mimik sind jedoch diese Systeme derzeit nicht leistungsfähig genug. Auch mittels DataGlove (s.o.) kann nur eine Teilmenge der auftretenden Gesten erfaßt werden. Die Alternative besteht darin, einige ausgewählte Phänomene in geeigneter Weise zu *simulieren*. Im folgenden wird nur dieser zweite Ansatz näher ausgeführt. Die Argumentation konzentriert sich auf Gesten und nicht auf die Illustration von Sprache z.B. durch graphisches Material.

Hierbei stellen sich zwei miteinander verbundene Fragen: Welche sprachbegleitenden Kommunikationsmittel sollen simuliert werden, und welche technischen Mittel eignen sich dazu? Der Diskursbereich eines Dialogsystems bedingt, welche nonverbalen Phänomene überhaupt integriert werden sollen. So wäre z.B. die Berücksichtigung von "Verlegenheitsgesten" zwar im Rahmen eines psychologischen Diagnosesystems relevant, während sie bei einem Dialog über Spektogramme keine Rolle spielt. In solchen aufgabenorientierten Dialogen sind vor allem *illustrative Gesten* interessant, die sprachliche Äußerungen ergänzen. Zwei wichtige Teilklassen sind *Zeigegesten*, die auf ein Diskursobjekt hinweisen, und *ikonische Gesten*, die einen Aspekt von ihm (Umriß, Bewegungsweise etc.) abbilden.

Die Menge der integrierbaren nonverbalen Phänomene hängt ferner von der *Modalität der Spracheingabe* ab. Da bei der Eingabe *geschriebener* Sprache die Hände beschäftigt sind, impliziert ihre Kombination mit simulierten Gesten, daß Gesten und Ausdrücke nur *abwechselnd* produziert werden können. "Natürlicher" ist die Eingabe *gesprochener* Sprache, aber selbst hier können nicht alle auftretenden Gesten integriert werden. Ein weiterer Begrenzungsfaktor ist nämlich der Grad an

Bewußtheit, mit dem die fraglichen Gesten ausgeführt werden. Bei Gestentypen, die weitgehend unbewußt produziert werden, ist eine Simulation ausgeschlossen. Hierzu zählen etwa Gesten, die die syntaktische Struktur einer Äußerung akzentuieren oder die Stimmung des Sprechers ausdrücken.

Gut simulierbar mit den derzeit vorfügbaren technischen Mitteln sind vor allem *taktile Gesten*, d.h. solche, bei denen ein Objekt berührt wird. Ein Beispiel sind *taktile Zeigegesten*, die beim Zeigen auf Karten, Formulare, Schaltpläne etc. häufig eingesetzt werden. Das spezielle Aussehen der Zeigegesten hängt u.a. vom jeweiligen visuellen Kontext (s. Kapitel 2.1) ab, dessen Elemente z.B. statisch oder bewegt, einfach oder komplex sind. Im Hinblick auf eine Integration in Dialogsystemen wurden taktile Zeigegesten bisher in folgenden Bereichen genauer untersucht: Zeigeakte auf ein Spielbrett (s. [Hinrichs, Polanyi 1987]), auf eine Landkarte (s. [Neal, Shapiro 1988]) und auf verschiedene Typen von Formularen (s. [Wetzel, Hanne and Hoepelmann 1987] und [Schmauks 1987]).

Eine Simulation taktiler Zeigegesten erfordert, daß das betreffende Objekt auf dem Bildschirm sichtbar und intern repräsentiert ist. Die Eingabe von Zeigegesten ist auf zwei Arten möglich: man kann "natürliche" Gesten auf einem berührungssensitiven Bildschirm ausführen (s. etwa [Pickering 1986]) oder sie durch Bewegungen eines Icons auf dem Bildschirm simulieren (vgl. Kapitel 4.2).

3. Verschiedene Typen multimedialer Mensch-Computer-Interaktion

Der Ausdruck 'multimediale Mensch-Computer-Interaktion' bezeichnet eine Vielzahl sehr heterogener Phänomene. Eine Differenzierung verschiedener Typen von Multimedialität ist aufgrund mehrerer Einteilungskriterien möglich.

Falls eine echte *Simulation* von face-to-face Interaktion beabsichtigt ist, sollten die angebotenen Eingabemittel ihren Vorbildern möglichst ähnlich sein. Die auf einem berührungssensitiven Bildschirm ausgeführten Gesten sind z.B. "natürlicher" als die durch Cursorbewegungen simulierten. In einem *Performanzansatz* hingegen geht es lediglich um die Funktionalität der verwendeten Interaktionsformen. Die Mittel selbst, z.B. das Invertieren eines Objektes zum Zwecke seiner visuellen Hervorhebung, haben nicht notwendigerweise ein natürliches Vorbild.

Die verwendeten außersprachlichen Mittel können eine sprachliche Interaktion entweder durchgehend ersetzen, partiell ersetzen oder ergänzen. Bei völliger Ersetzung von Sprache wird deren Funktion von anderen Mitteln übernommen. Eine Eingabe von Gesten ohne begleitende Sprache ist z.B. mit dem *DataGlove* möglich. Bei Menüauswahl ersetzen die Zeigeakte des Benutzers Sprache partiell. Ergänzung sprachlich kodierter Information liegt z.B. vor, wenn Beschreibungen mit (simulierten) Zeigegesten kombiniert werden können.

Verschiedene Kommunikationsmittel können gleichwertige *Alternativen* darstellen. Die Benutzeranfrage 'Wie sieht ein Fliegenpilz aus?' ist z.B. durch eine sprachliche Beschreibung, die Präsentation einer Abbildung oder eine Kombination beider Mittel beantwortbar. Einige Mittel hingegen sind nur in *Kombination* mit anderen informativ, z.B. bedürfen bestimmte demonstrative Ausdrücke (z.B. 'da' und 'dies') der Ergänzung durch eine Zeigegeste.

Multimedialität kann auf unterschiedlichen hierarchischen Ebenen realisiert sein. Auf *Äußerungsebene* multimedial sind z.B. Kombinationen von referentiellen Ausdrücken und Zeigegesten. Häufig sind Kombinationen mit Graphiken etc. auf *Dialogbeitragsebene*. Multimedialität nur auf der *Dialogebene* selbst liegt vor, wenn die beiden Teilnehmer unterschiedliche Kommunikationsmittel zur Verfügung haben, wenn z.b. sprachlich formulierte Anfragen des Benutzers stets mit dem Präsentieren von graphischem oder anderem visuellen Material beantwortet werden.

Dies leitet über zur Frage nach der Beziehung zwischen Ein- und Ausgabemitteln, denn multimediale Eingabe impliziert noch keine multimediale Ausgabe. Ein unterschiedliches kommunikatives Potential liegt z.B. vor, wenn zwar der Benutzer zeigen kann, das System aber nicht. Das gleiche kommunikative Potential kann gleich realisiert sein, z.B. Zeigegesten in Ein- und Ausgabe durch Cursorbewegungen. Unterschiedliche Realisierung liegt demgegenüber vor, wenn Eingabe von Zeigegesten auf einem berührungssensitiven Bildschirm erfolgt, in der Ausgabe statt dessen das Referenzobjekt z.B. umrahmt oder invertiert wird.

4. Zwei Anwendungsgebiete multimedialer Interaktion und einige Probleme

In aufgabenorientierten Dialogen wird oft Bezug auf Objekte genommen, die für die Dialogpartner nicht sichtbar sind. Die Verständigung über diese Objekte wird erheblich erleichtert, wenn man sie durch Abbildungen etc. visuell präsentiert oder Aspekte von ihnen durch ikonische Gesten darstelllt. Eine andere Möglichkeit ist, daß sichtbare Objekte durch die Kombination von Zeigegeste und Sprache spezifiziert werden.

4.1 Präsentation von Diskursobjekten

Die multimediale *Präsentation von Informationen* ist ein gängiges didaktisches Prinzip vom *orbis pictus* bis zur *multimedia show*. Der Hauptgrund besteht darin, daß durch die Kombination von Mitteln (z.B. von Text mit Abbildungen) die Begrenzungen überwunden werden, die jedes Mittel alleine hat. Viele Fakten (z.B. komplizierte räumliche Beziehungen und Objektdetails) sind *rein verbal* nur unzureichend darstellbar. Andererseits können *Abbildungen alleine* nur Objekteigenschaften darstellen, die unmittelbar wahrnehmbar und statisch sind. Die "Aufgabenteilung" zwischen Text und Abbildung ist z.B. an einem Lexikonartikel über eine bestimmte Tierart aufweisbar. Multimedial ist hier ein komplexes *Objekt*, nämlich der ganze Artikel, dessen Elemente teils textueller, teils graphischer Art sind. Der *Text* informiert über abstraktere Fakten, z.B. Lebensdauer und Verhalten des Tieres, die *Abbildung* über einige sichtbare Eigenschaften, z.B. Gestalt, Färbung und relative Größe. Vergleichbares gilt für Text-Graphik-Kombinationen, z.B. Tabellen, Diagramme, Netzwerke und Flußdiagramme.

Ein ergonomisches Argument für multimediale Informationspräsentation ist die begrenzte Aufnahmekapazität der menschlichen Wahrnehmung. Wir können jeweils nur ca. sieben gleich kodierte Informationseinheiten im Kurzzeitgedächtnis präsent halten. Die Kombination mehrerer Mittel steigert diese Aufnahmefähigkeit. Ferner motiviert sie den Adressaten stärker und macht die Informationsentnahme abwechslungsreicher (vgl. etwa [Ballstaedt et al. 1981]).

Ein Anwendungsbeispiel ist das von [Brennan 1988] vorgestellte System, das Fragen über Bilder Van Goghs beantwortet. Seine Multimedialität besteht darin, daß die jeweils vom System erwähnten Bilder nicht nur namentlich genannt, sondern gleichzeitig per Dia projiziert werden. Auf das aktuelle Bild ist jeweils Referenz mit 'this' möglich.

Die Strategie, aktuelle Diskursobjekte "sichtbar zu machen", ist für den Benutzer nicht nur dann außerordentlich informativ, wenn die Diskursobjekte visueller Art sind. Auch bei abstrakten Zusammenhängen ist eine Visualisierung durch Diagramme etc. aus didaktischen Gründen empfehlenswert. Die Nahrungsketten in einem Ökosystem sind z.B. durch ein Schaubild ("Nahrungspyramide") einprägsamer darstellbar als durch bloße Auflistungen.

Objekte können auch nur hinsichtlich einiger ihrer Aspekte (Form, Farbe, Bewegungsweise etc.) repräsentiert werden. Hierzu eignen sich Skizzen, aber auch ikonische Gesten, mit denen z.B. beim Bestimmen einer Pflanzenart das Aussehen des Blattrandes dargestellt wird. Eine Integration derartiger Gesten in ein Dialogsystem ist möglich, wenn der Benutzer die Gesten auf dem Bildschirm ausführen und das System sie interpretieren kann. Die (möglicherweise unbekannten) Fachtermini 'gezahnt', 'gesägt' etc. sind dann durch Detailskizzen ersetzbar.

4.2 Spezifikation von Diskursobjekten

Ein zweiter Anwendungsbereich ist das multimediale *Spezifizieren von Diskursobjekten*. Hierbei wird nicht wie in 4.1 ein nicht sichtbares Objekte dargestellt, sondern die Aufmerksamkeit des Adressaten wird auf ein sichtbares Element des visuellen Kontextes gelenkt. Multimedial sind hier also die *Referenzmittel*. In Dialogen können Objekte durch die Kombination von sprachlichen Ausdrücken und Zeigegesten spezifiziert werden, z.B. 'Ich möchte ein Kilo von DIESEN ÄPFELN [Zeigegeste]'. Im Regelfall wird das betreffende Objekt von der Geste lokalisiert und sprachlich kategorisiert. Das Analogon in geschriebenen Texten ist die Kombination von Ausdrücken mit Pfeilen oder Indizes. Der wesentliche Vorteil hier ist die Vereinfachung und Beschleunigung der auftretenden Referenzprozesse bei Sender und Empfänger.

Ein Beispiel ist das System XTRA (s. [Kobsa et al. 1986], [Allgayer et al., forthcoming]). Es handelt sich um ein natürlichsprachliches Zugangssystem zu Expertensystemen, das in seiner derzeitigen Domäne dem Benutzer beim Ausfüllen eines Steuerformulars assistiert. Der visuelle Kontext ist das auf dem Bildschirm sichtbare Formular. Seine Elemente sind nicht nur rein sprachlich, sondern auch durch Kombinationen von referentiellen Ausdrücken und simulierten Zeigegesten spezifizierbar. Empirische Untersuchungen waren nötig, um die auftretenden Zeigegesten zu klassifizieren und Strategien für ihre Simulation zu gewinnen [Wille 1988]. Die Komponente TACTILUS ermöglicht die Eingabe simulierter Zeigegesten und analysiert diese Gesten [Allgayer 1986]. Auch in der Ausgabe können Ausdrücke unter bestimmten Voraussetzungen von Zeigegesten begleitet werden, die von der Komponente ZORA generiert werden.[4]

Zeigen in XTRA simuliert natürliche Gesten hinsichtlich mehrerer Aspekte. Durch verschiedene Icons (Hand mit Bleistift vs. Zeigefinger) sind verschieden feine Gesten möglich. Ferner können auch komplexere Gesten auftreten, bei denen z.B. ein größerer Bereich umfahren wird. Schließlich ist die Interpretation einer Geste vom Kontext abhängig, da gleich aussehende Gesten auf unterschiedliche Objekte (z.B. Feld vs. aktueller Eintrag) referieren können. Diese Vorgehensweise berücksichtigt, daß bei Zeigehandlungen oft eine sehr komplizierte Beziehung zwischen Geste, Sprache und visuellem Kontext besteht.

---

[4] ZORA ist Teil der Generierungskomponente POPEL (s. [Reithinger 1988]) und wird derzeit von J. Jung, A. Kresse und R. Schäfer ausgearbeitet und implementiert.

In einigen Arbeiten wird das Zeigen auf ein Objekt als sehr simples Phänomen gesehen, welches eindeutige Referenz erlaubt und also eine vollwertige Alternative zur Verwendung von Eigennamen und Kennzeichnungen darstellt. Ein Beispiel für diese Ansicht findet sich bei [Neal, Shapiro 1988:78]: Auf Ronald Reagan kann referiert werden, indem man z.B. auf sein Foto zeigt. Diese Darstellung klammert aus, daß Zeigegesten ohne begleitende sprachliche Äußerung aus der Perspektive des Empfängers immer ambig sind. In diesem Beispiel wäre z.B. ohne weitere Informationen nicht entscheidbar, ob die fotografierte Person gemeint ist oder ihr Foto. Andere Ambiguitäten des Zeigens treten auf, wenn zwischen möglichen Referenzobjekten Teil-Ganzes-Beziehungen bestehen. So legt z.B. erst die sprachliche Information fest, ob ein einzelner Baum oder der ganze Wald spezifiziert werden soll. Ferner kann beim Zeigen auf ein Objekt auch nur ein Aspekt von ihm gemeint sein, z.B. seine Größe, Farbe oder Form. Es ist z.B. möglich, auf ein Kind zu zeigen und dabei zu sagen 'So groß ist Peter auch schon'. Schließlich treten in bestimmten situativen Kontexten noch beabsichtigte Verschiebungen der Geste auf, denn Menschen zeigen oft *unter* oder *neben* das gemeinte Objekt (z.B. eine Zeile in einer Speisekarte), um dieses nicht zu verdecken.

Normalerweise disambiguiert die begleitende sprachliche Äußerung zwischen den vorhandenen Möglichkeiten. Wenn man versucht, die auftretenden Ambiguitäten durch Einführung von Konventionen zu lösen (z.B.: die Geste spezifiziert immer das *kleinste* mögliche Objekt bzw. immer das *Original einer Abbildung)*, geht die Kontextabhängigkeit des Zeigens verloren. Wenn man also natürliche Sprache durch Zeigegesten ergänzen möchte, scheint es sinnvoll, deren großes kommunikatives Potential durch geeignete Simulation beizubehalten.

Literatur

Allgayer, J. (1986): Eine Graphikkomponente zur Integration von Zeigehandlungen in natürlichsprachliche KI-Systeme. Proceedings der 16. GI-Jahrestagung. Berlin etc.: Springer, 284-298.

Allgayer, J., K. Harbusch, A. Kobsa, C. Reddig, N. Reithinger, D. Schmauks (forthcoming): XTRA: A Natural-Language Access System to Expert Systems. International Journal of Man-Machine Studies.

Ballstaedt, S.-P., H. Mandl, W. Schnotz, S.-O. Tergan (1981): Texte verstehen, Texte gestalten. München etc.: Urban und Schwarzenberg.

Brennan, S.E. (1988): The Multimedia Articulation of Answers in a Natural Language Database Query System. Proceedings of the 2nd Conference on Applied Natural Language Processing, Austin, Texas, USA, 1-8.

Hinrichs, E. and L. Polanyi (1987): Pointing The Way: A Unified Treatment Of Referential Gesture In Interactive Discourse. Papers from the Parasession on Pragmatics and Grammatical Theory at the 22nd Regional Meeting, Chicago Linguistic Society, Chicago, 298-314.

Kobsa, A., J. Allgayer, C. Reddig, N. Reithinger, D. Schmauks, K. Harbusch and W. Wahlster (1986): Combining Deictic Gestures and Natural Language for Referent Identification. Proceedings of the 11th International Conference on Computational Linguistics, Bonn, West Germany, 356-361.

Neal, J.G. and S.C. Shapiro (1988): Intelligent Multi-Media Interface Technology. To appear in: Sullivan, J.W. and S.W. Tyler, eds.: Architectures for Intelligent Interfaces: Elements and Prototypes. Reading: Addison Wesley.

Pickering, J.A. (1986): Touch-sensitive screens: the technologies and their application. International Journal of Man-Machine Studies 25, 249-269.

Reithinger, N. (1988): POPEL – A Parallel and Incremental Natural Language Generation System. Paper presented at the 4th International Workshop on Natural Language Generation, Santa Catalina Island. Forthcoming.

Scherer, K.R. (1979): Die Funktionen des nonverbalen Verhaltens im Gespräch. In: Scherer/Wallbott (Hrsg.): Nonverbale Kommunikation. Weinheim etc.: Beltz.

Schmauks, D. (1986a): Formulardeixis und ihre Simulation auf dem Bildschirm. Ein Überblick aus linguistischer Sicht. Memo Nr.4, SFB 314, FB Informatik, Universität Saarbrücken. Auch in: *Conceptus* 55 (1988), 83-102.

Schmauks, D. (1986b): Form und Funktion von Zeigegesten. Ein interdisziplinärer Überblick. Bericht Nr. 10, SFB 314, FB Informatik, Universität Saarbrücken.

Schmauks, D. (1987): Natural and Simulated Pointing. Proceedings of the 3rd European ACL Conference, Kopenhagen, Danmark, 179-185. Auch als: Bericht Nr. 16, SFB 314, FB Informatik, Universität Saarbrücken.

Schmauks, D. and N. Reithinger (1988): Generating Multimodal Output – Conditions, Advantages and Problems. Proceedings of the 12th International Conference on Computational Linguistics, Budapest, Hungary, 584-588. Auch als: Bericht Nr. 29, SFB 314, FB Informatik, Universität Saarbrücken.

Wahlster, W. (1988): User and Discourse Models for Multimodal Communication. To appear in: Sullivan, J.W. and S.W. Tyler, eds.: Architectures for Intelligent Interfaces: Elements and Prototypes. Reading: Addison Wesley. Auch als: Bericht Nr. 37, SFB 314, FB Informatik, Universität Saarbrücken.

Wetzel, R.P., K.H. Hanne and J.P. Hoepelmann (1987): DIS-QUE: Deictic Interaction System-Query Environment. LOKI Report KR-GR 5.3/KR-NL 5, FhG, IAO, Stuttgart.

Wille, M. (1988): Evaluation und Ausbau einer Analysekomponente für Zeigegesten. Diplomarbeit, FB Informatik, Universität Saarbrücken.

Wolf, C.G. and P. Morrel-Samuels (1987): The use of hand-drawn gestures for text editing. International Journal of Man-Machine Studies 27, 91-102.

Zimmerman, T.G., J. Lanier, C. Blanchard, S. Bryson and Y. Harvill (1987): A Hand Gesture Interface Device. Proceedings CHI'87 Human Factors in Computing Systems, ACM, New York, 189-192.

Goethe: Ein kontext-sensitives Beratungssystem für UNIX

Ralf Kese, Frank Oemig
TA Triumph-Adler AG
Research/ EF11
Hundingstr. 11b
D-8500 Nürnberg

Einleitung

Ziel des Projektes, an dem außer der TA Triumph-Adler AG (Nürnberg, D) noch das Olivetti AI Center (Ivrea, I) und das Tecsiel AI Lab (Rom, I) beteiligt sind, ist ein Beratungssystem für den Umgang mit dem Betriebssystem UNIX, das mit dem Benutzer in dessen Muttersprache kommuniziert. Die Beratungsdialoge betreffen Fragen, die auf die Lösung von Problemen ('Wie-Fragen'), auf die Erklärung eines unerwarteten Ergebnisses ('Warum-Fragen'), auf die Diagnose des Mißlingens ('Warum-Nicht-Fragen') einer Benutzeraktion oder auf die Erklärung eines UNIX-Konzeptes ('Was- (Ist-)Fragen') abzielen. Zur Beantwortung bedient sich das System mehrerer spezialisierter Komponenten, die statisches Systemwissen und dynamisches Kontextwissen bereitstellen bzw. auswerten. Hinsichtlich dieses Wissens, insbesondere des dynamischen Kontextwissens, sowie durch einige architektonische Besonderheiten unterscheidet sich GOETHE von Systemen wie dem UNIX Consultant, SINIX Consultant oder AQUA.

Wissensbasis

Das Systemwissen besteht aus Informationen darüber, welche Aktionen ein Benutzer in UNIX ausführen kann: Diese Wissensbasis enthält Angaben darüber, welche Ziele mit einem bestimmten Programm und einer oder mehreren Optionen/ Parametern verfolgt werden können (z.B.: Erzeugung einer Datei, Löschen eines Verzeichnisses oder Anzeige des Besitzers einer Datei). Damit eine kontextabhängige Beratung erfolgen kann, muß außerdem repräsentiert sein, unter welchen Bedingungen die Ausführung eines Programmes scheitern kann und welche Fehlermeldungen daraufhin ausgegeben werden: Sollte eine Anfrage an das System gerichtet worden sein, die konkrete Benutzerintentionen spezifiziert (z.B. das Umbenennen einer bestimmten Datei), so sind diejenigen Vorbedingungen zu prüfen, die eine korrekte Ausführung des Programms ermöglichen (z.B., daß der Benutzer der Eigentümer der angegebenen Datei ist). Sobald die Vorbedingungen verifiziert worden sind und nachdem klar ist, welche Programmteile (Parameter und Optionen) bei der Antwort berücksichtigt werden müssen, werden diese gemäß ihrer Syntax aufgebaut und dem Antwortgenerator zur Transformation in die natürliche Sprache übergeben.

Für die interne Wissensrepräsentation wird ein Frame-System verwendet, weil damit alle Eigenschaften von Programmen einheitlich beschrieben und die Programme selbst semantisch in einer Hierarchie zusammengefaßt werden können. Ein solcher 'Programm-Frame' besteht aus mehreren Slots, die jeweils eine bestimmte Art von Informationen (z.B. Parameter/ Optionen, Ziele, Vorbedingungen, Fehlermeldungen und Syntax) bereitstellen bzw. Verweise auf andere Frames innerhalb der Hierarchie enthalten.

Für die Verwaltung der Frames wurde auf entsprechende Module ('Knowledge-Base Manager') aus dem ESPRIT-I Projekt P393, ACORD, zurückgegriffen [HEYER et al 1988].

Ausschnitt aus dem Programmframe für 'ls' in einer vereinfachten Darstellung:

Slotname:	Inhalt:
Name:	ls
Typ:	individuell(es Programm)
Zugehörigkeit:	Programme, die etwas auf dem Bildschirm ausgeben
Komponenten:	a-Option, l-Option, g-Option, ..
Ziel:	[action(transfer), [source-object(directory), attr(name,_)], [target-object(device), attr(name,screen)], attr(contents,_)]
	(Transfer des Inhalts eines Verzeichnisses auf den Bildschirm)
Syntax:	sequence (ls, set_of (sequence (' ', '-', some_of (a, l, g))), set_of (sequence (' ', filename)))
	(Angabe einer entsprechenden Vorschrift zur Generierung bzw. Analyse eines Programmaufrufes)
Fehlermeldung/ Vorbedingung:	kann das Verzeichnis nicht lesen/ keine Leserechte auf dieses Verzeichnis

Im Kontextwissen ist die aktuelle Situation der USER-UNIX-Interaktion repräsentiert. Gemäß der Architektur ist das System in zwei Aktions-Modi (s. Anhang: Aktions-Modi) aufgeteilt: einen 'Interaktionsmodus', in dem der Benutzer Aktionen unter UNIX ausführen kann, und einen 'Beratungsmodus', in dem er Fragen an das System stellen kann. Alle Aktionen, die der Benutzer in UNIX auszuführen versucht, werden zusammen mit den Fehlermeldungen dem System im Beratungsmodus als Kontextwissen zur Verfügung gestellt.

Das System 'beobachtet' alle Aktionen des Benutzers, um dessen Fragen adäquat beantworten zu können. Der dafür zentrale Programmteil ist die sogenannte Protokoll-Komponente ('Background Protocol Manager'), die alle USER-UNIX-Interaktionen mitprotokolliert. Letzteres geschieht durch einen 'script'-ähnlichen Hintergrund-Prozeß, der dem Benutzer durch eine Subshell eine UNIX-Umgebung zur Verfügung stellt, in der alle Benutzereingaben und Systemausgaben untersucht werden. Damit die Protokoll-Komponente Benutzereingaben von Systemausgaben unterscheiden kann, ist ein spezielles Promptsymbol erforderlich, das eindeutig ist und innerhalb der Systemausgaben leicht wiedererkannt werden kann. Der Rest der Zeile, in der dieses Promptsymbol vorkommt, wird dann als Kommandoeingabe interpretiert. Da ein Programm evtl.

sehr lange Ausgaben erzeugt, Fehlermeldungen aber immer als erstes ausgegeben werden, werden maximal die nächsten drei Zeilen als dazugehörige 'Fehlermeldung' aufgefaßt und beide dann als Kontextwissen abgespeichert. Damit stellt die Protokoll-Komponente anderen Programmkomponenten (speziell der Why- und Why-not-Komponente) eine erweiterte 'History' zur Verfügung.

Systemarchitektur

Die verschiedenen Fragen werden durch einen DYPAR-ähnlichen Parser in ihre semantische Repräsentation übersetzt, wobei Ambiguitäten ggf. durch Nachfrage beim Benutzer aufgelöst werden. Im Anschluß daran wird die übersetzte Frage an diejenige Inferenzmethode weitergeleitet, die auf die Beantwortung dieses Fragetyps ('Wie', 'Warum', 'Warum-Nicht' oder 'Was-Ist') spezialisiert ist. Schließlich wird die interne Repräsentation der Antwort durch die Antwortgenerierungs-Komponente in die natürliche Sprache zurückübersetzt. (s.Anhang: Systemarchitektur)

Das System stellt verschiedene Inferenzmethoden bereit, die auf Fragen sowohl nach konkreten Aktionen als auch nach UNIX-Begriffen abzielen:

Die How-Komponente beantwortet 'Wie-Fragen', d.h. sie sucht aus der (statischen) Wissensbasis ein Programm, das das in der Anfrage gegebene Ziel erreicht, mit den dazugehörigen Optionen und Parametern heraus und konstruiert dann gemäß der Syntax den korrekten Programmaufruf. Dieses Heraussuchen geschieht durch eine spezielle Funktion ('Matcher'), die zwei semantische Repräsentationen direkt miteinander vergleichen und entscheiden kann, ob diese 'äquivalent' sind. Des weiteren wird anhand einzelner diesem Programm zugeordneter Vorbedingungen überprüft, ob die soeben erstellte Programmsequenz überhaupt ausführbar ist, ob also alle Vorbedingungen erfüllt sind.

Die Why-not-Komponente leitet ähnlich wie die How-Komponente aus dem indirekt in der Anfrage angegebenen Ziel eine Programmsequenz her, die der Benutzer hätte eingeben müssen. (Z.B.: "Warum hast Du die Datei x nicht gelöscht?" --> "Wie kann ich die Datei x löschen?" --> "rm x".) Dann wird eine Programmsequenz in der History gesucht, die der soeben generierten am ähnlichsten ist. Anschließend liefert der Vergleich des korrekten Programms mit dem tatsächlich aufgerufenen die Antwort auf die gestellte Frage: Im einfachen Fall ist eine falsche Programmausführung auf eine falsche Verwendung einer Option oder eine falsche Parameterreihenfolge zurückzuführen, worauf ggf. durch eine entsprechende Fehlermeldung (z.B. "usage: ...") hingewiesen wird. Im komplexeren Fall ist eine zur erfolgreichen Progammausführung notwendige Vorbedingung nicht erfüllt (z.B. ist bei dem Aufruf "rm x" mit der Fehlermeldung "Permission denied" das Schreibrecht für das betreffende Verzeichnis nicht gegeben), was wiederum als Wie-Frage an das System aufgefaßt wird, nämlich als Frage danach, wie die Gültigkeit dieser Vorbedingung hergestellt werden kann (in unserem Fall, wie das Schreibrecht für den Benutzer für das Verzeichnis, in dem sich die Datei "x" befindet, gesetzt werden kann). Diese Rekursion bricht sehr schnell bei einfachen Tatsachen/ Vorbedingungen ab, wenn diese nicht erfüllbar sind (im Beispiel wird der Benutzer darauf hingewiesen, daß er, sofern er nicht der Eigentümer der Datei ist, die Schreibrechte auch nicht ändern kann). GOETHE kann die Fehlermeldungen des Systems soweit auswerten, um zu entscheiden, ob schon der Programmaufruf inkorrekt oder 'nur' eine Vorbedingung nicht erfüllt war. Des weiteren kann GOETHE bei einer nicht erfüllten Vorbedingung herausfinden, welche Aktionen getätigt werden müssen, damit das ursprüngliche Programm erfolgreich ausgeführt werden kann.

Die Why-Komponente versucht, ein(e) Programm(folge) im Protokoll zu finden, das (die) ein in der

Frage implizit angegebenes Ziel erreichen kann. Warum-Fragen zielen auf solche Programme ab, mit denen der Benutzer verschiedene Ziele erreichen und daher ggf. unbeabsichtigte Nebeneffekte auslösen kann. Als Antwort wird das gefundene Programm mit einer Erklärung aller Ziele/ Nebeneffekte ausgegeben.

Beispielsweise kann das System auf die Frage, warum es die Schreibrechte für die Dateien ausgegeben hat, wenn 'ls -l' mit dem Hintergedanken benutzt wurde, die Eigentümer der Dateien im aktuellen Verzeichnis auszugeben, antworten, daß mit 'ls -l' sowohl die Eigentümer, die Dateigrößen, die Schreibrechte als auch die Daten der letzten Änderungen für die Dateien im aktuellen Verzeichnis aufgelistet werden.

Die What(-is)-Komponente soll vorgefertigte Texte heraussuchen und aufbereiten, die jeweils eine Erklärung eines UNIX-Konzeptes (z.B. 'Programm', 'Kommando', 'Option', ..) bereitstellen.

Vergleich mit anderen Systemen

Zum Vergleich mit dem GOETHE-System sei kurz auf drei sehr bekannte Vorbilder eingegangen, den UNIX Consultant (UC, University of Berkeley), den SINIX Consultant (SC, Universität des Saarlandes) und AQUA (an intelligent UNIX advisor, University of California):

Der **UNIX Consultant** [WILENSKY et al 1984] ist ein natürlichsprachliches Hilfesystem, das den Benutzer beim Umgang mit UNIX berät. Die Benutzer können dabei Fragen stellen, die Kommandonamen und -formate, UNIX-Definitionen und fehlerhafte Programmaufrufe betreffen. Das System selbst besteht aus folgenden Komponenten: einem 'language analyzer' und 'generator', einem 'context and memory model', einem 'experimental common-sense planner', einer 'highly extensible knowledge base' für UNIX und für die englische Sprache, einer 'goal analysis'-Komponente und einer Komponente zur Akquisition neuen Wissens durch Instruktion in englischer Sprache.

Besondere Schwerpunkte beim **UNIX Consultant** sind die natürlichsprachliche Schnittstelle und die Analyse von Phrasen, d.h. der Benutzer muß dem System zuerst 'erzählen', welche Aktionen er unternommen hat und welche Systemreaktionen daraufhin erfolgt sind, bevor eine entsprechende Frage an das System gerichtet werden kann. Ein derartiges Vorgehen kostet viel Rechenzeit (ca. 0,2 CPU Sekunden allein zum Parsen eines Wortes) und ist zudem nicht sonderlich präzise, da eine korrekte Antwort von einer korrekt wiedergegebenen 'Story' abhängt.

In dem GOETHE-System hingegen ist die Eingabe längerer Sätze überflüssig, da die Protokoll-Komponente bereits über Wissen zur Vorgeschichte verfügt. Der Benutzer muß lediglich eine kurze Frage eingeben, wodurch der Parsing-Aufwand erheblich reduziert wird.

Der **SINIX Consultant** [WAHLSTER et al 1988, KEMKE 1985] ist als "interaktives System mit gemischter Initiative, in dem die Dialoginitiative wechselweise vom Benutzer oder vom System ausgehen kann," konzipiert, um dem Benutzer sofort Hinweise auf bessere (effizientere) Befehlsfolgen geben zu können, d.h. der SC gewährleistet aktive Hilfe. Zu diesem Zweck wird jeder Befehl zuerst durch ein Filtermodul untersucht, das eine natürlichsprachliche Anfrage an die Komponenten des Dialogsystems und Kommandoeingaben sowohl an das Planberatungssystem und als auch zur Ausführung an das SINIX-System weiterleitet. Sollte eine Befehlsfolge durch ein einzelnes Programm abgedeckt werden können, so wird dies anhand eines Planes erkannt und dem Benutzer mitgeteilt. "Dazu stehen dem Planerkenner Planpakete zur Verfügung, die aus suboptimalen und den dazugehörigen optimalen Plänen bestehen." Die Weitergabe des Kommandos an das Betriebssystem SINIX erfordert eine Aufarbeitung (Erkennung von alias-, history-, set-, und cd-Befehlen) durch das Filtermodul, das einer normalen Shell nachempfunden ist. Die Antwortformulierung gibt dann abschließend das Endergebnis des Verarbeitungsprozesses unter Berücksichtigung des im individuellen Benutzermodell gespeicherten SINIX-Wissen des Benutzers aus.

Diese Architektur bedingt, daß Fehlermeldungen des UNIX-Systems zwar auf dem Bildschirm dargestellt, jedoch nicht an das Hilfesystem zurückgegeben (gemeldet) werden und daher nicht für eine kontextabhängige Hilfeleistung, welche gerade im Falle eines Programmfehlers wichtig wäre, genutzt werden können.

Im Gegensatz dazu ist das GOETHE-System so konzipiert, daß dem Beratungssystem durch die Protokoll-Komponente alle Systemausgaben zur Verfügung stehen.

AQUA [QUILICI et al 1986] ist ein Programm, das natürlichsprachliche Beschreibungen von Problemen ("story understanding") mit dem UNIX Betriebssystem zu Erklärungen und Vorschlägen zur Lösung dieser Probleme aufbereitet. Dazu generiert AQUA ein intentionales Modell dieses Problems und vergleicht dieses mit bereits gelösten Problemen spezieller Problemklassen und Heuristiken ("expert system"):

AQUA besteht aus mehreren Komponenten: (a) einem Parser, der aus einer englischsprachlichen Problembeschreibung eine geeignete konzeptuelle Repräsentation macht, (b) einem dynamischen Speicher, der AQUA's Planungswissen beinhaltet (bereits erstellte Pläne und die dazugehörigen Auswertungen, sowie Generalisierungen dieser Pläne), (c) einer Komponente, die basierend auf dem klassifizierten Problem einen geeigneten Ratschlag auswählt und für die Ausgabe aufbereitet, und (d) einem Planer, der aus alten Plänen mit Hilfe von Heuristiken neue Pläne generiert. Die Klassifizierung eines Problems geschieht durch einen Vergleich der eingegebenen Problembeschreibung mit Plänen, an die sich das System erinnern kann (dynamischer Speicher), wobei es die Unterschiede zwischen verschiedenen Problemklassen ausnutzt. Danach wird ein Ratschlag mit Hilfe einer jeder einzelnen Problemklasse zugeordneten Menge von Heuristiken generiert.

Ähnlich dem UNIX Consultant ist AQUA auf die Eingabe einer ausführlichen Problembeschreibung angewiesen. Darüber hinaus kann AQUA Hypothesen des Benutzers über eine mögliche Fehlerursache auswerten und entsprechend kommentieren. AQUA ist jedoch nicht in der Lage, Fehlermeldungen des Systems direkt zu verarbeiten, ohne daß der Benutzer diese noch einmal eingibt.

Beispiele

Um die obigen Ausführungen näher zu verdeutlichen, seien die folgenden fünf Beispielanfragen mit den dazugehörigen vom System berechneten Antworten angegeben:

1) allgemeine Wie-Frage:

> Frage: How can I delete a file?

> Antwort: use the command: 'rm *<filename>*'

2) Wie-Frage mit Vorgabe eines Dateinamens:

> Frage: How can I delete file xyz?

> Antwort: use the command: 'rm xyz'

3) kompliziertere Wie-Frage:

> Frage: How can I change the groupname of a file
> beginning with abc to groupname xyz?
>
> Antwort: use the command: 'chgrp xyz abc*'

4) Wer-Frage, die auf eine Wie-Frage zurückgeführt wird:

> Frage: Who is the owner of file xy?
>
> Antwort: use the command: 'ls -l xy'

5) Warum-nicht-Frage, die sich auf eine bestimmte History bezieht:

> History: ls -l xy / dazugehörige Fehlermeldung
>
> cat xy / dazugehörige Fehlermeldung
>
> Frage: Why didn't you list the groupname of file xy?
>
> Antwort: the command was -- > ls -l xy < --
>
> the user didn't use the g-option
>
> the user used the program name ls
>
> the user used the l-option
>
> the user should use the command -- > ls -lg xy < --

Stand der Implementierung

Zum gegenwärtigen Zeitpunkt (Nov. 1988) ist ein erster in Quintus-PROLOG und C implementierter Prototyp lauffähig, der einfache Wie-Fragen und einige Warum-Nicht-Fragen beantworten kann. Das Systemwissen umfaßt dabei Programme, die sich auf das File-Handling beziehen.

Darüber hinaus sind erste Programmteile implementiert, die sich mit dem Kontextwissen auseinandersetzen. Dazu gehören die Inferenzkomponenten für Warum- und Warum-Nicht-Fragen sowie die Protokoll-Komponente. Parser und Antwortgenerierung, die z. Zt. nur englische Sätze behandeln, später aber auch italienische, befinden sich noch in der Konzeptphase und sind vorläufig durch einfache Pattern-Match-Prozeduren realisiert.

Zur Beantwortung einer Why-not-Frage benötigt GOETHE im Durchschnitt 15 Sekunden Rechenzeit (gemessen auf einer Olivetti LSX 3020), bei einfachen How-Fragen weniger als 10 Sekunden. (Die Zeitangaben beziehen sich auf den Zeitraum vom Beenden der Eingabe bis zum Erscheinen der Ausgabe auf dem Bildschirm.) Es wird erwartet, daß sich die Rechenzeit mit Hinzunahme eines Planers, der auch komplexere Anfragen gestattet, höchstens verdoppelt und damit immer noch ein für natürlichsprachliche Systeme sehr gutes Antwortzeitverhalten vorliegt.

Ausblick

Noch nicht realisiert ist ein Planer, der komplexere (z.B. durch Pipe-Kommandos zu realisierende) Anfragen in einfachere Anfragen zerlegt, diese an die How-Komponente richtet und dann die Antworten auf die einzelnen Fragen zu einer Gesamtantwort zusammensetzt.

Eine andere Erweiterungsmöglichkeit des Systems ist die Verwendung eines Benutzermodells, das unterschiedlichen Mengen von Hintergrundwissen von einzelnen Benutzern bei der Berechnung und Aufbereitung der Antwort gerecht wird. Demnach werden die einzelnen Benutzer in verschiedene Klassen eingeteilt, die von 'Anfänger' bis 'Experte' reichen.

Ein drittes, bislang noch nicht implementiertes, aber leicht zu lösendes Problem ist die Behandlung von 'Alias'-Namen, d.h. von längeren Programmsequenzen, die mit Hilfe eines kürzeren Namens aufgerufen werden.

Literatur

G. Heyer, et.al.: "Specification of the KB-Manager: Description of the KB-Components provided by TA", ACORD Project, Deliverable T 5.6, 1988.

C. Kemke: "Entwurf eines aktiven, wissensbasierten Hilfesystems für SINIX", Universität des Saarlandes, Sonderforschungsbereich 314, Bericht Nr. 5, Dez. 1985

A.E. Quilici, M.G. Dyer, M. Flowers: "AQUA: An intelligent UNIX Advisor", Proceedings of the 7th European Conference on Artificial Intelligence (ECAI), 1986, Vol. II, pp. 33-38.

W. Wahlster, M. Hecking, C. Kemke: "SC: Ein intelligentes Hilfesystem für SINIX", FB Informatik, KI-Labor, Bericht Nr. 42, Aug. 1988. In: Gollan, W., Paul, W., Schmitt, A. (eds.): "Innovative Informationsinfrastrukturen", Informatik-Fachberichte Nr. 184, S. 81-100, Berlin etc.: Springer Verlag, 1988.

R. Wilensky, Y. Arens, D. Chin: "Talking to UNIX in English: An Overview of UC", Communications of the ACM, Vol. 27, No. 6, 1984, pp. 574-593.

Anhang:

Systemarchitektur

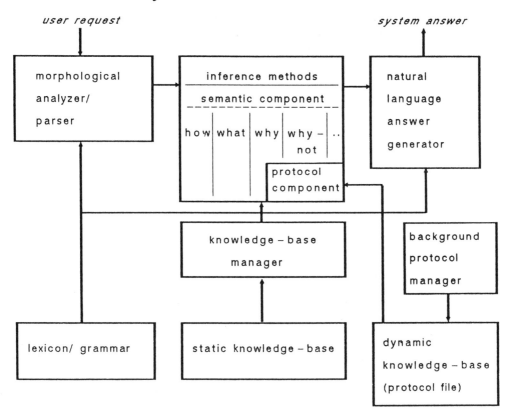

Aktionsmodi

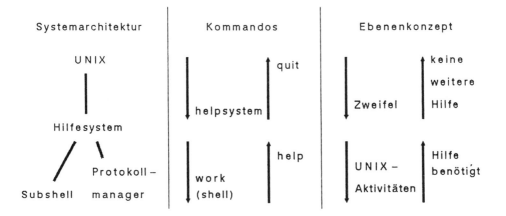

Evaluationsstudien zu dem graphisch orientierten Texteditor ComfoTex als konzeptuelle Grundlage für ein intelligentes Hilfesystem

Astrid Hirschmann
FG Linguistische Informationswissenschaft
Prof. Krause
Universität Regensburg
8400 Regensburg

1. Einleitung

Von der Linguistischen Informationswissenschaft Regensburg (LIR) wurden im Rahmen des Projektes COMFOLIR (LIR, SIEMENS) empirische Benutzertests mit der Version 1.0 des Texteditors ComfoTex durchgeführt. Ziel dieser Untersuchung war herauszufinden, in welchen Bereichen ComfoTex selbsterklärend ist, wo durch Verbesserungen an der Benutzeroberfläche Verständnisschwierigkeiten beseitigt werden können und ob sich für die verbleibenden schwerverständlichen Stellen ein intelligentes Hilfesystem zur Unterstützung des Benutzers realisieren ließe. Der Versuch ist beschrieben in PRECHTL, SPETTEL, ULBRAND 88. Intelligente Hilfesysteme, wie z. B. der UNIX-Consultant (WILENSKY, CHIN 1984) oder der SINIX-Consultant (KEMKE 1986), grenzen sich zu den herkömmlichen OnLine-Hilfen dadurch ab, daß sie ihre Wissensbasen (z.B. das Benutzermodell) dynamisch verändern.

Durch diese Eigenschaft sind sie in der Lage, adaptiv und aktiv auf das Benutzerverhalten zu reagieren, d. h. sich an den jeweiligen Benutzer anzupassen bzw. sich auf eigene Initiative in den Dialog einzuschalten.

2. ComfoTex als Programmgrundlage

Bei ComfoTex handelt es sich um ein Textverarbeitungsprogramm, das unter der graphischen Oberfläche MS-Windows läuft und dessen Bedienmöglichkeiten in vollem Umfang ausnutzt (Möglichkeit des Datenaustausches zwischen zwei Programmen, parallele Verarbeitung mehrerer Programme etc.).

Die Funktionalität von ComfoTex wird über ein Menü mit ca. 70 Einträgen bedient, die unter sieben Oberbegriffen eingeordnet sind. Für komplexere Funktionen muß nach dem Aufruf über das Menü noch eine Dialogbox ausgefüllt werden, einfache Funktionen werden sofort ausgelöst (cf. Abbildung). Zur Benutzerfreundlichkeit von ComfoTex trägt neben der Verwendung von Direktmanipulation und der Schreibtischmetapher auch die Gestaltung der Bedienoberfläche nach dem WYSIWYG-Prinzip (what you see is what you get) bei. Dieses Prinzip stellt sicher, daß der in Bearbeitung befindliche Text auf dem Bildschirm genauso dargestellt wird, wie er auf Papier nach einem Druckvorgang aussehen würde (Fettdruck ist z. B. auch auf Bildschirm sichtbar). Mit ComfoTex liegt also ein

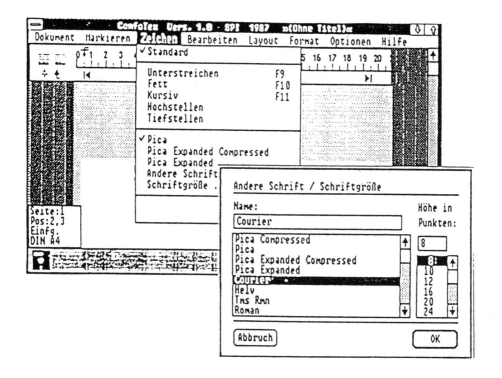

ComfoTex-Bildschirmoberfläche

Programm vor, in dem die Methoden zur Gestaltung von benutzerfreundlicher Software im Rahmen des Möglichen ausgeschöpft worden sind.

3. Benutzertest

3. 1. Ausgangshypothese

Wir vermuteten, daß ein Benutzer, der noch nie mit ComfoTex gearbeitet hat, trotz optimaler Oberflächengestaltung des Systems falsche Konzepte über das System bilden würde. Diese Fehlannahmen würden unserer Ansicht nach z. T. zu suboptimaler Arbeitsweise oder zu Fehlersituationen führen, aus denen der Laie nur sehr schwer wieder herausfinden kann.

Eine weitere Hypothese war, daß uns die einzelnen zu beobachtenden Fehlannahmen Hinweise darauf geben würden, wie eine OnLine-Hilfe gestaltet werden muß, damit sie genau diese Fehlannahmen korrigieren kann, ohne vom Benutzer zuviel Initiative dabei zu verlangen.

3. 2. Versuchsdesign

Für den ComfoTex-Akzeptanztest wurden sechs Aufgabenkomplexe entworfen, die jede Versuchsperson (VP) nach einer ca. 1/2-stündigen Einführung in die MS-WINDOWS-Philosophie zu lösen hatte. Insgesamt wurden 20 VPn getestet, von denen keine MS-WINDOWS- oder ComfoTex-Erfahrung hatte, einige jedoch mit herkömmlichen Textverarbeitungssystemen wie WordStar vertraut waren. Zur Lösung der Aufgaben wurden im Schnitt ca. zwei Stunden benötigt; es wurde bisher nur der Erstkontakt mit dem System getestet.

Einem Teil der VPn stand eine passive Hilfe mit (simulierten) Demonstrationen des Programms zur Verfügung, der Rest durfte nur ein OnLine-Kurzmanual verwenden. Nur, wenn die VP alleine nicht mehr zu wissen schien, was sie noch machen könne, griff der Versuchsleiter ein.

Während des Testablaufes wurde der Bildschirm, an dem die VP arbeitete, auf Videoband aufgenommen; bei Bedarf konnte auch die Tastatur mitgefilmt werden, was sich aber in den meisten Fällen als unnötig erwies. Außerdem wurden die Äußerungen der VPn auf Tonband aufgezeichnet. Die Video- und Tonbänder bildeten die Grundlage für die Analyse der aufgetretenen Fehlersituationen, Schwierigkeiten und suboptimalen Systemnutzungen.

3. 3. Ergebnisse

Die Ergebnisse des Versuchs sind ausführlich dargestellt in HIRSCHMANN 88c.
Insgesamt konnten 177 verschiedene Fehlannahmen der Benutzer festgestellt werden. Dabei wurden sämtliche falschen mentalen Modelle berücksichtigt, die auf eine der folgenden Weisen zu beobachten waren:

a) aufgrund der Fehlannahme trat ein Systemfehler auf, z. B. die Anwendung eines Menübefehles während eine Dialogbox geöffnet ist (MS-WINDOWS erlaubt nicht, daß ein Menübefehl auf eine Dialogbox angewendet wird).

b) die VP hat ihre Schwierigkeiten mitgeteilt, z. B. gesagt: „Warum unterstreicht er denn jetzt nicht ?" bei Auslösung der Funktion „unterstreichen" ohne vorheriges Markieren (ComfoTex bezieht viele Funktionen auf noch zu erfassenden Text oder auf einen zu markierenden Bereich)

c) aufgrund einer Fehlannahme wurde eine falsche Funktion ausgelöst, z. B. die Funktion „Randsteller", mit der der linke und rechte Rand verstellt werden kann, zur Änderung des oberen Blattrandes.

Da es für das Hilfesystem nur von Vorteil sein kann, wenn es mit so wenig Wissensbasen wie möglich auskommen kann, wurde die Menge an Wissen, die für eine adäquate Hilfestellung notwendig ist, als Kategorisierungsgrundlage gewählt. Mit anderen Worten: was muß das System in der konkreten Situation mindestens wissen, damit es dem Benutzer eine sinnvolle, ausreichende, aber nicht zu ausführliche Hilfestellung geben kann?

Unter diesem Aspekt haben sich vier Wissensstufen herauskristallisiert, die aufeinander aufbauen. Die höheren Stufen schließen also jeweils das Wissen der unteren mit ein.

- **Stufe 1:** Syntaxregeln, Funktionalität und Zustandsparameter des Systems
  (eingestellte Ränder, gespeicherte Phrasen etc.) sowie der zuletzt gegebene Input
- **Stufe 2:** kurze Dialoggeschichte (ca. 5 Schritte)
- **Stufe 3:** lange Dialoggeschichte (mehr als 5 Schritte)
- **Stufe 4:** weitere Wissensquellen (Vorkenntnisse, Vorlieben, Ziel des Benutzers)

Im folgenden wird für jede Stufe ein konkretes Beispiel aufgeführt. Die Beispiele wurden so gewählt, daß möglichst wenig Kenntnisse von ComfoTex vonnöten sind, um sie nachvollziehen zu können.

Stufe 1: Wissen über Syntaxregeln, Funktionalität, den letzten Zustand des Systems und den letzten Benutzerinput

Die Wissensbasis beinhaltet neben dem starren Wissen über das System (Syntax, Funktionalität) die aktuelle Belegung der Systemparameter. Im Falle von ComfoTex z. B. cm-Werte der eingestellten Blattränder, Belegung der Funktionstasten, vorhandene Dateien etc.

Beispiel: In ComfoTex wird ein Text folgendermaßen nachträglich unterstrichen:

- Markieren Text
- Auslösen der Funktion UNTERSTREICHEN

Die Unterstreichung wird rückgängig gemacht durch:

- Markieren Text
- Auslösen der Funktion STANDARD

Im Versuch wollte eine Vp die Unterstreichung von Leerzeichen durch die Funktion LÖSCHEN rückgängig machen. Es wurden dadurch jedoch auch die Leerzeichen gelöscht und der Text rückte näher zusammen. Wenn die Vp nach diesem Löschvorgang unspezifisch Hilfe angefordert hätte, wäre das ein deutlicher Hinweis gewesen, daß sie eine Erklärung benötigt, wie die Unterstreichung gelöscht werden kann. Diese Hilfe kann gegeben werden, wenn das System weiß, daß der Benutzer die Funktion LÖSCHEN auf Leerzeichen im Zustand „unterstreichen ein" als letzten Befehl ausgeführt hat.

Stufe 2: kurze Dialoggeschichte (etwa fünf Schritte)

Die Wissensbasis beinhaltet die letzten fünf Benutzerbefehle.

Beispiel: In ComfoTex wird ein Textblock folgendermaßen kopiert:

- Markieren Textblock
- Aufruf der Funktion KOPIEREN (der Text wird dadurch in einem Zwischenspeicher abgelegt)
- Positionieren des Schreibcursors an die Zielstelle
- Aufruf der Funktion EINSETZEN

Einige VPn gingen davon aus, daß Text direkt ohne Zwischenablage kopiert werden kann wie z. B. in WordStar, sodaß sie folgende Dialogschritte durchführten:

- Cursor positionieren
- Text markieren (durch den Markierungsvorgang wird der Cursor automatisch mitgezogen, er steht dann am Ende der Markierung)
- Auslösen der Funktion KOPIEREN

Die Funktion KOPIEREN löst keine an der Benutzeroberfläche sichtbare Aktion aus, sodaß hier für den Benutzer wenig Möglichkeiten bestehen, das falsche Konzept auf anhieb zu korrigieren. Durch einen unspezifischen Hilferuf müßte der Benutzer eine Erklärung erhalten, was er gemacht hat und wie man Text kopieren kann. Das System benötigt die letzten drei Dialogschritte (s. o.), um diesen Erklärungswunsch ableiten zu können.

Stufe 3: lange Dialoggeschichte (mehr als fünf Schritte)

Diese Wissensbasis ist eine Erweiterung derjenigen von Stufe 2; sie beinhaltet alle Dialogschritte seit Beginn der Dialogsitzung.

Beispiel: In ComfoTex können Tabulatoren über eine Dialogbox oder direkt mit der Maus in ein standardmäßig angezeigtes Zeilenlineal gesetzt werden.
ComfoTex zeigt die Tabulatoren mit „↪" an; im Lineal werden außerdem die geltenden Ränder dargestellt (mit „◁" und „▷"). Alle Symbole können direkt mit der Maus verschoben werden, was einer Änderung der Werte entspricht.

Es war zu beobachten, daß VPn eine Tabelle mit je einer Spalte bei 4cm und 10cm folgendermaßen zu erfassen versuchten:

- Setzen eines Tabulators über Dialogbox auf 4cm ($\Rightarrow$ Lenken der Aufmerksamkeit auf das Zeilenlineal, weil sich dort etwas verändert hat)
- Setzen des rechten Randstellers auf 10cm (das Randstellersymbol wurde offensichtlich als Tabulator verstanden)
- Setzen der Schreibmarke auf die Tabulatorposition durch Betätigen der TAB-Taste
- Schreiben des ersten Wortes
- Betätigen der TAB-Taste ($\Rightarrow$ Schreibmarke geht auf die nächste Zeile an den Spaltenanfang bei 4cm)
- Schreiben des zweiten Wortes (die VP ist noch von dem Vorgehen überzeugt)
- Markieren und Löschen des zweiten Wortes (der Fehler wurde bemerkt)
- Positionieren der Schreibmarke auf die erste Zeile bei 10cm (alternativer Lösungsversuch)
- Schreiben des zweiten Wortes ($\Rightarrow$ Zeilenumbruch; das Wort steht in der zweiten Zeile am linken Rand)

Aus dieser Dialoggeschichte kann das Benutzerziel mit hoher Wahrscheinlichkeit abgeleitet werden. Eine Hilfe müßte erklären, warum das Vorgehen nicht zum Ziel geführt hat (Semantik des Symbols „▷") und wie der Lösungsweg aussieht (Setzen eines neuen Tabulators)

Stufe 4: Weitere Wissensquellen

Es liegt auf der Hand, daß nicht alle Fehlannahmen mit Wissen aus den ersten drei Stufen korrigiert werden können. Für diese Fälle wird zusätzliches Wissen benötigt wie etwa Vorkenntnisse des Benutzers oder vergangene Zeit seit dem letzten Input. Einige falschen Konzepte sind so individuell, daß sie nur mit Kenntniss des Benutzerzieles erschlossen werden können.

Beispiel: ComfoTex hinterlegt einen Menüoberbegriff schwarz, solange eine untergeordnete Funktion aktiv ist. Aktivität kann bedeuten, daß der Rechner noch arbeitet, der Benutzer muß also warten (z. B. bei Veränderung des Zeilenschrittes in einem umfangreichen Dokument); es kann aber auch bedeuten, daß eine Dialogbox ausgefüllt werden muß. In letzterem Fall wird nach Aufruf der Funktion die zugehörige Dialogbox auf Bildschirm ausgegeben.

Eine VP hat im Versuch das Konzept gebildet: „Wenn der Menübegriff schwarz ist, muß man warten." Beim Auslösen einer Funktion mit Dialogbox dachte sie, der Rechner arbeite noch und wartete.

Eine Hilfe muß in diesem Fall eine gewisse Zeit abwarten, bevor sie auf das o. g. Fehlkonzept eingehen kann. Zusätzlich muß die lange Dialoggeschichte abgeprüft werden, um festzustellen, ob der Benutzer im Verlauf der Sitzung bereits eine Dialogbox ausgefüllt hat, also weiß, was zu tun ist (er könnte z. B. auch gerade eine Arbeitspause einlegen wollen).

Die Häufigkeitsverteilung der Fehlannahmen in den oben aufgeführten Kategorien ergibt folgendes Bild:

nötiger Wissensumfang für intelligente Hilfe	Fehlannahmen	
	absolut	relativ
nur Systemzustand und kurze Dialoggeschichte	130	73 %
lange Dialoggeschichte	12	7 %
weitere Wissensquellen	35	20 %

Diese Einteilung wurde nur auf analytischem Wege gewonnen, sie muß nach einer Hilferealisierung auf jeden Fall noch empirisch getestet werden. Außerdem ist anzumerken, daß in der ersten Kategorie einige Fälle enthalten sind, für die nicht eine Ursache für den Hilferuf abgeleitet werden kann, sondern mehrere Alternativen.

Beispiel: Drei VPn versuchten, den oberen Blattrand eines Dokumentes mithilfe der Funktion PAPIERFORMAT zu verändern. PAPIERFORMAT stellt jedoch tatsächlich das Papierformat nach den DIN-Größen um. Der obere Blattrand wird mit der Funktion BLATTRAND OBEN eingestellt. Wenn ein Benutzer auf die Idee kommt, PAPIERFORMAT sei für die Manipulation des oberen Randes zuständig, so muß man auch damit rechnen, daß ein anderer den linken Rand damit verändern will. Die Hilfe muß hier also auf die Funktionen

- BLATTRAND OBEN (wird in einer späteren Version zu KOPFZEILE)

- BLATTRAND UNTEN (wird in einer späteren Version zu FUßZEILE)

- RANDSTELLER

eingehen.

Sollte sich herausstellen, daß der Benutzer eine solche Sammlung von möglichen Ursachen nicht akzeptieren kann, so müssen diese Fälle in andere Kategorien verlagert werden.

4. Fazit

Die Ergebnisse haben gezeigt, daß es durchaus erfolgversprechend ist, eine intelligente Hilfe für ComfoTex zu entwickeln.

Das Design des Hilfesystems müßte so angelegt werden, daß die Hilfe auf folgende drei Arten aktiviert wird:

a) Der Benutzerinput hat eine Systemfehlermeldung ausgelöst; in der Meldungsbox ist ein HELP-Button installiert, durch dessen Betätigung ausführliche Hilfe angeboten wird;

b) Der Benutzer betätigt einen unspezifischen HILFE-Button; das System ist dadurch gezwungen, selbst den Grund für den Hilferuf zu eruieren. In diesen Fällen wurde zwar eine Funktion korrekt ausgeführt, sie hat aber eine andere Systemreaktion ausgelöst als erwartet. Die zugrundeliegende Fehlannahme ist erst dann als fehlerhaft erkennbar, wenn bekannt ist, daß der erreichte Systemzustand nicht der Benutzererwartung entspricht. Dies macht der Benutzer durch den unspezifischen passiven Hilferuf deutlich (cf. Beispiel von Stufe 1 und 2).

c) aktive Hilfe; das System schaltet sich aktiv in den Dialog ein, wenn sichergestellt werden kann, daß der Benutzer suboptimal arbeitet oder einen Systemfehler produzieren wird (cf. Beispiel von Stufe 3 und 4).

Der Aufbau der Wissensbasen für Stufe 1 und 2 (Diskurswissen, eingestellte Systemparameter, kurze Dialoggeschichte) dürfte ebenso in einem vertretbaren Zeit- und Kapazitätsaufwand liegen wie deren ständige Überwachung und Aktualisierung in der späteren Anwendung. Nach den Testergebnissen kann man dadurch schon über 70% der Fehlannahmen abdecken, weshalb eine Realisierung auf jeden Fall durchgeführt werden sollte.

Der Einsatz einer langen Dialoggeschichte sowie weiterer Wissensquellen müßte zunächst daraufhin überprüft werden, ob er den Benutzerdialog nicht in unvertretbarem Maße verzögern würde.

- Literatur -

Bauer, J., Schwab, T. (1988):
AKTIVIST, eine aktive Hilfekomponente für einen Texteditor, in: Prototypen benutzergerechter Computersysteme, erscheint bei deGruyter.

Hirschmann, A. (1988a):
Verfahren zur Realisierung der Planerkennung für aktive Hilfe. COMFOLIR-Arbeitsbericht CTEX2-51. Juli 88. Regensburg.

Hirschmann, A. (1988b):
Verfahren zur Repräsentation von Domänenwissen für intelligente Hilfesysteme. COMFOLIR-Arbeitsbericht CTEX2-61. August 88. Regensburg.

Hirschmann A. (1988c):
Empirische Ergebnisse aus dem ComfoTex-Haupttest. COMFOLIR-Arbeitsbericht CTEX2-63. September 88. Regensburg.

Jerrams-Smith, J. (1988):
SUSI and BEES: Two Approaches to Providing Help for Users of UNIX. Philips Research Laboratories. Redhill, Surrey. UK. Working Paper.

Kemke, C. (1986):
The SINIX-Consultant. Requirements, Design and Implementation of an Intelligent Help System for a UNIX Derivative. Bericht Nr. 11, KI-Labor am Lehrstuhl für Informatik IV, Uni Saarbrücken.

Krause, J. (1988):
Adaptierbarkeit, Adaptivität, Intervenierbarkeit und passive und aktive Hilfesysteme. Vorschläge zur Comfo-Serie auf der Grundlage der erweiterten Kontextsensitivität und Wissensbasiertheit. COMFOLIR-Arbeitsbericht. Juli 88. Regensburg

Krause, J. (1988):
COMFOHELP: Ein aktives adaptives Hilfesystem für ComfoTex. COMFOLIR-Arbeitsbericht. September 88. Regensburg.

Prechtl, C., Spettel, G., Ulbrand, R. (1988):
ComfoTex-Evaluationsstudie: Versuchsaufbau, -ablauf, Diskussion und erste Ergebnisse. COMFOLIR-Arbeitsbericht CTEX2-52. Regensburg.

Wahlster, W.; Kobsa, A. (1989):
User Models in Dialog Systems. Heidelberg

Wilensky, R; Chin, D. (1984):
Talking to UNIX in English: An Overview of UC. in: Communications of the ACM No. 6. 574-593

Eine menüorientierte Klärungskomponente für ein natürlichsprachliches Auskunftssystem

Thomas Fehrle
Universität Stuttgart - Institut für Informatik
Azenbergstr.12 - 7000 Stuttgart 1

Kurzfassung

Natürlichsprachliche Systeme überdecken meist nur denjenigen Ausschnitt der natürlichen Sprache, der für die Anwendung des Systems relevant ist. Daraus ergeben sich für den Dialog zwischen Mensch und Computer eine Reihe von Problemen. Im vorliegenden Beitrag wird eine Klärungskomponente vorgestellt, die mit Hilfe wissenbasierter Verfahren für typische defektive Anfragen Korrekturvorschläge erzeugt.

1 Einleitung

Natürlichsprachliche Schnittstellen ermöglichen zwar beliebigen Benutzern den Zugang zu Computeranwendungen, eine erfolgreiche Mensch-Computer-Kommunikation ist dadurch aber noch nicht gewährleistet. Häufig führt das eingeschränkte Sprachverständnis des Systems dazu, daß Äußerungen des Benutzers als "unverständlich" zurückgewiesen werden. Für eine kooperative Dialogführung ist es unerläßlich, dem Benutzer mit Hilfe einer Klärungskomponente bei einer defektiven Äußerung[1] interaktiv Korrekturmöglichkeiten einzuräumen [Feh87]. Dabei soll er vom System durch geeignete Hilfestellung unterstützt werden (z.B. Hilfetexte, Fehlererklärungen etc.).

---

[1] Eine defektive Äußerung kann durchaus syntaktisch und semantisch korrekt sein, das System kann ihr jedoch keine intern verarbeitbare Interpretation zuordnen.

2 Ein Modell für Klärungsdialoge

Da das Sprachverständnis bei einer natürlichsprachlichen Schnittstelle auf die Anwendung begrenzt ist, kann sie i.a. keinen Metadialog über den Dialog, defektive Äußerungen oder Korrekturmöglichkeiten führen. Dies kann aber durch einen Wechsel der Dialogform erreicht werden. Bei einer defektiven Äußerung werden von der Klärungskomponente Korrekturvorschläge angeboten, die über ein Menü ausgewählt werden können. Die Selektion eines Korrekturvorschlages hat eine Manipulation der intern repräsentierten, defektiven Äußerung in eine vom System verarbeitbare Form zur Folge, wobei bereits durchgeführte Sprachanalyseprozesse nicht zurückgesetzt werden müssen.

Im Klärungsdialog besteht zusätzlich die Möglichkeit, Kommandos zum Steuern des Klärungsdialogs zu aktivieren (z.B. Aufruf eines Navigationswerkzeugs oder eines Hilfesystems, Abbruch des Klärungsdialogs etc.).

Der Klärungsdialog unterscheidet sich durch die Dialogform der Menü-Technik somit nicht nur inhaltlich, sondern auch formal vom anwendungsbezogenen Dialog. Er läßt sich folgendermaßen charakterisieren:

- Klärungsdialoge mit Menü-Technik erfordern vom System kein zusätzliches Sprachverständnis.

- Die Unterbrechung des anwendungsbezogenen Dialogs gibt dem Benutzer die Gelegenheit, dynamisch Hilfeleistungen des Systems anzufordern.

- Durch konkrete Korrekturangebote werden im Klärungsdialog weitere defektive Äußerungen des Benutzers verhindert.

Zur Vermeidung unnötiger Unterbrechungen im Dialog erfolgt bei offensichtlichen Fehlern die Klärung implizit.

3 Ablaufschema einer Klärung

Die Klärungskomponente kann von verschiedenen Komponenten eines Anwendungssystems aktiviert werden. Dabei wird der mittels Parameter übergebene Verarbeitungszustand von einem

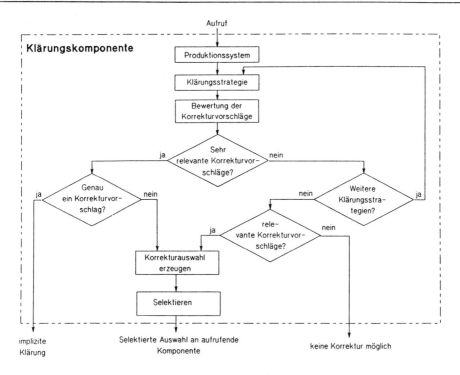

Abbildung 1: Ablaufschema einer Klärung

Produktionssystem ausgewertet. Für typische Fehlerklassen liegen Klärungsstrategien in einer heuristisch bestimmten Reihenfolge vor. Die Anwendung einer Klärungsstrategie kann Korrekturvorschläge erzeugen, die auf der Skala "sehr relevant", "relevant" und "nicht relevant" bewertet werden.

Konnte genau ein "sehr relevanter" Korrekturvorschlag erzeugt werden, so stellt dieser die implizite Lösung der Klärung dar. Konnten hingegen mehrere "sehr relevante" Korrektvorschläge generiert werden, so findet ein Klärungsdialog statt. Ansonsten kommen weitere Klärungstrategien zur Anwendung (vgl. Abb.1).

Das Produktionssystem, die Klärungsstrategien und die Bewertungsfunktionen sind regelbasiert organisiert und explizit repräsentiert, wodurch beliebige Veränderungen und Erweiterungen möglich sind. Die Klärungsstrategien greifen zum Generieren von Korrekturvorschlägen auf das Anwendungswissen, das sprachliche Wissen des Systems, den Dialogkontext und das Benutzermodell zurück. Auch die Bewertungsfunktionen verwenden diese Wissensressourcen, um wenig plausible Vorschläge auszufiltern.

4 Klärung in KEYSTONE

KEYSTONE[2] [HEF*86] ist ein prototypisches, wissensbasiertes Auskunftssystem mit natürlichsprachlicher Schnittstelle über PC-Produkte. Es ist in der Programmiersprache PROLOG auf
einem PC/AT implementiert. Die Sprachanalayse basiert auf einem erweiterten Formalismus
der LFG [Bre82], der eine Syntax-Semantik-Interaktion und die Behandlung von Disjunktionen
zuläßt [Erb87]. Die Wissensrepräsentation lehnt sich an das Entity-Relationship-Modell [Che76]
an. Es werden Objekte in einer hierarchisch organisierten Begriffswelt durch Attribute und binäre
Relationen beschrieben. Definitionsbereiche von Relationen und Attribute werden konzeptionell
in der Wissensbasis repräsentiert.

Innerhalb der Klärungskomponente von KEYSTONE können für folgende Klassen von defektiven
Äußerungen Korrekturvorschläge erzeugt werden:

- vom Parser der natürlichen Sprache aktiviert:

    - Inkonsistenz zwischen Relation und Argumenten
    - Inkonsistenz zwischen Attribut und Objekt
    - Mehrdeutigkeit bei der Zuordnung eines Attributs zu einem Objekt
    - Mehrdeutigkeit bei der Zuordnung der Argumente zu einer Relation
    - Fehlendes Argument zu einer Relation

- von der Problemlösekomponente aktiviert:

    - Vorannahmeverletzung
    - Sehr allgemeine Anfrage (große Antwortmenge wird erwartet)

5 Die Identifikation defektiver Äußerungen

Die Integration semantischer Merkmale in den Analyse-Prozess reduziert die Menge möglicher
Lesarten eines Satzes bereits während der Analyse, weil nur die diejenigen Lesarten weiterverfolgt

---

[2]KEYSTONE wird im Rahmen eines Kooperationsprojektes der IBM Deutschland GmbH, IS Informatik Zentrum
Programme, mit der Universität Stuttgart, Institut für Informatik entwickelt.

werden, die semantisch bezüglich der Wissensbasis des Systems korrekt sind[3]. Daneben werden, wie im folgenden ausgeführt, defektive Äußerungen identifiziert.

In KEYSTONE werden semantische Merkmale in den Formalismus der LFG integriert. Sie liegen zum einen atomar im Lexikon vor, zum anderen werden sie unmittelbar nach einem erfolgreichen Lexikonzugriff aus der konzeptionellen Beschreibung der Wissensbasis bestimmt[4]. Im Analyse-Prozeß werden Wohlgeformtheitsbedingungen für semantische Merkmale in Form von funktionalen Gleichungen formuliert, die innerhalb der LFG grammatische Ableitungsregeln anreichern.

Durch das Konzept der Disjunktion beim Analyseprozeß (vgl. [EFK88]), werden verschiedene Lesarten des bislang analysierten Teilsatzes durch mehrere funktionale Gleichungssysteme beschrieben. Innerhalb des Disjunktionskonzepts wird im Analyseprozeß ein nicht auflösbares Gleichungssystem als Sackgasse verworfen, wenn noch andere Gleichungssysteme zur weiteren Analyse vorliegen. Die Menge möglicher Lesarten wird dadurch reduziert.

Liegt aber nur (noch) ein einziges Gleichungssystem vor und können darin die funktionalen Gleichungen zur Beschreibung semantischer Wohlgeformtheitsbedingungen durch Unifikation nicht aufgelöst werden, so ist die Äußerung des Benutzers zum Wissen des Systems inkonsistent, die Klärungskomponente wird aktiviert und ein Backtracking im Analyse-Prozeß verhindert.

Dem liegt als Heuristik zugrunde, daß sich an dieser Stelle der Analyse-Prozeß sehr wahrscheinlich nicht in einer Sackgasse befindet, weil alle syntaktischen Restriktion erfüllt sind, und stattdessen eine defektive Äußerung vorliegt.

Einzelnen nicht lösbaren funktionalen Gleichungen kann jeweils ein spezieller Typus von Inkonsistenz entsprechend zu den Meta-Regeln von Weischedel und Sondheimer [WS87] zugeordnet werden. Der Typus wird zusammen mit einigen Attribut-Wert-Paaren aus dem bislang bestimmten Gleichungssystem der Klärungskomponte übergeben. Die Klärungskomponente liefert ihrerseits eine Ersetzungsliste für das Gleichungssystem zurück. Nach deren Auswertung ist eine Auflösung des vorliegende Gleichungssystems gewährleistet.

---

[3]Im vorliegenden Anwendungsbereich enthalten Äußerungen sehr häufig Eigennamen. Sie werden ohne Artikel verwendet und sie unterliegen keinen morphologisch bedingten Veränderungen, so daß oftmals keine syntaktischen Restriktionen möglich sind.

[4]Semantisches Wissen wird möglichst aus der Wissenbasis abgeleitet, damit beim Wissenserwerb im Lexikon nur geringfügige Veränderungen vorgenommen werden müssen und keine Konsistenzprobleme zwischen Wissensbasis und Lexikon auftreten.

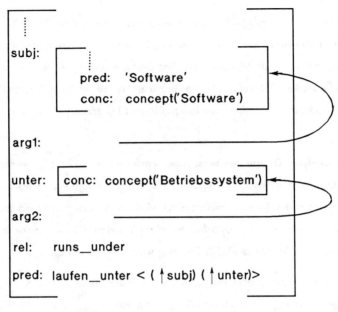

Abbildung 2: Semantische Merkmale

Klärungssituationen nach Beendigung eines Analyse-Prozesses liegen vor, wenn entweder mehrere eindeutig aufgelöste Gleichungssysteme (f-Strukturen) vorliegen, wobei jede f-Struktur eine Lesart repräsentiert, oder semantische Merkmale beim Analyseprozess nicht instantiiert werden konnten.

6 Beispiel einer Klärung

Die Anfrage "Welche Software läuft unter BASIC?" enthält eine Inkonsistenz zwischen der Relation "läuft unter" und den Argumenten "Software" und "BASIC". Die Relation "läuft unter" wird konzeptionell durch "läuft unter" $\subset$ "Software" $\times$ "Betriebssystem" definiert.

In Abb.2 werden die semantischen Merkmale für das Gleichungssystem dargestellt, welches den Teilsatz "Welche Software läuft unter" als einziges repräsentiert. Abb.3 zeigt die semantischen Merkmale für den Begriff "BASIC".

Als abkürzende Schreibweise steht der Wert

$$concept(X_1,...,X_n)$$

```
unter:  ┌──          ──────────────────┐
        │   ⋮                          │
        │  pred:    'BASIC'            │
        │  conc:    concept('BASIC')   │
        └──                     ──┘    │
        └──────────────────────────────┘
```

Abbildung 3: Semantische Merkmale

für die Menge aller Objekte aus der Begriffshierarchie von KEYSTONE, die in den Teilbäumen mit X_1 bis X_n vorkommen. Für diesen Wert gilt ein erweiterter Unifikationsbegriff. Als Ergebnis dieser erweiterten Unifikation erhält man die nicht leere Schnittmenge zweier solcher Mengen; eine leere Schnittmenge entspricht einem "fail".

Im vorliegenden Gleichungssystem besitzt das semantische Merkmal "unter conc" zum einen den Wert "concept('Betriebssystem')" und zum anderen den Wert "concept ('BASIC')". Die erweiterte Unifiaktion für dieses Merkmal ergibt ein "fail", weil die Menge aller "Betriebssysteme" disjunkt zur Menge {"BASIC"} ist. Das Gleichungssystem kann somit nicht aufgelöst werden.

Diese nicht durchführbare Unifikation wird dem Typus Inkonsistenz zwischen Relation und ihren Objekten zugeordnet; das rechte Argument "BASIC" widerspricht dem konzeptionell beschriebenen Definitionsbereich der Relation "runs_under".

Die Klärungsgskomponente wird mit dem Tripel

(rel_obj_obj_incon,[rel:runs_under,arg1:'Software',arg2:'BASIC'],Subst_Structure).

aktiviert.

Für diese Fehlerklasse rel_obj_obj_incon werden in der angegebenen Reihenfolge die folgenden Klärungsstrategien angewendet:

- S.1: Ersetzen der Relation

- S.2: Ersetzen der Relation und Vertauschen der Argumente

- S.3: Ersetzen des linken Arguments

- S.4: Ersetzen des rechten Arguments

```
┌─ Klärung ══════════════════════════════════════════════════════
│ Die Anfrage kann in der vorliegenden Form nicht verarbeitet werden,
│ weil es in der Wissensbasis keine Beziehung:
│       eine Software läuft unter BASIC
│ gibt.
│ Ist damit folgendes gemeint:
│       Software übersetzt BASIC
│       Software interpretiert BASIC
│       Software interpretiert/übersetzt BASIC
│       BASIC läuft unter Software
│       Software läuft unter Betriebssystem
│
└─────────────────────────────────────────────────────────────────

┌─ Eingabe ══════════════════════════════════════════════════════
│ Welche Software läuft unter BASIC?
└─────────────────────────────────────────────────────────────────
```

F1=Hilfe F3=Katalog F4=Zusatzinfo F8=Abbruch,neue Eingabe F9=Dialog beenden

Abbildung 4: Beispiel einer Klärung

Abb.4 zeigt einen Bildschirmabzug[5] des Klärungsdialogs auf obige Anfrage, nachdem der Benutzer im Klärungsdialog per Kommando die Erzeugung aller Korrekturvorschläge angefordert hat. Die ersten drei Korrekturvorschläge sind durch Anwendung von S.1 erzeugt worden. Strategie S.2 liefert die vierte und S.3 die letzte Alternative.

Nach der Selektion eines Vorschlages erzeugt die Klärungskomponete einen entsprechenden Hinweis auf die erfolgte Klärung, der von der Anwortgenerierungskomponente berücksichtigt wird. Anschliessend wird dem Parser die selektierte Auswahl des Benutzers in der "Subst_Structure" vermittelt. Sie dient als Basis für die Manipulation des Gleichungssystems.

Die Selektion des zweiten Korrekturvorschlags liefert z.B. für Subst_Structure den Wert

   [rel:interprets]

dem Parser zurück. Dementsprechend werden die Werte der semantischen Merkmale "rel" und "unter conc" ersetzt.

---

[5]Das obere Fenster enthält den Klärungstext. Auswahlalternativen sind *kursiv* gesetzt, die momentan selektierbare Alternative ist **fett** dargestellt. Das untere Fenster enthält die defektive Äußerung. Die untere Zeile zeigt die momentan aktivierbaren Kommandos an.

7 Ausblick

Klärungsdialoge steigern die Effektivität der Mensch-Computer-Kommunikation. Sie ermöglichen dem Benutzer außer der interaktiven Korrektur einer defektiven Anfrage auch den Einblick in die Modellwelt des Systems. Die Beschreibung von weiteren Klassen typischer Fehler kann z.B. auch die Klärung syntaktischer Fehler ermöglichen. Auch die Erzeugung von Überbeantwortung, im Sinne von "Nein, aber ...", falls Anfragen keine direkte Lösungen besitzen, kann mit diesem hier vorgestellten Ansatz einer Klärungskomponente realisiert werden.

Literatur

[Bre82]   Bresnan, J., (Hrsg.), *The mental representation of grammatical relations*. MIT Press, 1982.

[Che76]   Chen, P. P., The entity-relationship model - toward a unified view of data. *ACM Transaction on Database Systems*, 1(1), 1976.

[EFK88]   Erben, A., Fehrle, T., Knopik, T., *KEYBIT 2.0 - Wissensbasierte Schnittstellen zu einem Expertensystem*. Institutsbericht 1/88, Institut für Informatik, Universität Stuttgart, 1988.

[Erb87]   Erben, A., Ein natürlichsprachliches Dialogsystem mit Syntax-Semantik-Interaktion basierend auf der LFG-Theorie. *Künstliche Intelligenz (KI)*, (4/87), 1987. Oldenburg-Verlag.

[Feh87]   Fehrle, T., Eine wissensbasierte Schnittstelle - Vermittler zwischen Mensch und Maschine. In: Balzert, H., Heyer, G., Lutze, R., (Hrsg.), *Expertensysteme '87 Konzepte und Werkzeuge*, Teubner, Stuttgart, April 1987.

[HEF*86] Horlacher, E., Erben, A., Fehrle, T., Mouta, F., Stauss, M., Wernecke, W., *KEY-STONE 1.0*. Technischer Bericht 1/86, IBM Deutschland GmbH, IS Informatik Zentrum, Sindelfingen, 1986.

[WS87]   Weischedel, R. M., Sondheimer, N. K., Meta-rules as a basis for processing ill-formed input. In: Reilly, R. G., (Hrsg.), *Communication failure in dialogue and discourse*, Elsevier Science Publishers B.V. (North-Holland), Amsterdam, 1987.

Benutzerschnittstelle für eine
Terminologiedatenbank

Renate Mayer
Fraunhofer Institut für Arbeitswirtschaft und Organisation
Nobelstr. 12
7000 Stuttgart 80
email: mayer@iaoobel.uucp

Zusammenfassung: Im Rahmen des ESPRIT Projektes HUFIT wurde eine Datenbank eingerichtet für Terminologie aus dem Bereich Informationstechnologie. Die Terminologie-datenbank bietet Äquivalente in acht Sprachen mit Definitionen in Deutsch und Englisch an. Im folgenden wird die Entwicklung und Implementierung dieser Terminologiedatenbank (TDB) und einer auf ihr aufbauenden Benutzerschnittstelle vorgestellt, wobei das Hauptaugenmerk auf die Retrieval Komponente gerichtet werden soll, da die hauptsächliche Aufmerksamkeit des regelmäßigen Benutzers auf sie gerichtet ist. Dabei werden die Methoden der Bildschirmgestaltung und Gründe für Designentscheidungen, die bei der Realisierung der Benutzeroberfläche eine Rolle spielten, aufgezeigt.

Einleitung

Computer finden bei technischen Autoren und Übersetzern eine immer größere Verbreitung. Der häufigste Grund, den sie für die Entscheidung für einen Computer nennen, sind die Möglichkeiten, die er bei der Textbe- und -verarbeitung und bei der Abwicklung der Korrespondenz bietet. Die Textverarbeitungsprogramme verschaffen erhebliche Arbeitserleichterungen, die beim Entwerfen, Eingeben, Korrigieren und Druckvorbereiten der übersetzten oder verfassten Texte eine große Hilfe darstellen.

Um den Computer darüberhinaus stärker auszunützen, werden den technischen Autoren und Übersetzern weitere Hilfsmittel angeboten. Diese Hilfsmittel oder Werkzeuge reichen von Trennprogrammen und Rechtschreibkorrekturen über die automatische Konkordanz-erstellung bis hin zu elektronischen Wörterbüchern und Terminologiedatenbanken. Letztgenannte unterstützen die Benutzer beim Nachschlagen von Fachterminologie, und bieten, je nach Umfang der Datenbank, Übersetzungen, Synonyme, Syntaxangaben, Kontextinformationen und/oder Definitionen an.

Da diese Benutzer in erster Linie keine EDV-Experten sind, soll ihnen jede denkbare Hilfe im Umgang mit dem Computer gewährt werden, so daß sie nicht mit systeminternen Details belastet werden müssen. Eine wichtige Voraussetzung für einen problemlosen Umgang mit einem Computer ist eine Benutzerschnittstelle, die einerseits so einfach und leicht verständlich wie möglich gestaltet ist und andererseits den vollen Funktionsumfang effektiv repräsentiert.

Komponenten des Schnittstellenentwurfs

Bei der Gestaltung eines Dialogsystems muß berücksichtigt werden, daß sich Benutzer nach Übungsgrad und Vorkenntnissen unterscheiden. Je nach den zu erwartenden Benutzern und verfügbarer Technologie werden der Dialogmodus, die Dialogform sowie die verschiedenen Dialogtechniken festgelegt.

Es versteht sich von selbst, daß eine komfortable Benutzerschnittstelle über ein Hilfesystem verfügt, das den Benutzern die Handhabung und Funktionalität des Systems erklärt und sie unterstützt, wenn sie nicht weiter wissen. Ferner erläutert es Fehlermeldungen und informiert über den momentanen Systemstatus. Bei der Realisierung des Dialogsystems soll darauf geachtet werden, daß die Benutzer nicht für eventuelle Fehler bestraft werden dürfen. Daher können sie mit Hilfe eines Undo-Kommandos jederzeit eine Aktion zurücknehmen, das heißt einen alten Zustand wiederherstellen.

Ausgangslage für die Entwicklung der Benutzerschnittstelle war ein Terminologiebestand, der in einer relationalen Datenbank (ORACLE) auf einer Sun abgespeichert ist. Er umfaßt ca. 2500 Einträge in bis zu acht Sprachen aus dem Bereich Informationstechnologie und enthält Definitionen in Deutsch und Englisch.

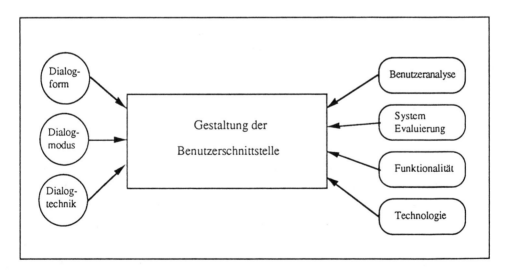

Abbildung 1: Komponenten, die die Schnittstellengestaltung beeinflussen

Dialogmodus

Unter Dialogmodi werden die verschiedenen Arten der Benutzer-System Interaktion wie natürliche Sprache, formale Sprachen und die direkte Manipulation zusammengefaßt.

Der natürlichsprachliche Dialog erlaubt den Benutzern einen direkten Zugang zum System, ohne daß sie sich längere Zeit einarbeiten müssen. Ein Nachteil der natürlichsprachlichen Interaktion ist, daß die Anfragen an das System noch umständlich eingetippt werden müssen. Dieser Nachteil kann jedoch in zukünftigen Systemen, die dann gesprochene Sprache interpretieren können, vermieden werden. Ferner beherrscht das System nur ein beschränktes Sprachfragment, was einerseits viele Rückfragen nötig macht, andererseits zu hohe und unerfüllbare Erwartungen im Umgang mit dem System bei den Benutzer auslöst.

Bei der direkten Manipulation werden die Arbeitsumgebung und die interessierenden Objekte visuell dargeboten, die mit Hilfe eines Zeigegerätes, üblicherweise einer Maus, manipuliert werden können. Es ist ein Dialogmodus, der sich primär an Nicht-EDV-Spezialisten wendet, da er leicht zu lernen ist und unnötige Fehler vermieden werden können.

Formale Sprachen werden vorwiegend von geübten Benutzern verwendet, da sie flexibel und schnell arbeiten. Sie sind jedoch schwieriger zu erlernen und bergen daher auch mehr Fehlerquellen in sich.

Dialogform

Die Dialogform beschreibt die Führung des Mensch-Rechner Dialogs. Man unterscheidet systeminitiierte und benutzerinitiierte Dialogformen sowie die hybriden, eine Mischung aus beiden. Ungeübte Benutzer ziehen meist die Systeminitiative vor, da das geringere Fehlerrisiko und die kurze Ausbildung- und Einarbeitungszeit von Vorteil sind und das System den Benutzer auf festen und sicheren Pfaden durch das Programm führt. Geübte Benutzer oder Experten ziehen eine benutzerinitiierte Dialogform vor, da sie flexibler und individuell steuerbar ist.

Dialogtechniken

Ein Dialogsystem kann mit Hilfe verschiedener Techniken realisiert werden. Die Verwendung von Menüs ist weitverbreitet, da sie sowohl bei hochauflösenden Bildschirmen mit Maus als auch bei einfachen Geräten ohne Zeigeinstrument benutzt werden können. Der Vorteil ist die kurze Einarbeitungszeit, die strukutrierte Entscheidung und zielgerichtete Führung zur Anwendung, jedoch bergen sie ebenfalls die Gefahr der Verwirrung durch zu viele Menüeinträge und Menühierarchien in sich und sind häufigen Benutzern oft mals zu langsam.

Als weitere Techniken werden Piktogramme, Formulare und Fenstersysteme im Mensch-Rechner Dialog eingesetzt. Formulare vereinfachen die Dateneingabe und sind leicht zu bedienen. Piktogramme sind kleine graphische Objekte, die ganze Systeme oder Anwendungen repräsentieren, dadurch einen guten Überblick über die Umgebung ermöglichen und einfach mit der Maus manipuliert werden können. Die Idee von Fenstersystemen ist, daß sie einen Schreibtisch simulieren und gleichzeitig verschiedene Anwendungen wie Notizzettel, Kalender, Uhr, Text schreiben, Post schicken usw. zulassen. Die Funktionstasten schließlich ermöglichen schnelle Aktionen sind aber etwas mühsam zu erlernen.

Da die Benutzer von TDB's im allgemeinen keine EDV Experten sind, und ihnen somit ein einfacher aber effektiver Zugang zur Terminologie geschaffen werden soll, wurde für die Realisierung der Terminologiedatenbank-Benutzerschnittstelle die direkte Manipulation als Dialogmodus und eine stark system-initiierte Dialofgform verwendet. Obwohl bereits mittels Übersetzungsprogrammen natürlichsrachliche Fragen in SQL-Anfragen transformiert werden können, ist der natürlichsprachliche Zugriff nicht geplant, da der Aufwand des Eintippens vollständiger Sätze für die Suche nach einem Lexikoneintrag für zu groß eingeschätzt wird. Alle genannten Dialogtechniken wurden eingesetzt mit einem Schwerpunkt auf Piktogramme und Menüs.

Benutzeranalyse
Im Vorfeld muß untersucht werden, welche Gruppen als potentielle Benutzer für Terminologiedatenbanken in Frage kommen. Eine Befragung dieser zukünftigen Benutzer ergibt ein Bild von deren Wünschen und Vorstellungen.
Es wird davon ausgegangen, daß die Benutzer von Terminologiedatenbanken den Benutzern von gedruckten Lexika und Wörterbüchern entsprechen. Leider gibt es keine umfassende Untersuchung von Lexikonbenutzern. Es herrscht jedoch Konsens darüber, daß Übersetzer, Studenten, Fachexperten, Terminologen und Lexikographen regelmäßig zum Wörterbuch bzw. Lexikon greifen. Eine Befragung von Studenten, Fachexperten und Übersetzern (an der Universität Stuttgart, verschiedenen Übersetzungsbüros und unter Mitarbeitern des IAO) ergab, daß bei der Arbeit hauptsächlich Fachlexika und zweisprachige Wörterbücher verwendet werden. Die Befragten gaben an, daß sie meist mehrere Lexika zur Informationssuche heranziehen müssen und daß sie am häufigsten nach Übersetzungen, Erklärungen, Definitionen und Synonymen suchen. Referenzen auf weitere Einträge, Kontexte und Benutzungsbeispiele haben sie stark vermißt. Die Mehrheit der Studenten und Übersetzer hatte wenig Erfahrung im Umgang mit Computern.

Evaluierung existierender Systeme
Die Betrachtung und Bewertung vorhandener Schnittstellen ist sehr hilfreich für den Entwurf einer neuen. Dabei können gute Lösungen übernommen und ausgebaut, entdeckte Nachteile vermieden werden.
Die Terminologiedatenbanken EURODICAUTOM der Europäischen Kommission und TEAM der Siemens AG München, sowie die Schnittstellen elektronischer Bücher wurden näher

untersucht. EURODICAUTOM verfügt über einen sehr großen Terminologiebestand aber leider eine nur mäßige Schnittstelle mit vielen Kurzbezeichnungen, die nur mit Hilfe eines Handbuches auflösbar sind. Es kann nur nach den Schlüsselwörtern gesucht und keine Einschränkung auf ein Sachgebiet gemacht werden. TEAM bietet komfortablere Nutzungsmöglichkeiten in denen der Benutzer alphabetisch weiterblättern, sich einen individuell nach Sachgebiet sortierten Bestand anlegen oder nach Teilbegriffen suchen kann. Mehrwortbegriffe werden automatisch invertiert (z.B. automatische Zeilennummerierung in Zeilennummerierung, automatische). Die Anfragen müssen in einer Kommandosprache formuliert werden.

Elektronische Bücher bzw. Lexika sind Nachschlagewerke und Lehrbücher in einem und erlauben das Navigieren durch einen großen Text. Analog zu dem Umgang mit Büchern gelangt der Benutzer über ein ausführliches, hierarchisch angelegtes Inhaltsverzeichnis zu dem ihn interessierenden Sachgebiet, wo ihm die Arbeit mit Hilfe elektronischer Buchzeichen, schneller Verfolgung von Querverwiesen, Graphiken und Bildern oder durch individuelle Randbemerkungen so angenehm wie möglich gemacht werden soll.

Funktionalität

Die Anforderungen sowohl an das Anwendungs-System als auch deren Schnittstelle müssen klar spezifiziert werden. Gleich zu Beginn der Untersuchungen müssen die folgenden Fragen geklärt werden: der Umfang und der Aufbau der Funktionen, die Komplexität der Systems, welche Aufgaben sollen gelöst werden? bzw. welche Arbeiten sollen vorrangig unterstützt werden?

Um als Hilfsmittel von den Benutzern akzeptiert zu werden, muß die TDB mindestens die selbe Funktionalität wie ein gedrucktes Lexikon haben. Zusätzlich soll die Möglichkeit gegeben sein, Fehler schnell korrigieren, Bedeutungsänderungen problemlos ergänzen und neue , sofort zur Verfügung stehende, Einträge hinzufügen zu können. Die Benutzerumfrage ergab, daß der Inhalt der Datenbank außer Übersetzungen und Definitionen auch Synonyme, Ober- und Unterbegriffe, Benutzungsbeispiele und Verweise auf weitere Einträge beinhalten soll - eine Aufgabe, der mit einem Computer leicht nachgegangen werden kann, da ein aufwendiges Blättern entfällt.

Technologie

Die vorhandenen Geräte und technologischen Gegebenheiten müssen berücksichtigt werden, da sie den Dialogaufbau und -ablauf entscheidend mitbestimmen. So bietet ein System, das über eine Maus oder einen hochauflösenden Bildschirm verfügt andere Möglichkeiten als ein einfaches CRT-Terminal.

Für die Implementierung der Terminologiedatenbank stand auf Hardwareseite eine SUN mit Maus, und hochauflösendem Bildschirm, auf der Softwareseite verschiedene Programmiersprachen (C, LISP, Prolog), ein Fenstersystem und das relationale Datenbanksystem ORACLE zur Verfügung.

Die realisierte Schnittstelle

Um die verschiedenen Benutzer und Aufgaben optimal zu unterstützen, sind verschiedene Arten des Zugriffs auf die Daten realisiert (s. Abb.2).

Abbildung 2: Piktogramme

Der Datenbankadministrator hat über die *SQL-Schnittstelle* die Möglichkeit, direkt die Datenbank zu manipulieren, um beispielsweise neue Relationen einzurichten. Um mit der SQL-Schnittstelle arbeiten zu können, muß der Benutzer die Datenbankabfragesprache SQL kennen und darüber hinaus über den Aufbau der Datenbank Bescheid wissen.

Die *Special Queries Schnittstelle* enthält ein Menü, in dem gewisse Metafragen über das System oder spezielle Aspekte des Systems ausgewählt werden können, wie "Welche Definitionen stammen vom Autor X?", "Wieviele Einträge gibt es im Sachgebiet Y?" usw.

Die *Retrieval-Schnittstelle* erlaubt individuelle Benutzeranfragen. Sie ist realisiert mit Hilfe von vier Unterfenstern (s. Abb.3).

Im ersten Unterfenster wird die Suchfrage näher spezifiziert. Dabei werden alle möglichen Informationskategorien direkt in dem Fenster dargestellt, damit sie der Benutzer auf einen Blick erfassen kann und nicht erst die möglichen Anfragen und Suchspezifikationen nachschlagen muß. Zuerst werden die Quellsprache sowie die gewünschten Informationskategorien und Zielsprachen mit der Maus ausgewählt, dann wird der Suchterm eingetragen, wobei bei der Eingabe des Suchterms auf Groß- und Kleinschreibung oder Bindestriche keine Rücksicht genommen werden muß. Außerdem wird dem Benutzer die Möglichkeit einer Suche nach Teilbegriffen angeboten, falls ihm die korrekte Schreibweise nicht ganz klar ist oder ein lange Benennung abgekürzt werden soll. Dafür kann der Benutzer sogenannte "wildcards", Platzhalter für Teilworte, benutzen, wobei er an den bekannten Wortabschnitt eine wildcard - hier das % Zeichen - anschließt. Ferner ist dadurch eine Suche nach Wortlisten möglich; gibt der Benutzer beispielsweise Arbeits% ein, so wird ihm eine Liste mit sämtlichen Komposita ausgegeben, von Arbeitsanforderung bis Arbeitszeitmessung.

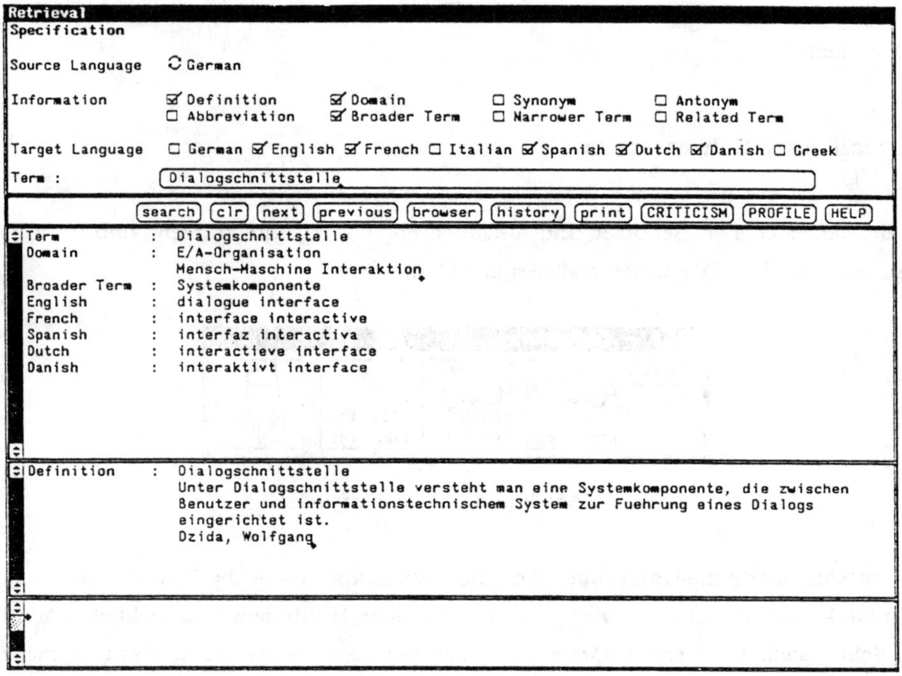

```
Retrieval
Specification

Source Language    ↻ German

Information        ☑ Definition      ☑ Domain        ☐ Synonym       ☐ Antonym
                   ☐ Abbreviation    ☑ Broader Term  ☐ Narrower Term ☐ Related Term

Target Language    ☐ German ☑ English ☑ French ☐ Italian ☑ Spanish ☑ Dutch ☑ Danish ☐ Greek

Term :            ( Dialogschnittstelle                                              )

                  (search) (clr) (next) (previous) (browser) (history) (print) (CRITICISM) (PROFILE) (HELP)

⬍ Term        :   Dialogschnittstelle
  Domain      :   E/A-Organisation
                  Mensch-Maschine Interaktion
  Broader Term :  Systemkomponente
  English     :   dialogue interface
  French      :   interface interactive
  Spanish     :   interfaz interactiva
  Dutch       :   interactieve interface
  Danish      :   interaktivt interface

⬍

⬍ Definition  :   Dialogschnittstelle
                  Unter Dialogschnittstelle versteht man eine Systemkomponente, die zwischen
                  Benutzer und informationstechnischem System zur Fuehrung eines Dialogs
                  eingerichtet ist.
                  Dzida, Wolfgang

⬍

⬍
```

Abbildung 3: Retrieval-Fenster

Im zweiten Fenster werden die gefundenen Terminformationen, im dritten die Definitionen ausgegeben. Die getrennte Ausgabe von Informationen und Definitionen hat den Vorteil, daß sie unabhängig voneinander geblättert werden können. Im vierten Fenster werden System-meldungen ausgegeben, beispielsweise wenn eine Information nicht gefunden oder ein Term unter einer anderen Schreibweise - beispielsweise die Informationen bei Abkürzungen unter der jeweiligen Langform - gefunden wurde.

Verschiedene Buttons bieten die Möglichkeit Zusatzinformationen zu erhlaten. Mit Hilfe von *Previous* und *next* kann alphabetisch im Lexikon geblättert werden, wodurch sozusagen das gedruckte Lexikon simuliert wird. Die im Alphabet vor oder nachgestellten Einträge - jeweils auf die Quellsprache bezogen - erscheinen dann im Termfeld und falls sich der Benutzer für weitere Information interessiet, so kann er sie sich mit Hilfe des Search-buttons ausgeben lassen.

Die Reihenfolge der Terme, die während einer Sitzung gesucht wurden, werden in einem neuen, zusätzlich eingeblendeten Fenster ausgegeben, wenn man den *history* button betätigt.

Hinter dem Button *Profile* verbirgt sich ein Menü, über das Benutzerprofile ausgesucht, kreiert und gelöscht werden können. Dadurch kann eine feste Kombination der Informationskategorien unter einem individuellen Namen abgelegt und in einer späteren

Sitzung wieder abgerufen werden. Soll ein neues Benutzerprofil angelegt werden, wird im Menü der Eintrag *new* gewählt. Es öffnet sich ein Fenster, der Benutzer wird aufgefordert im Spezifikationsfenster Suchkategorien auszuwählen und ein Name, unter dem das Benutzerprofil abgelegt werden soll, einzugeben. Damit wird der Name als neuer Eintrag in das Profile-Menü eingetragen.

Print dient zum Ausdrucken von Lexikoneinträgen.

Mit *Help* erhält der Benutzer ein Menü, über das er näher spezifizieren kann, zu welchem Thema er Erklärungen wünscht. Daraufhin wird ein weiteres Fenster eingeblendet, in das dann die entsprechenden Hilfeinformationen, die vom Aufbau der Terminologiedatenbank, den möglichen Interaktionen bis hin zur Erläuterung der einzelnen Buttons und Menüs reichen, ausgegeben werden.

Ein weiteres Hilfsmittel ist der Browser, mit dessen Hilfe die Sachgebietshierarchie überblickt werden kann. Alle in die Terminologiedatenbank eingetragenen Begriffe haben einen Sachgebietseintrag. Die Sachgebiete sind hierarchisch angelegt, an der Spitze steht die Informationstechnologie. Diese Struktur kann als Baum visualisiert und dem Benutzer zum Navigieren angeboten werden (s. Abb. 4). Durch Auswählen eines Tochterknotens mit der Maus, wird dieser zum Mutterknoten, deren Töchter dann angezeigt werden, sofern sie Teil der Sachgebietshierarchie sind. Handel es sich um Blätter, werden die Termeinträge dieses Sachgebiets als Liste in ein Teilfenster ausgegeben. Beim ersten Aufruf des Browsers sind Sprache und Sachgebiet an die aktuellen Werte im Retrieval-Fenster angepaßt, der Browser kann jedoch auch unabhängig vom Retrieval-Fenster benutzt werden, der Benutzer kann eine andere Sprache bzw. Sachgebiet eingeben. Verglichen mit gedruckten Lexika simuliert der Browser einen Thesaurus auf dem Bildschirm.

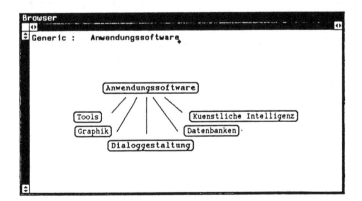

Abbildung 4: Browser

Eine weitere Zugriffsmöglichkeit für Terminologen oder Lexikographen ist durch die Modifikations-Schnittstelle gegeben. Nur autorisierte Benutzer dürfen über sie neue Terme eintragen, bestehende korrigieren und erweitern oder ganze Einträge löschen. Die Schnittstelle ist ähnlich aufgebaut, wie die Retrieval-Schnittstelle. Im ersten Teilfenster wird der zu ändernde Term näher spezifiziert, die Informationen zu dem Eintrag in ein zweites Fenster, ein Fenster ausschließlich zum Lesen, ausgegeben und im dritten Fenster können die Änderungen und Zusätze eingegeben werden. Mit Hilfe der Buttons *add, delete, correct* und *save* werden die Modifikationen durchgeführt.

Ausblick

Als weitere Hilfsmittel für technische Autoren, Dolmetscher, Studenten, Experten und Übersetzer sind das Hinzufügen von gesprochener Sprache zum Überprüfen oder Lernen der korrekten Aussprache oder Graphiken und Animation als weitere Erklärung bei Definitionen denkbar und als optimale Umgebung erstrebenswert. Expertensysteme, die Regeln für Rechtschreibung, Zeichensetzung und Grammatik beinhalten und Systeme mit idiomatischen Wendungen, die den Stil und die korrekte Übersetzung überprüfen, könnten das Arbeitsplatzsystem abrunden.

Mit Hilfe einer Oberfläche, die die Integration von Graphik, Zeigehandlungen und gespochener Sprache erlaubt, kann die Benutzerschnittstelle noch freundlicher und effektiver gestaltet werden.

In einem Hypertextsystem abgespeichert, kann die Terminologiedatenbank um einige Suchmethoden, Bilder und Graphiken zu einem umfassenden Informationssystem erweitert werden. So wurde das Oxford English Dictionary in einer Hypertext Datenbank abgelegt um das Browsen zu unterstützen, verschiedene Informationsdarstellungen anzubieten und dem Benutzer eine größere Palette von Aktionen anzubieten, wie das Verfolgen von Verweisen zu anderen Einträgen, die semantisch mit dem momentanen Eintrag zusammenhängen entweder assoziativ (siehe auch) oder hierarchisch (ist Teil von). Dies ermöglicht einen schnellen umfassenden Zugriff auf Informationen.

Literatur

[1] Bullinger, H.J., Grundsätz der Dialoggestaltung in: Bullinger, H.-J.; Gunzenhäuser, R.(Hrsg.) *Software-Ergonomie*; Sindelfingen: expert Verlag; 1986.

[2] Conklin, J. Hypertext: An Introduction and Survey in: IEEE Computer; September 1987.

[3] DIN 66234 Teil 8, Entwurf, November 1986.

[4] Fähnrich, K.P. Vorgehensweise zur Gestaltung großer Anwendungssysteme: Dialogsysteme in: Bullinger, H.-J.; Gunzenhäuser, R.(Hrsg.) *Software-Ergonomie;* Sindelfingen: expert Verlag; 1986.

[5] Maier, E.; Mayer, R. Entwurf einer Benutzerschnittstelle für Terminologie-Datenbanken in: Czap, H.; Galinski, C. (Ed.) *Terminology and Knowledge Engineering;* Frankfurt: Indeks Verlag; 1987.

[6] Raymond, D.R.; Tompa, F.W. *Hypertext and the Oxford English Dictionary* in: Communications of the ACM Vol.31 No.7; July 1988.

[7] Schulz, J. *Übersetzungshilfen im Dialog mit einer mehrsprachigen Terminologie-Datenbank;* in: babel Vol.XXVII No.2 ; 1981.

[8] Shneiderman, B. *We can design better user interfaces: A review on human-computer interaction styles* in: Ergonomics Vol.32 No. 5; May 1988.

GEOTEX-E: Generierung zweisprachiger Konstruktionstexte

Walter Kehl

Institut für Informatik
Universität Stuttgart, Herdweg 51
7000 Stuttgart 1

Zusammenfassung

Mit GEOTEX-E wird ein System vorgestellt, mit dem interaktiv geometrische Konstruktionen erstellt und diese Konstruktionen sowohl auf Englisch als auch auf Deutsch beschrieben werden können. Gezeigt werden zum einen die verschiedenen Mechanismen, die bei der Generierung eines vollständigen Textes ineinandergreifen. Zum anderen wird über die Erfahrungen berichtet, die bei der Erweiterung des Generators von der deutschen auf die englische Sprache gewonnen wurden.

1 Einleitung

GEOTEX-E ist ein System, mit dem geometrische Konstruktionen erzeugt werden können, und das gleichzeitig beschreibende Texte dazu generiert – sowohl Texte, die den Ablauf einer Konstruktion darstellen als auch solche, die das Resultat der Konstruktion beschreiben. GEOTEX-E bildet damit gewissermassen ein Pendant zum Tricon-System ([Arz 85]), bei dem ausgehend von einer sprachlichen Konstruktionsanleitung eine geometrischen Konstruktion erzeugt wird.

Entstanden ist GEOTEX-E (zuerst als GEOTEX [Kehl 86] in einer deutschsprachigen Version) als eine Anwendung und Erweiterung des SEMGEN-Generators. Dieser Generator ([Rösner 86a], ausführlicher in [Rösner 86b]) wurde ursprünglich entwickelt als Generatorkomponente für die maschinelle Übersetzung von Titeln wissenschaftlicher Arbeiten aus dem Japanischen ins Deutsche. SEMGEN geht von semantischen Repräsentationen (als Interlingua der Übersetzung) aus und wandelt diese in die entsprechenden deutschen Oberflächenstrukturen um. Es hat sich gezeigt, daß mit diesem Ansatz auch in anderen Anwendungsbereichen generiert werden kann. Zu erwähnen ist vor allem SEMTEX [Rösner 87], ein System, das kurze Berichte zur Situation auf dem Arbeitsmarkt erzeugt.

Dieser Beitrag will sich vor allem mit dem Aspekt der Generierung in zwei Sprachen befassen. Ein ähnliches Ziel verfolgte [Rambow 88] mit dem Vorhaben, SEMTEX 'Englisch zu lehren'. Teilweise konnte auf seine Ergebnisse – vor allem bei der Morphologie-Komponente – aufgebaut werden.

2 Der Aufbau von GEOTEX-E

GEOTEX-E läßt sich in drei Komponenten aufteilen:

- In eine Graphik-Komponente zur interaktiven Erstellung geometrischer Konstruktionen auf dem Computerbildschirm

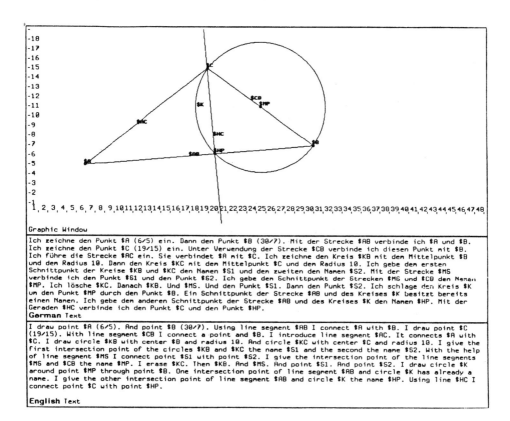

Abbildung 1: Eine geometrische Konstruktion mit GEOTEX

- In den eigentlichen Generatorkern

- In eine Text-Komponente, die die textspezifischen Phänomene behandelt.

2.1 Die Graphik-Komponente

Mit Hilfe der Graphik-Komponente kann der Benutzer Konstruktionen der euklidischen Geometrie auf dem Bildschirm aufbauen. Er arbeitet dabei mit einer Kommandosprache bzw. mit Menüs, um geometrische Objekte (des Typs Punkt, Strecke, Strahl, Gerade, Kreis) einzuführen, zu benennen und miteinander zu verknüpfen. Als Beispiele siehe Abbildung 1.

2.2 Der Generatorkern

Der Generatorkern arbeitet in drei Schritten (als Beispiel für die aufgebauten Zwischenstrukturen bei einer Generierung siehe Abbildung 2):

Die semantische Repräsentation:

```
(DRAW
  :OBJECT (POINT :NAME (:*PN ''A'')
  :ALIAS (*COORDINATES-REL* :VALUE1 6 :VALUE2 5))
  :AGENT ME)
```

Die funktional-grammatische Struktur:

```
(:CLAUSE
  (:VERB ''einzeichn'')
  (:FEATURES (:VOICE ACTIVE) (:TENSE PRES) (:MOOD IND))
  (:DIROBJ
    (:NG (:HEAD ''Punkt'')
    (:FEATURES (:DET DEF) (:NUM SG)) (:NAME (:XXX ''A''))
    (:POSTMOD (:XXX ''(6/5)''))))
  (:SUBJ (:NG (:HEAD PERSPRO) (:FEATURES (:PERS 1) (:NUM SG)))))
```

Der deutsche Satz:

"Ich zeichne den Punkt A (6/5) ein."

Abbildung 2: Die Zwischenschritte bei der Generierung

1. Der SEMGEN-Generator nimmt als Input semantische Repräsentationen in einer erweiterten Kasus-rahmennotation. Der erste Schritt besteht darin, eine externe semantische Repräsentation (wie sie z.B. von der Graphik-Komponente geliefert wird) in die Generator-eigene zu überführen.

2. Aus dieser semantischen Repräsentation wird – im eigentlichen Hauptschritt der Generierung – eine funktional-grammatische Struktur erzeugt, durch die die deutsche Oberflächenform bereits vollständig determiniert ist.

3. Danach erzeugt das Oberflächenmodul SUTRA-S [Emele, Momma 85] aus der funktional-grammatischen Struktur einen morphologisch und syntaktisch korrekten deutschen Satz bzw. eine deutsche Nominalgruppe.

2.3   Die Textkomponente

Die Textkomponente von GEOTEX-E besteht im wesentlichen aus dem sogenannten 'context handler', einem Datenobjekt, bei dem Wissen über Textphänomene und – strukturen lokalisiert wurde. Der context handler baut bei der Arbeit mit dem System nach und nach einen Kontext auf, in dessen Rahmen der jeweils neue Satz generiert wird. Das Kontextwissen umfasst sowohl die Entstehung und den aktuellen Stand der geometrischen Konstruktion als auch Informationen über die bisher verwendeten sprachlichen Einheiten wie z.B. die Lexikalisierungen. Die im Kontext vorhandenen Informationen werden für folgende Zwecke benutzt:

- Variation bei der Lexikalisierung semantischer Symbole

- Aufbau von Referenzen zwischen aufeinanderfolgenden Sätzen

- Weglassung redundanter Satzkonstituenten (Elliptifizierung)

2.4 Das Zusammenwirken der Komponenten

GEOTEX-E kann zwei verschiedene Textsorten erzeugen: Texte, die den Ablauf einer geometrischen Konstruktion beschreiben, und Texte, die Informationen über einzelne geometrische Objekte liefern, also z.B. über Lage, Schnittpunkte und Parallelen einer Geraden. Je nach Textsorte ist das Zusammenwirken der einzelnen Komponenten verschieden.

Bei der Beschreibung einer Konstruktion wird nach jeder Aktion des Benutzers – also nach jeder Veränderung der Zeichnung – eine entsprechende semantische Repräsentation erzeugt und an den Generatorkern weitergegeben. Dieser erzeugt daraus – in ständiger Interaktion mit der Textkomponente – einen Satz und gibt ihn auf dem Bildschirm aus.

Bei den Informationstexten ist ein gewisses Maß an Textplanung erforderlich. Die Informationen über ein bestimmtes geometrisches Objekt werden gesammelt, in semantische Repräsentationen eingebaut und dann – in der von der Planungskomponente festgelegten Reihenfolge – vom Generator verarbeitet. Auch hier wiederum interagieren Generatorkern und Textkomponente sehr stark.

3 Generierung in Englisch

Die Umstellung bzw. Erweiterung des GEOTEX-Systems auf Englisch läßt sich auftrennen in zwei Teilaufgaben: zum einen die Umstellung des Oberflächenmoduls SUTRA-S und zum anderen die Umstellung des Generatorkerns und die damit auftretenden Fragen bezüglich der semantischen Repräsentation. Die Umstellung der morphosyntaktischen Komponente SUTRA-S von Deutsch auf Englisch ist im wesentlichen eine 'Abmagerung', einiges Interessante dazu, vor allem zu Fragen der Wortstellung findet sich in [Rambow 88][1]. Hier soll mehr auf die zweite Teilaufgabe eingegangen werden.

Eine technische Anmerkung: der Generatorkern ist in einer objektorientierten Version von LISP implementiert. Wenn im Folgenden von Ersetzung bzw. Abänderung gesprochen wird, heißt das, daß für

---

[1]Teile der Umstellung des Generators, insbesondere der Morphologiekomponente, wurden in Zusammenarbeit mit Martin Emele, ebenfalls Universität Stuttgart, durchgeführt.

die 'sprachabhängigen' Teile des Generators jeweils eine zweite Methode – z.B. durch Ersetzen der deutschen Ausdrücke – definiert wurde, die für den Fall der englischen Generierung die ursprüngliche Methode 'überdeckt'.

3.1   Die Umstellung des Generatorkerns

Ein großer Teil der Anpassung des Generatorkerns konnte bereits geleistet werden durch die Ersetzung aller deutschen Worte, die der Generator verwendet, vor allem durch die Ersetzung von deutschen Präpositionen durch englische. Weiterhin mußten die globalen Variablen für verschiedene Stilpräferenzen (z.B. ob bevorzugt Relativsätze gebildet werden sollen) umgesetzt werden. Natürlich benötigt der Generator auch ein zusätzliches Lexikon mit englischen Grundformen.

Interessanter waren aber die Änderungen, die spezifisch für die spezielle Anwendung auf die Geometrietexte waren. Ein Beispiel ist die Verwendung des bestimmten Artikels: Heißt es im Deutschen

"Ich zeichne den *Punkt A ein"*, so wird im Englischen der Artikel *"the"* nicht verwendet: *"I draw point A"*. Dies darf aber nicht zu der Schlußfolgerung verleiten, alle Konzepte mit Namen würden ohne den bestimmten Artikel realisiert. Denn es heißt ebenfalls: *"I give this line* the *name AB."*

3.2   Die Umstellung der Textkomponente

Die Umstellungen bei der Textkomponente waren relativ gering — wahrscheinlich nicht deshalb, weil hier eine sehr große Ähnlichkeit zwischen Deutsch und Englisch herrscht, sondern deshalb, weil in GEOTEX-E nur eine sehr begrenzte Anzahl an Textphänomenen behandelt werden können. Die wichtigste Änderung betraf die Anwendung der Fokussierung: Wenn mit bestimmten Satzkonstituenten auf vorhergehende SätzeBezug genommen wird , ist diese Konstituente meist fokussiert: *"Ich zeichne den Punkt A ein.* Um ihn *schlage ich* den *Kreis K."*. Im Englischen unterliegt diese Fokussierung stärkeren Einschränkungen als im Deutschen.

3.3   Die semantische Repräsentation

Die interessantesten Effekte traten auf, als der Generator bereits in der Lage war, syntaktisch korrekte englische Sätze zu produzieren. Dennoch war das Resultat in vielen Fällen ein 'deutsches' Englisch: die vom Generator verwendeten Kasusrahmen sind – trotz aller Bemühung um eine möglichst universelle Semantik – mehr an die Generierung von Deutsch angepaßt. Ein Beispiel: Im Deutschen ist es durchaus möglich, aus relativ großen Strukturen zu generieren, mit dem Resultat langer Sätze. Im Englischen sind solche langen Sätze zwar verständlich, aber stilistisch sehr holprig; hier ist es vorteilhafter, aus mehreren kleineren semantischen Strukturen mehrere kürzere Sätze zu generieren. Da die Erzeugung der semantischen Strukturen bisher noch nicht zu trennen ist (und auch nicht unbedingt getrennt werden sollte) für die Generierung von Deutsch bzw. Englisch, wurden vorläufig vor allem solche Strukturen verwendet, deren Generierungsresultat stilistisch 'in der Mitte liegt' zwischen den beiden Sprachen. Langfristig sollte für dieses Problem aber eine bessere Lösung angestrebt werden.

4 Verallgemeinerungen

Die Frage, ob sich Verallgemeinerungen für die Umstellung eines 'deutschen' Generierungssystems ins Englische finden lassen, läßt sich bei einem relativ kleinen Fragment wie dem hier behandelten nur schwer beantworten. Eine Verallgemeinerung jedoch wird auch hier schon sehr deutlich: sehr vieles hängt vom Grunddesign des Generators ab. Je flexibler und unabhängiger von einer bestimmten Einzelsprache der Generator implementiert worden ist, umso leichter lassen sich nachher Umstellungen auf die Generierung anderer Sprachen vollziehen. Auf folgende Punkte sollte – im Hinblick auf eine mögliche Umstellung – geachtet werden:

- Die Generierung sollte in voneinander abgegrenzten Stufen mit klar definierten Schnittstellen erfolgen. Dies erleichtert es z.B., nachher eine neue Morphologiekomponente 'dranzuhängen'.

- Der Generator sollte möglichst deklarativ konzipiert werden, so daß beim Übergang zu einer neuen Sprache vor allem Daten geändert werden müssen und weniger der eigentliche Programmcode. Dies beinhaltet,

    - möglichst viel Information aus dem Programmablauf zu extrahieren und in (verschiedenen) Lexika zu speichern. Ein Beispiel für dieses 'Herausfaktorisieren' von Information wäre die Aufnahme der Präpositionen, die bisher noch im Code 'verdrahtet' sind, in ein Lexikon.

    - Entscheidungen, die während des Ablaufs einer Generierung fallen, sollten explizit über globale Kontrollvariablen steuerbar sein. Dies gilt vor allem für stilistische Präferenzen, die oft einfach in den Code 'einfließen'.

- Der Generator sollte von vornherein auf leichte Erweiterbarkeit angelegt sein, am besten in der Form, daß Erweiterungen in Form der Eingabe neuer Daten anstelle der Eingabe neuen Programmcodes stattfinden können. Idealerweise wäre eine Trennung vorstellbar zwischen einem Regelinterpreter und einer Menge von Generierungsregeln, die in der Art einer 'Generierungsprogrammiersprache' den Ablauf der Generierung steuern. Bei einer Umstellung bzw. Erweiterung könnten dann einfach neue Regeln aktiviert werden.

- Rein technisch sollte die Implementierung Änderungen am Programmcode, die trotz allem immer in einem gewissen Ausmaß erforderlich sein werden, unterstützen. Hier hat sich die objektorientierte Implementierung außerordentlich bewährt, indem sie erlaubte, alle Änderungen einfach durch 'gesteuerte Überdeckungen' des alten Codes zu programmieren.

Es bleibt die Problematik der semantischen Repräsentation. Die Frage, wie unabhängig von einer spezifischen Sprache eine solche Repräsentation ist bzw. ob es eine wirklich universale semantische Repräsentation überhaupt gibt, ist bisher noch nicht zu beantworten. Neben Experimenten wie dem hier dargestellten wäre es wichtig, Generatoren gleich von vornherein für mehrere Sprachen zu entwickeln. Für das in Kapitel 3.3 angesprochene Problem bieten sich zwei mögliche Lösungen an. Die eine wäre, auf eine noch allgemeinere Beschreibungsstufe 'herunterzugehen' und von dort aus 'sprachspezifischere' Strukturen zu erzeugen. Die andere Lösung ist die, Transformationen auf der Ebene der bisherigen semantischen Repräsentationen zuzulassen, so daß gleichbedeutende Strukturen ineinander überführt werden können, ohne daß festgelegt wäre, welche von ihnen die einzige und richtige ist.[2]

Literatur

[Arz 85] Arz, J. (1985): "TRICON – Ein System für geometrische Konstruktionen mit natürlichsprachlicher Eingabe". In: *GLDV-Jahrestagung 1985, Proceedings*, Springer-Verlag

[Emele, Momma 85] Emele, M. und S. Momma (1985): *"SUTRA-S: Erweiterungen eines Generator-Front-End für das SEMSYN-Projekt*, Studienarbeit, Universität Stuttgart

[Kehl 86] Kehl, W. (1986): *"GEOTEX — Ein System zur Verbalisierung geometrischer Konstruktionen"*, Diplomarbeit, Institut für Informatik, Uni Stuttgart

[Kehl 87] Kehl, W. (1987): "GEOTEX – Verbalisierung von geometrischen Konstruktionen". In: *Angewandte Informatik, 11-1987*

[Rambow 88] Rambow, O. (1988) "Teaching a Second Language to a Computer: A Programmer's View". In: Trost (Ed.): *4. Österreichische Artificial-Intelligence-Tagung, August 1988, Proceedings*, Springer-Verlag

[Rösner 86a] Rösner, D. (1986) "When Mariko talks to Siegfried — Experiences from a Japanese/German Machine Translation Project". In: *COLING-86, Proceedings*, Bonn.

[Rösner 86b] Rösner, D. (1986): *Ein System zur Generierung von deutschen Texten aus semantischen Repräsentationen*. Dissertation, Universität Stuttgart.

[Rösner 87] Rösner, D. (1987): "The automated news agency: the SEMTEX text generator for German", In: Kempen, G. (Ed.): *Natural language generation: new results in Artificial Intelligence, Psychology, and Linguistics*, Kluwer Academic Publishers, Boston/Dordrecht

---

[2]Dadurch folgt nicht, daß in der semantischen Repräsentation auch syntaktische Information kodiert ist, sondern daß es – beim selben auszudrückenden Faktum – auch auf die Frage *"What to say?"* in verschiedenen Sprachen verschiedene Antworten geben kann.

Temporal Reasoning from Lexical Semantics

Sabine Bergler and James Pustejovsky

Computer Science Department
Brandeis University
Waltham, MA, USA

Abstract

In this paper we discuss the problem of extracting, ordering, and verifying events in the semantic interpretation
of text. In particular, we propose a structurally-oriented temporal reasoning mechanism that draws on the
linguistic and discourse structure of a text, yet behaves according to fairly simple, independent structural
principles of composition.

1. The Problem of Relating Events in Time

In this paper we claim that common sense reasoning (CSR) based on world knowledge can be supplemented
by a more structurally-oriented reasoning that derives from the linguistic and rhetorical structure of a text. This
additional knowledge is based largely on lexical semantics and the structure of discourse, and we claim that it is
both computationally inexpensive and able to constrain the inferencing of the CSR component significantly.
Moreover, a representation of the text at a level of shallow understanding (closer to the text) allows for iterative
reevaluation of certain passages of the text when new evidence becomes available, reducing problems with
truth maintenance and revoking inferences. We focus here on extracting and representing the temporal structure
of a text.

The temporal order of events in a text projects from the lexical semantics of event-denoting expressions: The
event semantic structure (ESS) (cf. Pustejovsky (1988b)) for a proposition is incorporated into a trace segment
along with other propositions falling into the same discourse segment. Because each trace segment expresses
only local temporal coherence, the global temporal coherence of a text must result from a process of trace
composition, which results in the branching past and future denotations of text fragments.

The process of determining extensional equivalence of events or trace segments is accomplished by a process
called trace unification. Each individual in the discourse carries a profile, which grounds it in any explicitly
mentioned event within a trace, as well as to events inferred from commonsense knowledge. The result of

reasoning over this knowledge is the unification and collapsing of identical events referred to by different temporal designators.

The problem of finding the correct temporal relationship between events mentioned in a text has been studied from four different angles. Linguists and computational linguists have investigated tense as a means of focusing on different parts of a timeline (Dowty, 1986; Hinrichs, 1986; Webber, 1988). Cognitive models, on the other hand, have emphasized the interaction between knowledge about language and the world. This approach has led Schank and his students (Schank, 1977) to promote predictive understanding guided by scripts and plans that are language independent. Another computational approach, called commonsense reasoning begins by developing models for the core knowledge that can be used for inference processes spawned mainly from logical definitions (Hobbs, 1987; Hayes, 1979; Allen and Hayes, 1985). These include both coherence-type relations as well as notions of temporal granularity. Finally, formally-oriented models of discourse attempt to abstract away from other contributing information in order to establish well-formedness constraints on discourse sequences. Kamp and Rohrer (1981) approach this from a semantics grounded in tense logic, while Scha and Polanyi (1988) look at the more configurational nature of discourse structure.

2. A Theory of Discourse Tracing

In this section we outline a theory of discourse temporal coherence. We show how the various components of grammar and knowledge contribute to the correct temporal structuring of a text. We will introduce two new notions, trace and profile, and discuss three operations over them, trace construction, composition, and unification.

A **trace** captures the sequence of the temporal activities (corresponding roughly to clauses in a text) which can be put into a partial order on the narrative time line. Construction of what we will call a trace segment proceeds in a bottom-up fashion from the lexical semantics of individual event-denoting items, temporally ordering them with respect to their complements. The individual trace segments denote partial orderings that carry local temporal coherence which are then composed into larger temporal constituents. The resulting event composition structure takes the unrelated segments and builds a tree with segments intersecting at simultaneous events. This is accomplished using information from tense, aspect, and discourse structure. Finally, in order to arrive at a global temporal coherence for the text, we use commonsense reasoning to relate and identify coextensive events and branches. This is termed **trace unification**.

To illustrate the components outlined above, we analyze an article from the Boston Globe of November 6, 1988. Below we show the first sentence and assume, for brevity, that the discourse segmentation is as indicated.[1]

---

[1] see Grosz and Sidner (1986) for discussion of the model assumed here.

Ex-associates see 'virus' as test gone awry

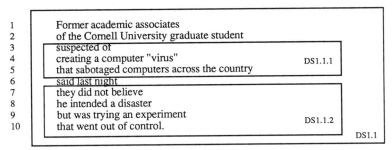

1	Former academic associates	
2	of the Cornell University graduate student	
3	suspected of	
4	creating a computer "virus"	DS1.1.1
5	that sabotaged computers across the country	
6	said last night	
7	they did not believe	
8	he intended a disaster	
9	but was trying an experiment	DS1.1.2
10	that went out of control.	

Figure 1

Figure 2 shows the trace segment for Figure 1:

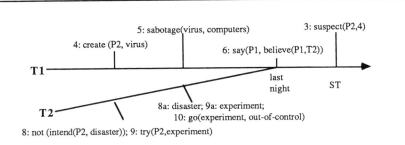

ST: Speech Point; T1: trace segment 1; T2: trace segment 2

Figure 2

A trace has both branching past and branching future, in contrast to other approaches to time logic as, for example, McDermott's notion of a <u>chronicle</u> [McDermott 82], which assumes a linear representation of the actual past but several branching possible futures. Branching pasts are necessary for the representation because in the course of a text several different scenarios of the past can be presented in order to infer the actual chronicle. Moreover, we donot assume a one-to-one mapping between the branches of a trace and possible worlds. Branches can be used merely as notational devices to capture the fact that no temporal relation can be established for two sets of facts and they can, therefore, not be placed on the same traceline.[2]

Another structure that our model employs is the notion of a <u>profile.</u>[3] A profile contains a list of all the properties that the text asserts or implies about every discourse entity. Profiles are constantly updated and

---

[2] Allen (1983) discusses related problems with temporal sequencing.

[3] Hayes[1979] introduces the notion of history, which is related but, as we shall see, quite distinct.

properties can become invalidated or outdated; but since they are temporally indexed, they remain in the profile. Thus, the information denoted by a profile may involve contradictory properties over different time stamps. To illustrate the notion of a profile, consider the profile-set after analyzing the sentence in Figure 1.

{ (P1 associates (OF P2) (TEMPORAL MODIFIER former)
    (BELIEVE not(8)) (BELIEVE (9,10))
(P2 graduate student (INSTITUTION Cornell University)
    (suspect of 4))
(P3 computer virus (EFFECT 4))
(P4 computers (LOCATION all over the country))
(P5 disaster)
(P6 experiment (MODIFIER out of control)) }

Figure 3: Profile-set after sentence 1

---

3. Mechanisms of Trace Manipulation

A text is not a completely unstructured sequence of events. Some events bear explicit relationships to other events even though no connection is explicitly stated. It would, therefore, be a waste not to use the coherence and structure that exists between events in a narrative text.

This information comes from several sources. For example, verbs that take event-denoting complements will carry explicit temporal information about how the complement relates to the matrix event in the lexical semantics of the verb.

Another example of explicit temporal ordering comes from the different temporal connectives such as *while*, *before*, and *during* as well as adjunct phrases and gerundives. For example, in the sentence "Eating his soup, John found a fly" the adjunct phrase not only performs a secondary predication over John but also embeds the matrix event into a background event of John's eating. Finally we can think of the actual overt temporal and aspectual markers as constraints on the relative temporal interpretation of the events in the text, e.g. past, present perfect, etc.

None of the above constraints is able to individually provide sufficient information for the tempral coherence of a text. Furthermore, they are insufficient even when considered in conjunction. What is missing from these four structurally oriented inferences is both a serious appreciation of the commonsense knowledge needed for global temporal coherence of the text as well as recognition of the importance that rhetorical structure plays.

3.1 Deriving a Trace

Let us now elaborate some of the mechanisms used for deriving the trace for our text shown in Figure 2. Initially, lexical semantics in conjunction with information from temporal connectives establishes the relative order of events on local trace segments (see Figure 4).

Consider, for example, the lexical representations of two complement taking verbs from the sentence in Figure 1 above, *intend* and *try*, and the subtleties in temporal inferences based on these representations.

Following Pustejovsky (1988b), we treat *intend* as a state that denotes an individual standing in relation to a possible future event. That is, x holds a belief or intention that in the future some event will transpire. For example, "John intends to leave" denotes a state that references a possible future transition event of John's leaving. We can represent this as follows:

$$\exists e \; [\; intend(e, john, \lambda T[leave(T,john) \land e < T])]$$

Try, on the other hand, acts as a scalar event-modifier over the event in the complement. That is, in "John tries to leave" some subevent of the event of leaving is denoted by trying to leave (even if nothing is accomplished in the attempt).

$$\exists e \; [\; try(e, john, \lambda T[leave(T,john) \land in(e,T)])]$$

Furthermore with both *intend* and *try*, the syntactic complements (*disaster* and *experiment*, respectively) are interpreted or "coerced" into event expressions by the lexical semantics (cf. Pustejovsky 1988a). Lexical semantics can also direct the inference processes by marking events that appear in oblique contexts as intensional or only partly asserted etc.

The idividual trace segments created by lexical semantics (often containing only one event) then have to be joined to form larger traces. This is an incremental process, called **trace composition**. Syntactic structure in conjunction with certain clue words can resolve certain questions of temporal precedence. *During, while, before*, and *after* are obvious cases in point. As another example of syntactic contribution to temporal ordering consider the coordinate structure with *but* in the sentence in Figure 1. We interpret the two conjuncts to be alternative descriptions of the same event sequence, i.e. trace segment.

Tense and aspect contribute much in the same way as do other explicit temporal markers at this stage (Hinrichs 1986, Dowty 1986, Webber 1988). Discourse structure (Grosz and Sidner, 1986; Scha and Polanyi, 1988), annotated with coherence relations (Hobbs, 1982; Polanyi, 1987) can establish the boundaries of a temporal context and relate larger trace segments in a similar way; subsegments that are elaborations, for example, indicate that the same incident is reported at a different level of detail (or granularity) and therefore that the trace segment that represents the elaboration should be kept separate but linked to the elaborated event. Since we do not have the space to present an analysis of the whole article, our example does not provide a rich discourse structure. The only heuristic applied here is the assumption that trace segments that represent subsegments in the discourse can be built independently and inserted as a whole into the trace segment of their superordinate discourse segments. This is reflected in the example trace of Figure 2 by the discourse segment 1.1.2 being almost entirely represented on branch T2 in the trace.

Thus far we have exploited only structural knowledge and the basic semantics of words. This information is insufficient to connect all the pieces and can certainly not fill in background information needed. Commonsense reasoning has to fill in causal relationships for missing explicit temporal order, provide scales in order to compare trace segments of different granularity etc. Commonsense reasoning also provides the world knowledge to identify anaphoric relations between events. Take for example events 8 and 9 in the example of Figure 1. The identity of the event denoted by *a disaster* and *an experiment* can only be established by taking into account that an experiment is usually conducted intentionally and in a controlled environment. Thus an experiment going out of control means it went wrong. A disaster is something that went crucially wrong. Moreover, realizing that sabotage is the act of causing something to go wrong willfully, we can even link up information on the two branches T1 and T2 of the trace in Figure 2.

3.2 General Methods of Composing Trace Segments

The composition of trace segments proceeds in two stages for complement-taking verbs: first, the atomic trace segments indicating the relative ordering of the matrix event to the complement event are constructed. Second, the atomic trace segments are connected to the global trace. This procedure is the same as for simple events and incorporates several heuristics.

Trace segments or events are incorporated preferrably into the same traceline according to their explicit temporal relations. If there is no explicit temporal relation for a trace segment or event to any event on the main traceline, it occupies its own traceline. Two other obvious reasons to keep a separate traceline is a) a decided difference in granularity that cannot be resolved easily or b) conflicting information. In order to informally clarify the process we include snapshots of the construction of the trace given in Figure 2 in Figure 4.

3.3 Trace Unification

In section 3.1 we have sketched how information on two tracelines can be linked by commonsense reasoning (*a disaster* and *an experiment*). Under certain conditions tracelines can be unified. The general rules for trace unification are straightforward: If two branches of a trace contain reference to the same event and there is no contradictory information associated with the tracelines and the granularity issues can be resolved, the two branches are unified. Moreover, two branches can even be unified if there exists an appropriate relation between events denoted on the two branches (and none of the adverse conditions apply); such relations are cause, enablement, etc. on the part of the commonsense reasoner or structural relations such as elaboration, cotemporaneity, etc.

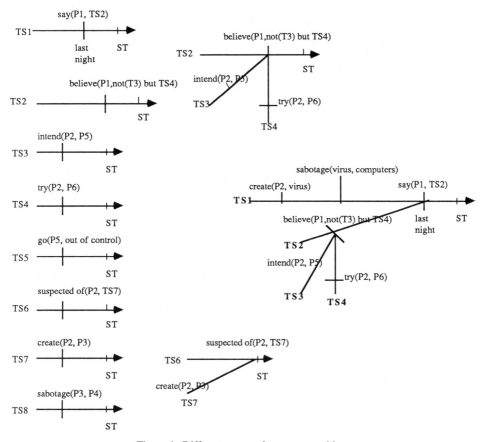

Figure 4: Different stages of trace composition

In the trace of Figure 2 two branches have been collapsed based on the structure of the coordinate phrases conjoined by *but* and the commonsense inference that *a distaster* and *an experiment* very likely refer to the same event. Furthermore the intending and the trying are similarly linked as being the triggering events for the (already unified) disaster/experiment. Note that the unification would not have been possible had the two branches not already been in the same belief-context.

For a more elaborate example how trace unification interleaves information contained on two branches, consider the second sentence in the article from the Boston Sunday Globe, given below:

Robert T. Morris Jr., 23, a first year graduate student in computer
science at Cornell
who graduated from Harvard College last year
with a degree in computer science,
has been identified as the person
suspected of
creating the virus
that jammed computers across the country.   DS1.2

Figure 5

and the trace for this sentence in Figure 6:

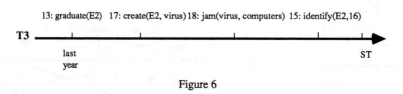

Figure 6

The unification of T3 in Figure 6 with T1 in Figure 2 will occur for the following reasons:

There are two identical events, i.e. event 3 and 16 and their embedded events 4 and 17 that strongly indicate a possible unification. Events that can be unified through common sense inferences are events 5 and 18 (in this case 18 serves as a further elaboration on 5). Since there exists no contradictory information, the branches are in fact collapsed.

Note that T3 contains new information: Event13 will be placed on T1 in the same relative position it has to the other events on T3. This results in an unambiguous position in this example but will not always be obvious or even possible. Similarly, event 15 will be placed on T1 in the same relative position to events corresponding to T3. Commonsense reasoning, for this example, must however add that a reporter cannot have an interview with people who know a culprit before that person has been identified. Without this stipulation, an ordering of events 15 and 6 is not possible.

Thus the unified trace for both sentences will look as follows:

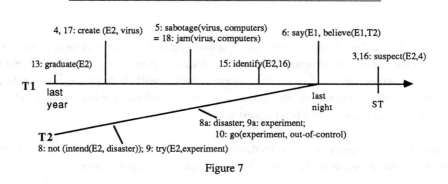

Figure 7

3.4 Granularity and scaling issues

A trace generally contains events at different levels of granularity. Moreover, there is no coherent timescale necessarily underlying each branch in a trace. This elasticity of the trace is an important feature for representing what was mentioned in a text without resolving many complicated questions. It does, however, not solve the problems associated with inherent scales and differing granularity. These issues become important in trace unification, when we have to decide whether to assume that two independently mentioned events overlap partially. They become even more important when updating the profiles: How long are asserted properties valid? How far do they reach back in time? We call this issue the liveness of properties and unconstrained, this reduces to the frame problem. We can, however, restrict the validity of properties over objects by use of the discourse structure and the histories. This topic is outside the scope of the present discussion, but is the subject of ongoing research (cf. Pustejovsky and Bergler, in preparation).

4. Conclusion

In this paper we have tried to accomplish two goals; first, to demonstrate how temporal information from individual lexical entries projects upward and interacts with other structural information and can be useful for discourse understanding. Second we have formalized one particular method for inferring global temporal coherence in a text.

The mechanisms at work have in part been studied extensively in different fields of (computational) linguistics. This paper tries to combine some of the better known approaches and attempt a formal treatment of their contributions to the problem of relating narrative events in time.

The main point being made here is one of modularity of inferences. In some respect, we can view all the inferences referred to here as commonsense in nature. By separating the types of knowledge associated with lexical items and discourse structures from the commonsense domain, however, we allow an architecture where the interaction of the different modules acts to naturally constrain the overall inference process. Without such a division, it is difficult to maintain a consistent knowledge base when confronted with the task of acquiring new information. Although there are many points we have left unexplained and indeed many areas that are still to be worked out, we feel confident that this approach can contribute towards a better understanding of the mechanisms of temporal inferencing in text.

Bibliography

Allen, James, 1983. Maintaining Knowledge About Temporal Intervals. Communications of the ACM 26 (1983).

Allen, James and P.J. Hayes, 1985. A Commonsense Theory of Time. In: Proceedings of the International Joint Conference on Artificial Intelligence 1985, Los Angeles, Ca.

Dowty,David R., 1986. The Effects of Aspectual Class on the Temporal Structure of Discourse: Semantics or Pragmatics? In: Linguistics and Philosophy 9, Reidel, North-Holland.

Grosz,B.J. and Candice L. Sidner, 1986. Attention, Intentions, and the Structure of Discourse. Computational Linguistics 1986 (3).

Hayes, P.J., 1979. The Naive Physics Manifesto. In: D. Michie(ed), Expert Systems in the Microelectronic Age. Edinburgh University Press, Edinburgh.

Hinrichs, Erhard, 1986. Temporal Anaphora in Discourses of English. In: Linguistics and Philosophy 9, Reidel, North-Holland.

Hobbs, Jerry R., 1982. Towards an Understanding of Coherence in Discourse. In: Lehnert and Ringle (eds): Strategies for Natural Language Processing, Lawrence Erlbaum Associates, New Jersey.

Hobbs, Jerry R., 1985. Ontological Promiscuity. In: Proceedings of the 23th meeting of the Association for Computational Linguistics, Chicago.

Hobbs, Jerry et al., 1987.Commonsense Metaphysics and Lexical Semantics. Computational Linguistics 1987 (3-4).

Hobbs, Jerry et al.,1988. The TACITUS Knowledge Base. SRI Technical Report.

Kamp, Hans and Christian Rohrer, 1981. Tense in Texts. In Bäuerle,Schwarz and Stechow (eds): Meaning, use and interpretation of language, Berlin 1983.

McDermott, D.V., 1982. A Temporal Logic for Reasoning About Processes and Plans. Cognitive Science 6 (1982).

Polanyi, Livia, 1987. Keeping it all straight: interpreting narrative time in real discourse, In: Proceedings of WCCFL87, University of Arizona, p229-246

Pustejovsky, James, 1988a. Type Coercion. Manuscript. Brandeis University.

Pustejovsky, James, 1988b. Event Semantic Structure. Brandeis Technical Report. Brandeis University.

Pustejovsky, James and Sabine Bergler, in preparation. Temporal Designators and the Liveness of Properties. Submission to ACL 1989.

Scha, Remko and Livia Polanyi, 1988. An Augmented Context Free Grammar for Discourse. In Proceedings of the 12th International Conference on Computational Linguistics, August 1988, Budapest, Hungary

Schank, R. and R. Abelson,1977. Scripts Plans Goals and Understanding: An inquiry into human knowledge structures. Hillsdale, N.J.: Lawrence Erlbaum Associates.

Webber, Bonnie, 1987. The Interpretation of Tense in Discourse. Proceedings of the 25th Meeting of the Association for Computational Linguistics, Stanford University, Stanford, California 1987.

Webber, Bonnie, 1988. Tense as Discourse Anaphora. Computational Linguistics 1988 (1).

Interfacing an English Text Generator with a German MT Analysis

John Bateman, Robert Kasper
Information Sciences Institute
University of Southern California
4676 Admiralty Way
Marina del Rey, CA 90292
USA

Jörg Schütz, Erich Steiner
Institut für Angewandte Informationsforschung
An der Universität des Saarlandes
Martin Luther Straße 14
D-6600 Saarbrücken
FRG

e-mail:
bateman@vaxa.isi.edu
kasper@vaxa.isi.edu

joerg%iaisun@sbsvax.uucp
erich%iaisun@sbsvax.uucp

Keywords: machine translation, generation.

1 Introduction

In this paper we investigate a strategy for using an existing English text generator to serve as the generation module in a machine translation (MT) system for translating German into English. The English text generator has been designed to take requests for text construction in a specified interface language and, making reference to domain knowledge as necessary, to produce appropriate multi-sentential English text; this generator is therefore said to be *knowledge based.* In contrast, the MT analysis result that is used as input to the translation process is based upon semantically-interpreted canonical dependency structure (interface structure), there is no direct link to domain knowledge of any kind. The conceptual link that makes the co-operation possible is a particular interpretation of linguistic information as a kind of (linguistic) knowledge base. The characteristics necessary for an interface between two such systems represent a particular challenge, but they also constitute the main interest in the project, implying that projects can be successfully interfaced, providing there are appropriate conceptual links between the systems involved. These links mainly have to do with the embodied notions of linguistic structure. Such links also appear to lead to useful observations concerning the theory of (machine) translation.

At the time of writing, the work is still in progress [22]. The modules for generation (Penman, ISI) and analysis (Eurotra-D, IAI) have existed independently for some time. The interface between the two components is based on a language that provides flexible and convenient control of Penman's generation grammar that has been recently developed within ISI to become the standard external interface to Penman [8]. A first set of sentences has successfully been translated. Further details are given below and some initial consequences and possibilities of the experiment described.

2 Motivation

2.1 An investigation of the differences of the tasks of generation in the contexts of MT and text generation for other purposes

Text generation occurs in different contexts and this has made the goal of achieving module re-usability difficult to achieve. Generation modules in MT, in particular, have often been assumed to have very specific needs, such as the generation from the results of structural and lexical transfer, so that there has been very little contact so far between the text generation and MT communities (however, cf. [3,16]). Against the background of these considerations, we hope to gain new insights into the nature of text generation, especially for MT. In the same context, one should obtain insights into the requirements on analysis in MT, more precisely into those requirements deriving from the needs of wide-coverage synthesis (generation) of multi-sentential texts, rather than a more restricted analysis of clauses.

2.2 An investigation of the distinction: "knowledge based" *vs.* "non knowledge based"

The MT analysis module which we are using represents linguistic semantic and syntactic knowledge in its interface structures, while the text generator is knowledge based, i.e. it is used to generate texts from states of affairs in non-linguistic environments. The mapping between categories of world knowledge and linguistic categories is not one-to-one. Transfer according to the Eurotra (ET) translation philosophy only operates on linguistic categories, with the assumption that lexical, categorial, and structural transfer leave the encoded knowledge invariant between adjacent transfer pairs. Now, to the extent that linguistic knowledge can be regarded as a specialized type of world knowledge, we are able to map ET-D representations into the representations needed by Penman to drive generation (cf.4.2 in more detail). In this process, we shall still adopt the strategy of lexical transfer rather than that of lexical decomposition. Also, the specifically linguistic knowledge is not lost (cf.4.3.): It may either be treated as a specialization of Penman's taxonomic categories of general world knowledge, or translated into Penman's 'inquiry responses', which capture the basic semantic distinctions required to generate English, or transferred morpho-syntactically. As a first approach, we only make use of the linguistic knowledge built into the results of our MT-analysis. Yet, as this is carried out in terms of a knowledge based generation process, the same strategy should also be applicable to non-linguistic knowledge in an MT-analysis.

2.3 Creating an interface between existing modules

From the perspective of organising research, it is certainly of interest to explore the possibility and feasibility of interfacing two existing systems for the accomplishment of a complex task, rather than creating the whole system, such as an MT system, fresh from start. To the extent that the present attempts are judged successful, they could be regarded as a viable research and development strategy for other projects.

2.4 A theoretical link between components

As we shall see below, the most decisive theoretical link between the two projects involved is that ideas from a single linguistic theory, systemic-functional linguistics [5], have been incorporated independently in both projects. A partial implementation of the grammatical stratum of organisation found in Systemic Functional Grammar (SFG) provides the core of Penman's linguistic capabilities [10], whereas there is a strong input from SFG into ET-D semantics in the semantic interpretation of its dependency structures [21]. It is therefore also one of the motivations of this co-operation to investigate the potential of SFG as a tool for transfer in MT, and in the wider context of systemic-functional linguistics also as a theoretical environment and as a formalism for expressing semantics. This should be of interest to a wider audience within computational linguistics, especially as SFG has recently been attracting an increasing amount of interest in the field [6,7,14,12,15].

3 The Projects Involved

3.1 The Eurotra-D analysis module

The German analysis module of our proposed MT system has been developed at IAI, Saarbrücken, and is based on the Eurotra translation philosophy [1] enhanced by a systemic-type semantic component [21], and implemented in the CAT2-formalism [17,18,19], a successor of the Eurotra $< C, A >, T$ - formalism [2]. The system itself is a transfer-based multi-lingual MT-system. It is stratificational in the sense that analysis and synthesis proceed through two syntactic levels (configurational and functional) and one semantic level (interface structure – IS). Each level is defined by a level-specific grammar and a lexicon. The connection between adjacent levels is established with so-called translator-rules which define a kind of tree-to-tree mapping between level representations. The main operation involved in the process is unification, i.e. the unification between already built (local) objects and rules (of various kinds). Transfer between two languages takes place as a translation between the interface level representations of the source language and the target language. These interface representations are semantically interpreted dependency structures; they are described in more detail in Section 4.

3.2 The Penman text generation module

The English generation component of our proposed MT system is Penman, which has been developed at USC/ISI [9]. Penman has been designed to be a portable, reusable text generation facility which can be embedded in many kinds of computational systems. The linguistic core of Penman is Nigel [10], a large systemic-functional grammar of English based on the work of Halliday [5] with contributions made by several other systemic linguists. Nigel is a large network of interdependent points of minimal grammatical contrast, called *systems*. Each of these systems defines a collection of alternatives called *grammatical features*. The semantic interface of the Nigel grammar is defined by a set of *inquiries* that control choices of grammatical features by mediating the flow of information between the grammar and external sources of information. Penman also provides structure for some of the external sources of information, including a conceptual hierarchy of relations and entities, called the *upper model*. The upper model is typically used to mediate between the organisation of knowledge found in an application domain and the kind of organisation that is most convenient for implementing the grammar's inquiries.

4 Components of the German-English Interface

4.1 Eurotra-D interface representations

The Eurotra-D interface representations (ET-D IS) are essentially semantically interpreted dependency structures (trees). They represent dependency relationships between constituents by structural embedding, and additional linguistic information in feature structures of the constituents, including semantic relations (systemic participant roles), semantic (lexical) features, and features describing time, diathesis, modality, mood, topic, focus, determination and number. An example of an IS-representation is given in Figure 1. This illustration only shows semantic relations, but the IS structure also contains the features mentioned above for each node of the tree.

4.2 Penman interface representations

Penman uses a Sentence Plan Language (SPL) as its interface with application programs which require English text as output. SPL representations are lists of terms describing the types of entities and the particular features of those entities to be expressed in English. The types of SPL terms are interpreted with respect to the knowledge base of general conceptual categories maintained in the upper model. When the concepts of Penman's upper model are instantiated by more specific concepts from an application program's knowledge base (i.e. world knowledge specific to the domain of the application), then application concepts can be used directly in the SPL representation. The features of SPL terms are either semantic relations to be expressed, drawn from the relations defined by the upper model or the domain model, or direct specifications of responses to Nigel's inquiries. This latter possibility provides for the input of information from other sources of knowledge known to be necessary for controlling generation, e.g. text planning information and speaker-hearer models. SPL representations as a whole are used as input specifications

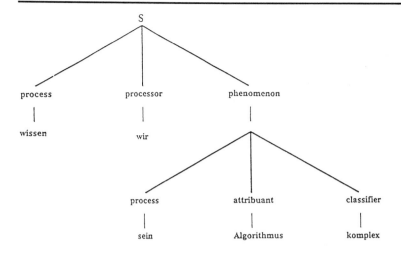

Figure 1: ET-D IS representation for: *Wir wissen, daß der Algorithmus komplex ist.*

by Nigel's inquiries and hence are able to drive sentence generation in a way that is fully responsive to required communicative goals.

An example of an SPL representation of a sentence is given in Figure 2.

4.3   The nature of the translation process

The basic form of the translation process is to translate ET-D IS representations into Penman SPL representations. As ET-D IS and Penman SPL representations are both feature-based dependency structures, the formal aspects of the translation from ET-D IS into Penman SPL are not very complicated. Determining an appropriate translation for the content of particular values within ET-D IS representations is by far a more challenging aspect of this translation process.

The translation process is achieved by employing three principal levels of transfer:

- Semantic features of the ET-D IS representation may be interpreted as referring to categories of an upper model that we have constructed for German (UM_G); the UM_G is essentially a re-expression of the transitivity relations worked out in [4]. The categories of UM_G need to be mapped to corresponding categories of Nigel's English specific upper model (UM_E). As an initial approximation, making maximal use of mechanisms already developed for driving the Nigel grammar, we take the concepts of UM_G as "specialising" the concepts of UM_E. Translation of these categories then takes the form of inferencing over the *is-a* relationships in the combined $UM_G \& UM_E$. This is the standard way in

```
(K1 / Wissen-Process
    :senser (W2 / Person
                :multiplicity-Q multiple)
    :phenomenon (Q3 / Quality-Ascription
                :domain (A4 / Algorithmus
                            :identifiability-Q identifiable
                            :multiplicity-Q unitary)
                :range (C5 / Komplex-Qualitaet))
    :speechact (A6 / Assertion
                :polarity positive
                :tense present
                :speaker S7)
    :member-set-Q(S7 W2) included)
```

Figure 2: SPL representation used to generate *We know that the algorithm is complex.*

which the general grammatical resources of Nigel are made responsive to knowledge from particular application domains and allows for the direct appearance of UM_G types in the SPL specification.

- Semantic features of the ET-D IS representation may be translated into sequences of Nigel inquiry responses. For example, the IS semantic features representing determination are translated into the Nigel inquiry responses that are responsible for controlling determiner selection in Nigel; e.g., def = yes & number = singular ⇒ :identifiability-Q identifiable & :multiplicity-Q unitary. This type of transfer is used for semantic information of kinds not appropriate for inclusion in an upper model, e.g., textual organisation information, non-hierarchical conceptual information and speech act information.

- Morpho-syntactic features of the ET-D IS representation can be translated into corresponding grammatical features of the Nigel grammar; e.g. ET-D active/passive to Nigel active-process/passive-process. However, most of the morpho-syntactic features present in the IS representations do not need to be made use of since the semantic features give sufficient and more appropriate information for translation.

Lexical transfer is presently handled as a side-effect of transfers of the first type. The third type of transfer is very close to the idea of IS ⇒ IS transfer in Eurotra, but is used sparingly in the present application.

The product of this multi-level transfer is an SPL representation of the English "translation" of the original German sentence, which may then drive generation by Nigel as in any other domain. The translation process as a whole is summarised in Figure 3. The general strategy of this translation process should also generalise to future applications in a multi-lingual MT environment.

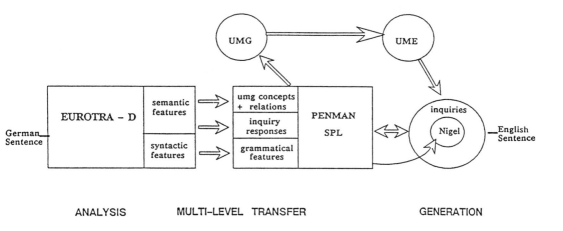

Figure 3: The translation process

We thus have an interesting research environment for asking questions about transfer strategies in MT. As is well known, the transfer process in an MT environment places complex requirements on both the linguistic theories involved and on the theories of translation.

5 Perspectives for MT and Text Generation

A collaboration such as the one described here may have various motivations, and we have tried to identify the main types of motivation in Section 2 above. Perhaps the most refreshing aspect of such an endeavour is the new perspective which one gets on old problems, which suddenly seem to lose the air of having a range of often tried and well known, but essentially unsatisfactory solutions. We would like to merely state some of these new perspectives:

One whole class of questions relates to what should be preserved in a translation process, as different from, say, processes of paraphrasing or summarising. One possible answer to this is that what needs to be preserved at least is the truth value of sentences and their translations. While this may serve as a useful bottom line from which to start, it has long been recognised to be no more than that. Many researchers argue that we also need to preserve the essential features of thematic structure and information structure.

For most projects at this time, this problem is difficult to address because the linguistic models embodied in them do not foreground that type of information. However, with ET-D's interest in topic and focus, and with Nigel's fairly comprehensive treatment of theme, there is a very immediate way of making these aspects of linguistic information an accessible part of the translation process.

The function of predicate-argument structures, especially in connection with "semantic cases" is another interesting research topic (as suggested by Somers [20]) which can be addressed in the present context, especially as the two components involved share their essential notions of predicate-argument structures from systemic linguistics.

Another interesting area of investigation is the semantics of time: Both the Eurotra approach to time (cf. van Eynde.[23]) and the Nigel approach (cf. Matthiessen [11]) grew out of a critical appraisal of a Reichenbachian framework, even if they took quite different directions from there, with Matthiessen following essentially SFG lines. Still, enough common ground has been preserved in order to make a transfer of ET-D "time" features (i.e. semantic), rather then "tense" features (morpho-syntactic), an interesting and possible enterprise.

Finally, issues concerning text structure: While it is widely acknowledged nowadays that, minimally, co-reference across sentence boundaries needs to be controlled, there are even wider areas: how do we preserve the structure of thematic progression across sentences, focus assignment within and between sentences, and degrees of formality? These issues have a very direct influence on the acceptability and quality of MT output and can only be addressed within a system that provides for the accomodation of models covering such phenomena.

In summary, then, it has been our overriding goal here to bring out what is the inherent and more long-term interest in this kind of work. We have given the general types of motivation for the investigation reported on here, we have briefly introduced the projects involved, we have introduced the structure of the German-English transfer mechanism, and we have indicated where more long term research interests will lie.

References

[1] Arnold, D.J. and L. des Tombe. Basic theory and methodology in Eurotra. In Nirenburg, S. ed. pp. 114-135, 1987.

[2] Arnold, D.J., S. Krauwer, M. Rosner, L. des Tombe and G.B. Varile. The <C,A>,T framework in Eurotra: A theoretically committed notation for MT. In *Proceedings of COLING-86*, pp. 297-303, 1986.

[3] Carbonell, J.G. and M. Tomita. Knowledge-based machine translation: The CMU approach. In Nirenburg, S. ed. 1987.

[4] Fawcett, R.P. The semantics of clause and verb for relational processes in English. In Halliday, M.A.K. and R.P. Fawcett eds. *New Developments in Systemic Linguistics*, Vol. 1, London: Frances Pinter, 1987.

[5] Halliday, M.A.K. *An Introduction to Functional Grammar*. London: Edward Arnold, 1985.

[6] Houghton, G. and S. Isard. Why to speak, what to say, and how to say it. In Morris, P. ed. *Models of Cognition*. New York: Wiley, 1987.

[7] Kasper, R. *Feature Structures: A Logical Theory with Application to Language Analysis*. PhD dissertation, University of Michigan, 1987.

[8] Kasper, R. and R. Whitney. SPL: A Sentence Plan Language for Text Generation. USC/Information Sciences Institute Research Report, (forthcoming).

[9] Mann, W.C. An Overview of the Penman Text Generation System. In *Proceedings of AAAI-83*, pp. 261-265, August 1983. Also available as ISI Research Report, ISI/RR-83-114.

[10] Mann, W.C. and C. Matthiessen. Nigel: A Systemic Grammar for Text Generation. USC/Information Sciences Institute, RR-83-105. Also appears in R. Benson and J. Greaves, editors, *Systemic Perspectives on Discourse: Selected Papers Papers from the Ninth International Systemics Workshop*, Ablex, London, England, 1985.

[11] Matthiessen, C. *Choosing tense in English*. ISI Research Report, ISI/RR-84-143, 1984.

[12] Mellish, C. Implementing Systemic Classification by Unification. In *Computational Linguistics*, Vol. 14:1, pp. 40-51, 1988.

[13] Nirenburg, S. ed. *Machine Translation: Theoretical and Methodological Issues*. Cambridge: Cambridge University Press, 1987.

[14] Patten, T. *Systemic Text Generation as Problem Solving*. Cambridge: Cambridge University Press, 1988.

[15] Patten, T. and G. Ritchie. Towards a formal model for systemic grammar. In Kempen, G. ed. *Natural Language Generation*. Dordrecht: Martinus Nijhoff, 1987.

[16] Rösner, D. When Mariko talks to Siegfried: Experiences from a Japanese/German MT Project. In *Proceedings of COLING-86*, pp. 652-654, 1986.

[17] Schütz, J. CAT2 - Ein Formalismus für multilinguale maschinelle Übersetzung und seine Implementierung. In *Proceedings of Computer und Sprache*, Universität des Saarlandes, 1988.

[18] Schütz, J. and R. Sharp. *CAT2-R, Komplexität eines Formalismus für multilinguale maschinelle Übersetzung*. Saarbrücken: IAI Working Papers No. 6, 1988.

[19] Sharp, R. CAT2 - Implementing a formalism for multi-lingual machine translation. In *Proceedings of the second Conference on theoretical and methodological issues in machine translation of natural languages*, Pittsburgh, 1988.

[20] Somers, H.L. The need for MT-oriented versions of case and valence in MT. In *Proceedings of COLING-86*, pp. 118-123, 1986.

[21] Steiner, E., P. Schmidt and C. Zelinsky-Wibbelt eds. *From Syntax to Semantics: Insights from Machine Translation*. London: Frances Pinter & Norwood, N.J.: Ablex, 1988.

[22] Steiner, E. and J. Schütz. *An outline of the ET-D/Nigel Co-operation*. Saarbrücken: IAI Working Papers No. 6, 1988.

[23] Van Eynde, F. The analysis of tense and aspect in Eurotra. In *Proceedings of COLING-88*, Vol. 2, pp. 699-704, 1988.

Die Thesaurus-Relationen des lernfähigen Information Retrieval Systems TEGEN

F. Sarre *
Institut für Informatik der
Technischen Universität München

G. Felsner
Institut für Informatik der
Technischen Universität München

U. Güntzer
Institut für Informatik der
Technischen Universität München

G. Jüttner
Forschungsinstitut für anwendungsorientierte Wissensverarbeitung, Ulm

Zusammenfassung

Eine Recherche mit Hilfe eines Information Retrieval Systems erzielt größere Erfolge, wenn die Suchanfragen mit passenden Begriffen aus einem Thesaurus angereichert werden, insbesondere dann, wenn auf Recall mehr Wert gelegt wird als auf Precision. Leider sind aber manuelle Methoden zur Thesaurus-Generierung sehr kostenintensiv. In diesem Artikel stellen wir eine lernfähige IRS-Komponente namens TEGEN (_Th_esaurus _gen_erierendes System) vor, die das Fachwissen der Benutzer interaktiv während einer Recherche auswertet, um einen Thesaurus weitgehendst automatisch aufzubauen. Wir gehen hier besonders auf die Struktur der Thesaurus-Datenbank ein und besprechen Effekte, die sich durch das Lernverfahren ergeben. Es wird gezeigt, daß _Interaktion mit dem Benutzer_ in vielen Fällen auf einfache Weise zu Lernergebnissen führt, ohne den Benutzer zu belasten.

TEGEN wurde unter Verwendung einer wissensbasierten Programmiermethode an einer CYBER 995 - Rechenanlage in PASCAL implementiert. Der Thesaurus ist mit Hilfe des mehrbenutzerfähigen relationalen Datenbanksystems IMF2 realisiert und dient seit November 1988 innerhalb des Information Retrieval Systems TUBIBMUE als Unterstützung für Literaturrecherchen in der Fachbereichsbibliothek der Fakultät für Mathematik und Informatik an der Technischen Universität München.

1 Einführung

Ein Referenz Retrieval System erlaubt als eine spezielle Form des Information Retrievals die Durchführung von Recherchen auf einem Dokumentenbestand [8]. Steht eine Boolesche Recherscheschnittstelle zur Verfügung, übergibt der Benutzer dem System mehrere Suchbegriffe zur Bearbeitung, die beliebig mit logischen Operatoren wie UND, ODER oder UND NICHT — auch in geklammerten Ausdrücken — verknüpft sind. In unserem System können neben Suchbegriffen auch zusätzlich Autorennamen, Titel, Jahresangaben etc. in einer Suchanfrage verwendet werden.

Das System TEGEN (_Th_esaurus _gen_erierendes System) dient nun dazu, dem Benutzer durch einen Thesaurus Unterstützung für die Formulierung seiner Suchanfrage anzubieten [6]. Im Unterschied zu Ansätzen wie [14] sind die Thesaurus-Begriffe in unserem System jedoch nicht in eine Hierarchie eingeordnet. Ausgehend von der ursprünglichen Definition des Begriffs „Thesaurus" ähnelt

---

*Anschrift: Postfach 202420, D-8000 München 2.

unserer Thesaurus einem Wörterbuch (vgl. dazu [9]) und enthält eine Liste von elementaren Begriffen und Beziehungen zwischen ihnen. Während einer Recherchesitzung werden Benutzeranfragen *interaktiv* von TEGEN gemäß den in [3, 6] dargelegten Methoden ausgewertet und verschiedene Beziehungen zwischen Begriffen erlernt. Das Wissen der Benutzer wird damit für den Aufbau des Thesaurus verwendet. Durch diesen Thesaurus könnte in Zukunft auch unser halbautomatisches Indexierungsverfahren unterstützt werden, da der Inhalt des Thesaurus als Positiv- und Negativliste sowohl bei der Indexierung neuer als auch bei der Nachindexierung bereits aufgenommener Dokumente zur Verfügung steht. Für Einzelheiten des zur Zeit eingesetzten Indexierungsverfahrens sei auf [11] verwiesen.

Derzeit wird TEGEN innerhalb des Literaturrecherchesystems TUBIBMUE eingesetzt. Es sind Online-Recherchen in einem Dokumentenbestand von mehr als 135.000 bibliographischen Einheiten der Fachbereichsbibliothek der Fakultäten für Mathematik und Informatik der Technischen Universität München möglich [4].

Da der Thesaurus durch TEGEN weitgehendst maschinell erlernt wird, sind nur wenige Fachkräfte zur Pflege des Thesaurus und zur manuellen Nachindexierung der Dokumente nötig, wodurch die Betriebskosten des Referenz Retrieval Systems niedrig gehalten werden können.

2 Lernverfahren von TEGEN

Nach unseren Erfahrungen kann davon ausgegangen werden, daß eine Vielzahl von Benutzern eines IRS tiefere Kenntnisse über das ihre Recherche betreffende Fachgebiet besitzen. Dies trifft in besonderem Maße für die Umgebung zu, in der TEGEN eingesetzt wird. Zugang zu dem System haben hochqualifizierte Fachleute, vorallem Professoren und Mitarbeiter der Institute für Mathematik und Informatik der Technischen Universität München und umliegende Forschungseinrichtungen, aber auch Studenten in höheren Semestern. TEGENs Benutzer gehen bei der Durchführung einer Recherche mit bestimmten Regelmäßigkeiten vor, um gewünschte Dokumente aufzufinden. Durch eine Online-Analyse ihrer Recherchen können nun *Beziehungen zwischen Suchbegriffen* erkannt werden. Das in TEGEN angewendete Lernverfahren wird daher mit „Learning by Analyzing" bezeichnet; es handelt sich hierbei um eine verfeinerte Variante von „Learning by Observation" [10].

In Fällen, in denen verschiedenartige widersprüchliche Schlußfolgerungen aus dem Rechercheverhalten eines Benutzers gezogen werden können, wird mit Hilfe einer Rückkopplungskomponente in einem Dialog geklärt, wie ein gegebenes Begriffspaar in den Thesaurus einzuordnen ist.

2.1 Lernzwischenergebnisse

Das Erlernen einer Begriffsbeziehung findet in einem zweistufigen Prozeß statt. Zunächst erfolgt die Akquisition eines Begriffspaares, d.h. es wird aufgrund einer Lernregel vermutet, daß ein Suchbegriff x in einer der Thesaurus-Beziehungen (vgl. Abschnitt 3) zu einem weiteren Suchbegriff $\tilde{x}$ steht. Das Paar $(x, \tilde{x})$ stellt jedoch in diesem Stadium lediglich ein Lernzwischenergebnis dar, weil die Gültigkeit der Beziehung zwischen x und $\tilde{x}$ noch durch andere Benutzer bestätigt und damit insgesamt plausibel gemacht werden muß.

2.2 Erzeugung von Lernendergebnissen

Erfährt das Paar $(x, \tilde{x})$ schließlich in der sich der Akquisition anschließenden Verifikation hinreichend viele Bestätigungen oder hinreichend viele Ablehnungen, erhält es den Status eines Lernendergebnisses.

Die Bestätigung oder Ablehnung von Lernzwischenergebnissen geschieht entweder *explizit* durch direkte Interaktion mit dem Benutzer an einer geeigneten Stelle des Recherchedialogs oder *implizit* durch Rückschlüsse aus dem Verhalten des Benutzers. Äußern sich TEGENs Benutzer zu einer

Begriffsbeziehung widersprüchlich, so daß keine Zuordnung zu einer bestimmten Thesaurus-Relation vorgenommen werden kann, wird diese Begriffsbeziehung nach Ablauf eines (momentan auf 90 Tage festgelegten) Verifikationsintervalls einer Fachkraft zur manuellen Überprüfung vorgelegt. Auf diese Weise wird durch das Verfahren nicht nur berücksichtigt, daß Benutzer unterschiedliche Sichten auf ihr Fachgebiet haben, sondern auch noch, daß sie unterschiedlich fachkundig sein können [3, 6].

In der derzeitigen Implementierung bleibt der einmal erreichte Status „Lernendergebnis" für ein Begriffspaar fix, d.h. eine einmal erlernte Begriffsbeziehung wird nicht wieder verlernt. In der nächsten Ausbaustufe ist jedoch geplant, eine Strategie des „Verlernens" einzuführen und deren Auswirkungen zu untersuchen.

2.3 Beispiel einer Lernregel

TEGENs Regelwerk umfaßt derzeit 29 Regelklassen, die in der Implementierung zu über 100 einzelnen Lernregeln führten. Im folgenden soll anhand einer ausgewählten Lernregel aufgezeigt werden, wie durch Beobachtung des Rechercheverhaltens eines Benutzers Rückschlüsse über mutmaßliche Thesaurus-Einträge gezogen werden. Das Beispiel macht außerdem deutlich, wie eventuelle Unklarheiten durch Interaktion mit dem Benutzer beseitigt werden. Die Gültigkeit von TEGENs Lernregeln ist natürlich nicht in allen denkbaren Einzelfällen gewährleistet. Unsicherheiten werden jedoch im Rahmen der Verifikation behoben [6].

Beispiel 2.3/1:

Regel 555: *UND NICHT-Einschränkung innerhalb einer Suchanfrage*

Wenn (a) eine Suchanfrage aus 2 Suchtermen x_1, x_2 besteht
    und
  (b) x_1 durch UND NICHT mit x_2 verknüpft ist
    und
  (c) x_1, x_2 als Schlagworte vorkommen

dann (1) lasse den Benutzer für das Begriffspaar (x_1, x_2) eine der folgenden Möglichkeiten bestätigen:
    (A) x_2 ist ein Unterbegriff von x_1
    (B) nicht (A), aber x_2 und x_1 sind verwandt
    (C) nichts davon trifft zu
    (D) weiß es nicht.
  (2) übernimm im Fall (A) das Paar (x_1, x_2) mit x_2 als Unterbegriff
  (3) übernimm im Fall (B) das Paar (x_1, x_2) als verwandte Begriffe

Sucht ein Benutzer beispielsweise nach Dokumenten, die von „Programmiersprachen", aber nicht von „Fortran" handeln und formuliert er seine Suchanfrage als

Programmiersprache UND NICHT Fortran,

vermutet TEGEN eine Unterbegriffs- oder Verwandtschaftsbeziehung zwischen den beiden verwendeten Suchbegriffen und klärt durch eine Rückfrage ab, daß „Fortran" ein Unterbegriff von „Programmiersprache" ist.

Weitere Einzelheiten über die verschiedenen Akquisitionsregeln sind in [3, 5, 6] nachzulesen. Details des Verifikationsmechanismus sind in [2] beschrieben.

3 Struktur der Thesaurus-Datenbank

Der Thesaurus, den TEGEN aufbaut und zugleich wieder der Benutzerschaft für Recherchen zur Verfügung stellt, ist als relationale Datenbank realisiert. In dieser Datenbank werden sowohl Lernzwischenergebnisse (LZE) als auch Lernendergebnisse (LEE) verwaltet. Zur Speicherung von elementaren Begriffen und von Begriffspaaren existieren im einzelnen die Relationen

- Lernzwischenergebnisse (*LZE*),
- Flektierte Formen (*FLEKT*),
- Synonyme (*SYN*),
- Ober-/ Unterbegriffe (*OUBEG*),
- Verwandte Begriffe (*VERW*),
- Homonyme (*HOM*),
- Wortstämme (*WST*),
- Negativliste (*NEG*),
- Positivliste (*POS*).

Ferner existiert eine Relation

- Regelstatistik (*RSTAT*),

deren Auswertung Aufschluß darüber gibt, durch welche Lernregeln Thesauruseinträge zustandegekommen sind.

Begriffspaare, für die ein Zusammenhang vermutet, aber noch nicht durch ausreichend viele Benutzer bestätigt wurde, werden zusammen mit den mutmaßlichen Typen ihres Zusammenhangs als Lernzwischenergebnisse in die Relation *LZE* aufgenommen. Dagegen sind in den Relationen *FLEKT*, *SYN*, *OUBEG*, *VERW* und *HOM* nur Lernendergebnisse der entsprechenden Kategorie enthalten. Eine Beziehung zwischen *zwei* Begriffen wird in der Datenbank festgehalten, indem beide Begriffe zusammen *als ein Tupel* in der entsprechenden Relation abgespeichert werden.

Die Relationen *WST*, *NEG* und *POS* dienen sowohl der Aufnahme von Lernzwischen- als auch Lernendergebnissen.

Im Rahmen dieses Artikels werden wir nur eine Auswahl der interessantesten Relationen besprechen, nämlich *LZE*, *VERW*, *FLEKT*, *HOM* und *RSTAT*.

3.1 Verwandte Begriffe

3.1.1 Probleme bei der Akquisition

TEGEN erkennt in der Akquisitionsphase, daß zwei Suchbegriffe, die in einer Recherchesitzung (also nicht notwendigerweise in *einer* Suchanfrage) verwendet werden, in einem bestimmten begrifflichen Zusammenhang zueinander stehen. Falls die Akquisition ohne Interaktion zum Benutzer stattfindet, d.h. dieser nicht näher befragt wird, kann eine akquirierte Beziehung meistens nicht näher aufgeschlüsselt werden. Zwei Begriffe werden in diesem Fall als „irgendwie verwandt" erkannt, können aber zunächst nicht als Synonyme, Ober-/ Unterbegriffe oder flektierte Formen klassifiziert werden. Weiterhin ist zu berücksichtigen, daß sich bei manchen Begriffsbeziehungen erst im Laufe des Verifikationsprozesses eine Mehrheitsmeinung abzeichnet, welcher Relation ein bestimmtes Begriffspaar zuzuordnen ist. Voraussetzung für diese Zuordnung ist jedoch eine eindeutige Festlegung, was unter „verwandten Begriffen" zu verstehen ist. Aus diesem Grund muß TEGENs Benutzerschaft folgende Definition von verwandten Begriffen bekannt sein:

Definition: Verwandte Begriffe

Begriffe, die weder die gleiche Bedeutung haben, noch hierarchisch voneinander abhängen, noch durch Beugung miteinander verbunden sind, jedoch trotzdem ähnliche oder zusammengehörende Sachverhalte beschreiben, werden als <u>verwandt</u> bezeichnet.

Beispiel 3.1.1/1:

Gegensatzpaare:	bottom up — top down
Funktionaler Zusammenhang:	Datensicherung — Datensicherheit
Ähnlichkeit von Konzepten:	Magnetband — Magnetplatte

Es sei noch einmal betont, daß mit obiger Definition eindeutig geklärt ist, daß verwandte Begriffe in unserem Sinne *nicht zugleich* synonym sind, bzw. zueinander in Beugungsbeziehung stehen oder hierarchisch voneinander abhängen.

3.1.2 Lösungskonzept durch die Relation LZE

Um nun die im letzten Abschnitt angesprochenen Probleme zu lösen und im Laufe des Lernprozesses eine eindeutige Zuordnung eines akquirierten Begriffspaares zu den Beziehungstypen „Synonyme", „Ober-/ Unterbegriffe", „flektierte Formen" und „verwandte Begriffe" zu ermöglichen, führen wir folgendes Konzept ein [2]:

Die Relation *LZE* nimmt alle Begriffspaare als Lernzwischenergebnisse auf, die in „irgendeiner" Beziehung zueinander stehen. Im Laufe des Lernprozesses wird dann eine Zuordnung zu einem oder mehreren der in Frage kommenden Beziehungstypen vorgenommen. Nach Abschluß der Verifikationsphase wird das Begriffspaar in die entsprechende(n) Relation(en) übertragen und aus der Relation *LZE* gelöscht. Als Lernendergebnis kann ein Deskriptorenpaar in mehreren Relationen auftreten, wenn einer der Begriffe mehrdeutig ist und deshalb verschiedene Beziehungen zutreffen. Für jedes in die Relation *LZE* eingetragene Paar werden in *einem* Lernprozeß alle möglichen Beziehungen untersucht.

3.2 Flektierte Formen

3.2.1 Definition

In die Relation *FLEKT* werden alle Begriffspaare aufgenommen, die den Status „Lernendergebnis" erlangt haben und der folgenden Definition genügen.

Definition: Flektierte Formen

Ein Wort x wird als <u>flektierte Form</u> von x̃ bezeichnet, wenn x durch Formveränderung, d.h. durch Konjugation, Deklination oder Steigerung direkt aus x̃ hervorgeht. x̃ wird <u>Grundform</u> genannt.

In diesem und in den folgenden Abschnitten werden synonym zu „flektierte Form" auch die Ausdrücke „Flexionsform" oder „Beugungsform" gebraucht.

Beispiel 3.2/1:

Substantiv im Nominativ Singular und dazu seine durch Deklination entstandenen Formen.

Programm	—	Programms
Programm	—	Programmes
Programm	—	Programme
Programm	—	Programmen

In der Relation *FLEKT* existieren für jedes Tupel u.a. die Attribute *GF* und *BF*. *GF* wird mit der tatsächlichen Grundform besetzt, während in *BF* ein zu *GF* flektierter Begriff eingetragen wird.

3.2.2 Problemstellung

Obwohl bei dieser Vorgehensweise viele Sonderfälle zu berücksichtigen sind, hat sie den Vorteil, daß für Indexierungszwecke eine ausgezeichnete Wortform im Thesaurus zur Verfügung steht. Außerdem lassen sich mit diesem Konzept automatisch homonyme Begriffe erkennen (siehe Abschnitt 3.3).

Derzeit wird in TEGEN noch kein maschinelles Verfahren zur Grundformenreduktion eingesetzt, weder beim Aufbau des Thesaurus, noch bei der Indexierung. Es ist jedoch für die nächste Ausbaustufe geplant, ergänzend zu unserem auf der Interaktion zum Benutzer beruhenden Verfahren zusätzlich entsprechende Algorithmen einzusetzen. Im folgenden werden wir nun eine Reihe von Beispielen zur Behandlung von Flexionsformen aufführen, bei denen automatische Verfahren zur Grundformenreduktion versagen und bei denen daher die damit verbundenen Probleme durch Interaktion zum Benutzer gelöst werden *müssen*.

Im Normalfall gibt es zu einer Grundform mehrere Beugungsformen, und zu jeder Beugungsform gehört eindeutig eine Grundform. Gelegentlich treten allerdings Mehrdeutigkeiten auf, so daß die Abbildung einer Beugungsform auf die dazugehörige Grundform *nur mit* Benutzerhilfe möglich ist.

Beispiel 3.2/2:

Zu einer Beugungsform existieren mehrere Grundformen.

Beugungsform	Grundform A	Grundform B
Basen	Basis	Base
Granaten	Granate	Granat

Sobald TEGEN diese Situation erkennt, wird die flektierte Form als Homonym in die Relation *HOM* übertragen.

Es kann auch passieren, daß ohne Betrachtung des Kontextes und ohne Rückfragen an den Benutzer überhaupt nicht entschieden werden kann, ob ein Begriff in Grundform oder in flektierter Form vorliegt.

Beispiel 3.2/3:

Ein Begriff ist Grundform und darüberhinaus Flexionsform eines anderen Wortes.

Grundform	Flektierte Form	
	Grundform	Flektierte Form
Dach	Dachs	Dachse

Dieser Fall tritt auch bei Wortartenhomographen auf, wie folgendes Beispiel zeigt[1].

Beispiel 3.2/4:

Grundform	Flexionsform (Subst.)	
	Grundform (Verb)	Flexionsform
Zahl	Zahlen	zahlte

---

[1] Das Information Retrieval System, auf dem TEGEN aufgesetzt wurde, unterscheidet *nicht* zwischen Groß- und Kleinschreibung. Auf TEGENs Thesaurus überträgt sich diese Eigenschaft und es werden z.B. das Substantiv „Zahlen" und das Verb „zahlen" als identische Wörter behandelt.

Ein weiterer Spezialfall liegt vor, wenn x Beugungsform zu einem Grundbegriff $\tilde{x}$ ist und zugleich das Umgekehrte gilt. Auch hier ist eine Auflösung nur durch einen Dialog mit dem Benutzer möglich.

Beispiel 3.2/5:

Grundform (Verb)	Beugungsform (Verb)
Beugungsform (Subst.)	Grundform (Subst.)
Reden	Rede

Die Schwierigkeiten, die bei der Ausgabe der *richtigen* flektierten Formen zu einem gegebenen Suchbegriff auftreten können, werden im folgenden Beispiel ersichtlich, bei dem ein Nomen einen doppelten Plural hat.

Beispiel 3.2/6:

Grundform		Beugungsform
Bank	—	Banken
Bank	—	Bänke

3.2.3 Behandlung von flektierten Formen in TEGEN

Wenn ein Benutzer in TEGEN einen Suchbegriff x eingibt und Thesaurus-Hilfe durch flektierte Formen anfordert, muß vor deren Ausgabe festgestellt werden, ob x Grund- oder Beugungsform ist. Im letzteren Falle muß x dann auf die zugehörige Grundform zurückgeführt werden. Zur Überprüfung, ob x bereits Grundform ist bzw. zur Ermittlung der Grundform sind im einzelnen folgende Fälle abzuprüfen:

1. Ist x schon in der Relation *HOM* verzeichnet, so wird gleich nach der Eingabe des Suchbegriffs ein Dialog geführt zur Klärung, welche Bedeutung der Benutzer meint. Wenn einer der im Abschnitt 3.2 aufgeführten Fälle von Homonymie vorlag (Beispiel 3.2/2–5), dann steht x in der Beziehung Grundform – Beugungsform oder Beugungsform – Grundform zu dem im Attribut „Bedeutung" der Relation *HOM* eingetragenen Begriff, und die Grundform ist damit gefunden.

   Stehen das Homonym x und seine Bedeutung nicht in der Beziehung Grundform – Beugungsform oder Beugungsform – Grundform zueinander, so erfolgte der Eintrag dieses Paares in die Relation *HOM* manuell, und es kann davon ausgegangen werden, daß das Homonym, also der Suchbegriff x, bereits in Grundform vorliegt.

2. Kann x nicht in der Relation *HOM* gefunden werden, wird in der Relation *FLEKT* nachgesehen, ob nicht x vielleicht schon als Grundform im Thesaurus bekannt ist.

3. Trifft weder 1. noch 2. zu, d.h. ist der Suchbegriff x weder als Homonym gespeichert, noch als Grundform in der Relation *FLEKT* vermerkt, wird in einem Dialog mit dem Benutzer die Frage nach der Grundform geklärt. Gegebenenfalls wird darüberhinaus das Begriffspaar (<angegebene Grundform>, <ursprünglicher Suchbegriff>) (oder andersherum) als neues Lernzwischenergebnis akquiriert. Dies ist bei leerem Thesaurus der Normalfall, während bei zunehmender Stärke des Thesaurus immer weniger Rückfragen an den Benutzer gestellt werden.

Ein weiteres Problem ergibt sich bei *indirekter Akquisition ohne Rückkopplung* zum Benutzer. Hier kann die Aufnahme von Tupeln wie z.B.

Betriebssysteme — Betriebssystemen

als „Grund-" und Beugungsform mit dem Status „Lernzwischenergebnis" bei Beibehaltung der dazugehörigen Lernregel nicht verhindert werden. Ein Streichen der Lernregel hätte allerdings zur Folge, daß auch die indirekte Akquisition zahlreicher *korrekter* Beziehungen unterbleiben würde.

Aus diesem Grund wird mit einem speziellen Verifikationsmechanismus, auf den hier nicht näher eingegangen werden kann, dafür gesorgt, daß solche Paare von der Benutzerschaft möglichst nicht als Grund- und Beugungsformen *bestätigt* werden.

3.3 Homonyme

3.3.1 Begriffsklärung und Definition der Relation

Eine besondere Rolle beim Information Retrieval spielen mehrdeutige Begriffe, sogenannte *Homonyme*. Wir gehen hier von folgender Definition aus.

Definition: Homonyme

> *Wörter, die in der Lautung übereinstimmen, aber verschiedenen Ursprungs sind bzw. Wörter mit gleichem Wortkörper, die aber aufgrund ihrer stark voneinander abweichenden Bedeutungen vom Sprachgefühl als verschiedene Wörter aufgefaßt werden, werden als <u>Homonyme</u> bezeichnet [1].*

Beispiel 3.3/1:

Mutter — Gegenstück einer Maschinenschraube
Mutter — Weiblicher Elternteil

Insbesondere unterscheidet man *Homographen*, d.h. Wörter oder Wortformen, die gleich geschrieben werden und *Homophone*, d.h. Wörter oder Wortformen, die gleich lauten, aber verschieden geschrieben werden. Für eine Literaturrecherche und damit für den Aufbau des Thesaurus sind natürlich nur *Homographen* von Bedeutung.

Da TEGEN in einer mehrsprachigen Umgebung eingesetzt wird und innerhalb des Thesaurus *nicht* zwischen den einzelnen Sprachen unterschieden wird, ist es sinnvoll, zusätzlich solche Wörter in die Relation *HOM* aufzunehmen, die in verschiedenen Sprachen gleich geschrieben werden, aber verschiedene Bedeutungen besitzen.

Beispiel 3.3/2:

summer (engl.) — Sommer (dt.)
Summer (dt.) — buzzer (engl.)

Zu jedem Homonym, das in den Thesaurus aufgenommen wird, wird seine Bedeutung (Scope Note) eingetragen, d.h. ein Kurztext oder ein Schlagwort, der bzw. das die unterschiedliche Semantik festhält. Zu jedem Paar (<Homonym>,<Bedeutung>) wird außerdem die Beziehung zwischen diesen beiden Begriffen gespeichert. Es wird also vermerkt, ob es sich bei dem als Bedeutung eingetragenen Begriff z.B. um ein Synonym oder eine flektierte Form handelt.

3.3.2 Gewinnung von Einträgen

Mit Hilfe von bereits erlernten Thesaurusbeziehungen lassen sich neue Einträge für die Relation *HOM* systematisch gewinnen. Hierzu wird die Relation *FLEKT* (Grund- und Beugungsformen) herangezogen. Sie ermöglicht ein *automatisches Erkennen* von Homonymen auf folgende Weise: Für jedes Paar (<Grundform>,<Beugungsform>), das als Lernendergebnis in die Relation *FLEKT* eingetragen wird, untersucht man,

1. ob die neu erlernte Grundform schon als Beugungsform einer weiteren Grundform eingetragen ist, bzw. ob die neue Beugungsform schon als Attribut *GF* eines Tupels vorkommt,

2. ob zu der neu aufzunehmenden Beugungsform außer der dazugehörigen einzutragenden Grundform noch eine andere Grundform im Thesaurus bekannt ist

und nimmt dann einen entsprechenden Eintrag in der Relation *HOM* vor[2].

Beispiel 3.3/3:

$$\text{Zahl — Zahlen} \qquad \text{zahlen — zahlte}$$

Das Wort „Zahlen" kann als Beugungsform von „Zahl" auftreten, ebenso aber als Grundform des Verbs „zahlen" mit der Beugungsform „zahlte". In diesem Fall werden folgende Thesauruseinträge für die Relation *HOM* automatisch gewonnen:

Homonym	Bedeutung	Beziehung
Zahlen	Zahl	Beugungsform — Grundform
zahlen	zahlte	Grundform — Beugungsform

Eine weitere Art von Homonymie bei Grund- und Beugungsformen liegt z.B. bei Nomen mit doppeltem Plural vor, etwa „Mutter" mit den Beugungsformen „Mütter" und „Muttern". Diese Art von Mehrdeutigkeit kann aber nicht aus der Form der Einträge in der Relation *FLEKT* abgelesen und somit auch nicht vollautomatisch erkannt werden, da sie sich nicht unterscheidet von der Eintragung einer *eindeutigen* Grundform mit ihren Beugungsformen.

Hinweise auf diese Art von Homonymie können aber TEGENs Benutzer liefern. Werden nämlich zu einer Grundform (z.B. „Mutter") alle als Lernendergebnis bekannten Beugungsformen (z.B. „Mütter", „Müttern", „Muttern") auf Anforderung des Benutzers ausgegeben, kann er im weiteren Recherchedialog entweder alle diese Begriffe zur Literatursuche verwenden oder aber einige davon auswählen. Ein Anwender, der Literatur über Muttern sucht, wird die Flexionsformen „Mütter" und „Müttern" sicher nicht ankreuzen, und umgekehrt markiert der Recherchierende, der an Dokumenten über „Mutter" im Sinne von Elternteil interessiert ist, nicht die Wortform „Muttern". Ist also die Grundform eindeutig, werden in der Regel *alle* ausgegebenen Beugungsformen zur Suche herangezogen. Kreuzt dagegen ein Benutzer nur einige an, könnte dies auf das Vorliegen eines mehrdeutigen Begriffs hinweisen, was durch eine Rückfrage an den Benutzer zu klären ist.

Als Erläuterungen werden zu homonymen Grundformen bzw. Beugungsformen automatisch nur die dazugehörigen Beugungs- bzw. Grundformen eingetragen. Eine Grundform als Bedeutung eines Homonyms anzugeben ist durchaus sinnvoll, weniger günstig ist dagegen die Verwendung einer Beugungsform als Erklärung. Derartige Einträge sollten deshalb von einer Fachkraft überprüft werden.

Beispiel 3.3/4:

	Homonym	Bedeutung	Beziehung
statt	Zahlen	Zahl	Beugungsform — Grundform
	zahlen	zahlte	Grundform — Beugungsform
besser:	Zahlen	Zahl	Beugungsform — Grundform
	zahlen	bezahlen	Synonym

---

[2]In dem Literaturrecherchesystem TUBIBMUE werden die einzelnen Dokumente weitgehend automatisch indexiert. Als unmittelbare Folge ergibt sich, daß auch Verben und deren Beugungsformen zu Schlagworten werden und in einer Suchanfrage verwendet werden dürfen, weil sie bei der Indexierungsphase von Substantiven nicht unterschieden werden.

Weitere Regeln zur *indirekten* Akquisition von Homonymen existieren derzeit in TEGEN nicht. *Direkte* Akquisitionsregeln werden aus Akzeptanzgründen nicht eingesetzt. Das bedeutet aber, daß alle weiteren Einträge in die Relation *HOM* manuell vorgenommen werden müssen.

Darüber hinaus liefert TEGEN Hinweise auf mögliche Homonyme bei der Auswertung der Bestätigungen und Ablehnungen von Lernzwischenergebnissen. Wird nämlich nach Ablauf des in TEGEN auf 90 Tage festgelegten Lernzeitraums trotz einer hinreichenden Anzahl von Verifikationen der Status „Lernendergebnis" nicht erreicht, so hat die Benutzerschaft das Lernzwischenergebnis unterschiedlich beurteilt, indem es wechselhaft bestätigt bzw. abgelehnt wurde. Liegt etwa ein Homonym vor, so kann die verschiedenartige Beurteilung durch die Benutzerschaft darauf zurückgeführt werden, daß verschiedene Benutzer unterschiedliche Bedeutungen im Sinne hatten und sich natürlich entsprechend unterschiedlich verhalten haben.

3.3.3 Bedeutung für die Recherche

Wie kann nun die Relation *HOM* den Benutzer bei der Suche nach Literatur unterstützen? Gibt der Recherchierende einen Suchbegriff an, der in dieser Relation vermerkt ist, wird ein Dialog gestartet, um die vom Benutzer gemeinte Bedeutung des Suchbegriffs zu klären. Mit Hilfe der in den Relationen festgehaltenen Beziehung zwischen den beiden Wörtern <Homonym> und <Bedeutung> können dem Benutzer Alternativen angeboten werden, von denen eine auszuwählen ist.

Beispiel 3.3/5:

> ZAHLEN als Synonym/Übersetzung von BEZAHLEN
> ZAHLEN als Beugungsform von ZAHL

Die gewünschte Bedeutung wird, wenn es sich nicht um einen Oberbegriff handelt, vom Recherchesystem mit dem ursprünglichen Suchbegriff mit ODER verknüpft und so in die Suche einbezogen. Auch die in der Relation *HOM* enthaltenen, aber nicht ausgewählten Bedeutungen tragen in der im folgenden Beispiel dargestellten Art und Weise durch Exklusion zum Aufbau der Suchanfrage bei.

Beispiel 3.3/6:

> (Zahlen ODER Zahl) UND NICHT (zahlte ODER bezahlen)

Außerdem wird für die weitere Verwendung des Thesaurus nun die ausgewählte Bedeutung herangezogen, sofern es sich nicht um einen Oberbegriff handelt. Wünscht der Benutzer beispielsweise Synonyme zu dem angegebenen mehrdeutigen Suchbegriff, werden nur Synonyme zur ausgewählten Bedeutung dieses Suchbegriffs für weitere Aktionen verwendet.

Mit Hilfe der Relation *HOM* kann der Benutzer also darauf aufmerksam gemacht werden, daß er möglicherweise einen mehrdeutigen Begriff benutzt, und es können Ratschläge zur Umformulierung seiner Suchanfrage gegeben werden. Als besonderer Vorteil ergibt sich, daß wegen der oben angegebenen automatischen Erweiterung der Suchanfrage — durch die ausgewählte Bedeutung und durch das Ausschließen nicht relevanter Begriffe — die Precision steigt.

3.4 Regelstatistik

Bei der Akquisition und jeder Verifikation eines Thesauruseintrags wird die Nummer der beteiligten Regel festgehalten. Aufgrund dieser sich so ergebenden Regelstatistik kann man sehen, welche Regeln häufig und welche seltener zur Anwendung kamen. Außerdem kann mit Hilfe dieser Information und dem Lernstatus eines Tupels die Gültigkeit von Akquisitionsregeln zum Teil selbsttätig wie folgt geprüft werden:

Ist der einer Akquisitionsregel R_i zugeordnete prozentuale Anteil der manuell oder maschinell erzeugten Beziehungen mit Status „verworfen" hoch im Verhältnis zu den ebenfalls auf R_i zurückzuführenden Beziehungen mit Status „erlernt", so deutet dies auf die eingeschränkte Gültigkeit dieser Regel hin.

Außerdem ist die Regelstatistik nützlich, um im Falle eines Benutzerhinweises über falsch zugeordnete Begriffe erkennen zu können, welche Regeln zur endgültigen Verifikation dieses Tupels führten. Darüberhinaus ist zu erkennen, ob der Status „erlernt" aufgrund *expliziter* Bestätigungen oder *indirekter* Akquisitionen erreicht wurde.

Durch die Relation *RSTAT* können also ungeeignete Lernregeln festgestellt und anschließend von dem Lernverfahren ausgeschlossen werden. TEGEN ist damit in der Lage, seine eigene Lernfähigkeit zu bewerten.

4 Ausblick

TEGEN wurde auf einer Rechenanlage CYBER 995 in PASCAL implementiert. Durch die Verwendung einer konventionellen Programmiersprache ist die einfache Anbindung eines wissensbasierten Systems, das durch eine klare Trennung des explizit dargestellten Sachwissens von der zugehörigen Inferenzkomponente gekennzeichnet ist, an eine relationale Datenbank gelungen.

Es ist sehr wahrscheinlich, daß die Begriffsbeziehungen, die durch fachkundige Benutzer aufgestellt und bestätigt werden, tatsächlich Gültigkeit besitzen. Diese Annahme stützt sich unter anderem auf die Tatsache ab, daß TEGENs Benutzer Experten in ihrem Fachgebiet sind. Schließlich muß diese Behauptung aber erst noch durch eine sorgfältige Auswertung der Lernergebnisse bewiesen werden. Durch eine Regelstatistik, die in TEGEN mitgeführt wird, lassen sich die quantitative Produktivität und zum Teil auch die Qualität der Lernregeln messen. Nach genügend langem Einsatz von TEGEN wird in einem Erfahrungsbericht festgehalten, ob die hier beschriebenen Konzepte zur Behandlung von Lernzwischenergebnissen, verwandten Begriffen, flektierten Formen und Homonymen zu brauchbaren Ergebnissen führen.

Schließlich wird es unerläßlich sein, einen repräsentativen Teil des Thesaurus Fachleuten zur Untersuchung vorzulegen. Wir sind jedoch sehr optimistisch, daß diese Fachleute die Ergebnisse von TEGENs Benutzerschaft, die im Rahmen der Akquisitions- und Verifikationsphase erzielt wurden, weitgehendst bestätigen. Darüberhinaus bleibt es Experten auf dem Gebiet der Thesaurus-Erstellung unbenommen, den Thesaurus geeignet zu ergänzen.

Es soll nicht unerwähnt bleiben, daß das Lernsystem TEGEN zu jedem beliebigen Zeitpunkt in ein IRS mit Boolescher Rechercheschnittstelle integriert werden kann. Für andere Arten von Rechercheschnittstellen wären andere Akquisitionsregeln zu entwickeln, die einem veränderten Benutzerverhalten Rechnung tragen. Es ist insbesondere möglich und ratsam, einen existierenden Thesaurus zu benutzen, um dem System den Start zu erleichtern.

Danksagung

Die Autoren danken Frau Brigitte Endres-Niggemeyer für ihre hilfreichen Anmerkungen, die dazu beitrugen, die in TEGEN realisierten Konzepte in diesem Papier noch klarer darzustellen.

Literatur

[1] Abraham, W.: *Terminologie zur neueren Linguistik*. M. Niemeyer Verlag, Tübingen, 1988.

[2] Felsner, G.: *Ausbau eines Lernsystems zur halbautomatischen Erstellung eines Thesaurus für Information Retrieval Systeme*. Diplomarbeit, Technischen Universität München, München 1988.

[3] Jüttner, G.; Güntzer, U.: *Methoden der Künstlichen Intelligenz für das Information Retrieval.* Saur-Verlag, München 1988.

[4] Güntzer,U.; Jüttner,G.; Landherr,G.; Sarre,F.: *Benutzermanual für die Recherche in den Daten-banken TUBIBMUE und LRZBIBLIO.* TUM-INFO, September 1988, TU München, München 1988.

[5] Güntzer,U.; Jüttner,G.; Seegmüller,G.; Sarre,F.: *Automatic Thesaurus Construction by Machine Learning from Retrieval Sessions.* In: Proceedings of the RIAO'88 Conference, Boston 1988, p. 587–596.
Eine erweiterte Fassung dieses Beitrags wird erscheinen in: Information Processing and Management.

[6] Jüttner,G.: *Entwicklung eines wissensbasierten Lernsystems zum Aufbau eines Thesaurus für Information Retrieval Systeme.* Dissertation, Technische Universität München, München 1987.

[7] Jüttner,G.; Landherr,G.: *Die Bibliotheksverwaltungssysteme LRZBIBLIO und TUBIBMUE.* LRZ-Bericht Nr. 8505, München 1985.

[8] Kuhlen, R.: *Verarbeitung von Daten, Repräsentation von Wissen, Erarbeitung von Information. Primat der Pragmatik bei informationeller Sprachverarbeitung.* In: Endres-Niggemeyer, B.; Krause, J. (Hrsg.): *Sprachverarbeitung in Information und Dokumentation.* Proceedings der Jahrestagung der Gesellschaft für Linguistische Datenverarbeitung (GLDV), Hannover, März 1985, Springer Verlag 1985.

[9] Lustig, G.: *Automatische Indexierung zwischen Forschung und Anwendung.* Georg Olms Verlag, 1986.

[10] Michalski, R.S.; Carbonell, J.G.; Mitchell, T.M.: *Machine Learning — an Artificial Intelligence Approach.* Springer Verlag 1984.

[11] Ostermaier, E.: *Automatische Klassifikation und Phrasenindexierung in Information Retrieval Systemen.* Diplomarbeit, Technische Universität München, München 1988.

[12] Rijsbergen, C.J.: *Information Retrieval.* 2nd Edition, Butterworths, London, 1978.

[13] Salton, G.: *Dynamic Information and Library Processing.* Prentice-Hall, 1975.

[14] Strong, G.W.; Drott, M.C.: *A Thesaurus for End-User Indexing and Retrieval.* Information Processing and Management, Vol. 22, No. 6, pp. 487-492, 1986.